KB077620

일본 VS 옴진리교

일본 VS 옴진리교

2018년 1월 2일 초판 1쇄 발행

지은이 네티즌 나인

펴낸이 정해종
마케팅 심규완, 김명래, 권금숙, 양봉호, 임지윤,
　　　　최의범, 조히라

책임편집 이기웅, 정선영, 김새미나
경영지원 김현우, 강신우
해외기획 우정민

펴낸곳 박하
주소 경기도 파주시 회동길 337-16 3층
팩스 031-955-9914

출판신고 2016년 5월 20일 제406-2016-000066호
전화 031-955-9912 (9913)
이메일 bakha@bakha.kr

ⓒ 네티즌 나인
(저작권자와 맺은 특약에 따라 검인을 생략합니다)

ISBN 979-11-87798-32-3 (03330)

일 VS 옴
본   진리교

일본 현대사의
전환점에 관한
기묘한 이야기

네티즌 나인 지음

박하

추천의 말

시사교양 콘텐츠를 만드는 PD의 자격으로, 저는 많은 문사와 오피니언 리더들을 만납니다. 이 경험이 반복되면서 깨닫게 된 사실 중 하나는, 저널리스트가 세상을 더 살 만한 곳으로 바꿀 수 있다면, 세상은 그 저널리스트가 가지는 인간에 대한 철저한 예의만큼만 바뀔 수 있다는 점입니다. 다수에 저항하면서도 소수를 탄압하고, 선의를 역설하지만 악의적으로 표현하며, 포용을 말할 때도 비아냥대는 어휘를 쓰는 사람들 — 저도 자유롭지 못합니다 —, 대중이 아니라 이 문사들이 반지성주의 출현의 주범이라고 생각합니다. 소위 '필자 시장'을 돌며 만나는 사람들 중에는, 분노에 잠식된, 고삐를 꿰지 않은 나르시시즘을 품고 살아가는 이들이 적지 않았습니다. 그리하여 많은 사람을 만나도, 막상 원활히 섭외가 진행되는 경우는 적습니다. 출판사의 편집노동자들께서는 제 마음을 아실까요.

에고의 등장을 꺼리며 부를 이름조차 허락하지 않은 채로 활동하는 네티즌 나인(가변되는 이름 덕에, 독자께서는 작가의 다음 책이 나와도 그 사실을 모르실 수 있겠습니다)은, 처음 만나 대화를 나누기 시작한 순간부터 느낌이 많이 달랐습니다. 그는 글쟁이가 세상에 해가 되지 않기 위해 필요한 덕목을 처음부터 알고 있었으며, 자신의 재능을 세상을 위해 쓰되, 세상이 자신의 에고를 떠받드느라 수고하지 않아도 되는 상황을 유지하기 위해, 글을 포함한 자신의 온 삶으로 노력할 준비가 된 사람처럼 보였습니다. 첫 만남에서 비롯된 저의 확신이 승화된 콘텐츠를 우리의 방송과 이 책에서 확인하실 수 있습니다.

책의 방송 콘텐츠 사용과 홍보에 있어 〈그것은 알기 싫다〉의 이름이 사용되는 것을 이제껏 공식 승인해본 적이 없습니다. 우리가 내놓은 콘텐츠가, 교열과 추가 취재를 거친다 해도 미흡할 것이 두려웠고, ─ 음원파일도 기록매체이긴 하지만 ─ 스마트폰을 벗어나 더 많은 장소에 놓여 세상의 손길 근처에 머무른다는 것이 마뜩잖았기 때문입니다. 그리하여 이 책의 출간은 최초로 이 책에 담긴 내용을 다룬 방송의 PD로서도 모험입니다. 내용이 이상하거나 공익에 해가 되고 말 내용이라면, 마음으로라도 연대 책임을 져야 할 테니 말이죠. 저는 자신 있습니다. 평소에 옆 사람 불편할 정도로 겸손한 작가 본인도 그렇기를 바랍니다. 저자와 저, 동시대를 살아간 많은 일본인, 그리고 청취자 여러분께 영감을 준 고(故) 아베 사부로 선생의 진심이, 독자께도 잘 전달될 것 같습니다.

UMC/UW (XSFM 〈그것은 알기 싫다〉 PD)

저자의 말

한국어로 일본의 옴진리교 사건에 관한 이야기를 하고 싶다는 생각을 처음
한 것은 2016년 가을이었습니다. 우연히 XSFM의 팟캐스트 〈그것은 알기 싫
다〉에 출연하게 되면서 한국어로 일본 사회에 대한 이야기를 할 수 있는 기회
를 얻게 된 것이 중요한 계기였습니다. 2017년에 다시 〈그것은 알기 싫다〉에
출연한다면 어떤 이야기를 하면 좋을까 고민하던 중, 문득 2017년은 세월호
참사 발생 3년째가 되는 해라는 사실이 뇌리를 스쳤습니다.

한국은 삼년상의 전통이 있는 사회이고, 3년은 분명 짧지 않은 시간입
니다. 세월호 참사를 과거의 일로 만들고 싶어 하는 사람과 세력은 틀림없
이 2017년 4월이 되면 "이제 그만 세월호를 잊자"는 말을 하리라 생각했
습니다. 그리고 불길한 예감은 늘 적중하는 법이지요. 탄핵과 대선 정국
속에 맞이한 2017년 4월, "이젠 세월호는 잊어라"라는 한국 사회 일각의
외침이 버젓이 신문 한 켠을 차지하고 있었습니다.

그러나 세월호 참사가 과거의 사건이 되고 한국 사회가 이 사건에서 교

훈을 얻고 슬픔을 다독이는 단계로 접어들기 위해서는 우선 한국 사회 구성원들이 납득할 수 있는 형태로 세월호 참사를 해결하는 것이 선행되어야 합니다. 2017년의 한국은 여전히 세월호 참사 해결의 첫 단추를 꿰고 있는 단계라고 생각합니다. 장기적인 관점에서 한국 사회가 세월호 참사를 어떻게 해결해나갈 것인지 다양한 각도에서 고민하고 토론해야 하는 시기이기도 하지요.

2017년이 지나가기 전에 한 사회가 크나큰 아픔을 극복하고 해결하는 데 얼마나 오랜 시간이 걸리는지, 그 과정에서 사회의 여러 집단과 구성원들은 어떤 합의 아래 어떤 노력을 해야 하는지에 대해 이야기하는 기회를 갖고 싶었습니다. 그 이야기를 하기 위해 일본에서 1995년에 발생한 지하철 사린 사건을 중심으로 한 옴진리교 사건의 전말과 일본 사회가 20년 이상의 시간 동안 이 사건을 해결하기 위해 무엇을 해왔는지에 대한 자료를 모으고 정리하기 시작했습니다.

2017년 7월에 XSFM의 〈그것은 알기 싫다〉를 통해 방송된 옴진리교 사건에 관한 기묘한 이야기 시리즈는 제 예상을 뛰어넘는 과분한 피드백을 받았습니다. 무엇보다도 사건의 피해자와 희생자의 유가족은 그저 피해를 입은 것에 불과한 수동적인 위치의 사람이 아니라 가해자에게 책임을 지게 하고 피해를 배상받을 권리가 있는 채권자이기도 하다는 주장이 널리 공감을 얻은 것은 이야기를 준비한 사람으로서 매우 뿌듯하고 감사했습니다. 일본 사회는 옴진리교 사건 피해자와 희생자 유가족이 피해를 회복하도록 적극적으로 도왔지만 그들을 무작정 동정하기보다는 그들이 가해자에게서 배상을 받아낼 자격이 있는 사람이란 점에 좀 더 집중했습니다. 바로 이 착안점이 세월호 사건의 진정한 해결을 위해 한국 사회가 염두에 둘 실마리 중 하나가 되기를 기원합니다.

팟캐스트 방송에서는 시간의 제약 때문에 생략할 수밖에 없었던 옴진리교 사건의 좀 더 구체적인 전말과 이후의 사건 해결 과정에 관한 이야기를 활자로 모아 책을 출판하게 되었습니다. 또한 팟캐스트 방송이 나간 뒤 책 출간을 준비하고 있던 사이에 일본 언론을 통해 보도된 옴진리교 후계단체의 새로운 동향에 관한 정보도 본문 내용에 포함시켰습니다. 일본에서 옴진리교 사후 처리는 여전히 현재 진행형임을 이 글을 쓰며 재차 실감할 수 있었습니다.

옴진리교 사건을 서술할 때 교주 마쓰모토 치즈오를 제외한 옴진리교 주요 간부들은 부득이한 경우를 제외하면 이름을 밝히지 않고 '주요 간부'라는 표현으로 통일했습니다. 아직 사형이 집행되지 않은, 혹은 형기를 마치고 사회로 복귀한 이들의 본명을 서적을 통해 반복해서 지적하는 것은 바람직하지 않다고 판단했기 때문입니다. 독자 여러분께서 사건 경과를 읽으실 때 누가 누구인지를 구분하기 어려워 불편하시리라는 점은 우려스럽습니다만, 부디 널리 양해해주시기를 부탁드립니다. 또한 이들 개개인의 특성보다도 마쓰모토 치즈오 한 명의 과대망상과 피해망상이 이 모든 사건의 가장 근본적인 원인이었다는 점도 강조하고 싶었습니다.

유사한 이유로 옴진리교가 실제로 각종 강력범죄를 자행한 장소의 지명

은 가능한 한 광역자치단체를 기준으로 포괄적으로 서술하기 위해 노력했습니다. 사건의 상세한 경과를 기억하는 것도 물론 중요한 일이지만 지금 바로 그 자리에서 평화로운 삶을 살고 계시는 분들의 일상도 그에 못지않게 소중하다고 판단했기 때문입니다. 부디 너그럽게 양해해주시기 바랍니다. 또한 옴진리교 파산 절차와 관련된 사실관계는 실제 옴진리교 파산관재인이었던 아베 사부로(阿部三郎) 변호사가 집필한 책인《파산자 옴진리교-파산관재인, 12년간의 싸움(破産者オウム真理教 管財人, 12年の闘い)》(아사히 신문 출판사. 2008년)을 주로 참조했음을 밝힙니다.

　일본 현대사의 전환점을 한국어로 소개하는 저의 시도가 활자의 형태로 독자 여러분을 만나는 것은 이번이 처음입니다. 부디 이 첫 출판이 소중한 계기가 되어 앞으로 일본 현대사에 관한 다른 이야기도 독자 여러분께 소개해드릴 기회를 얻을 수 있길 희망합니다.

2017년 12월 도쿄에서

네티즌 나인

차례

PART 1

옴진리교 사건

CHAPTER 1

끝나지 않은 이야기

종교, 테러, 독가스

1995년 3월 20일 오전 8시경, 일본의 신흥종교 옴진리교의 신자들이 출근 시간대의 도쿄 지하철에 독가스인 사린가스를 살포하는 사건이 발생했다. 일본에서는 흔히 '지하철 사린 사건'으로 불리는 이 사건으로 모두 13명이 사망하고 약 6,300명이 부상을 입었다.

과거의 사건을 되돌아볼 때 사람들은 머릿속에서 몇 가지 정보를 잠시 지워두는 작업을 선행하곤 한다. 그 사건이 당시의 사람들에게 어떤 의미로 다가왔는지를 파악하기 위해서는 현재의 관점은 잠시 배제해보는 것이 유용한 경우가 많기 때문이다.

만약 이 사건이 2017년의 어느 날 아침에 발생했다면 일본을 비롯한 전 세계는 분노하고 슬퍼할지언정 그렇게 크게 놀라지는 않았을지도 모른다. 민간인을 상대로 한 대량 살상 테러, 게다가 종교적인 이유가 배경이 된 테러는 현대의 인류에게는 끔찍한 일이긴 하지만 안타깝게도 드문 일은 아니게 되어버렸다. 후세의 역사가들이 만약 우리가 살고 있는 이 시대를 '9·11 테러 이후의 혼란기' 정도로 정의한다면 그 혼란기를 규정하는 특징 가운데 하나는 틀림없이 민간인을 상대로 한 대량 살상 테러일 것이다.

그러나 9·11 테러는 2001년에 발생했고, 1995년의 인류는 아직까지 9·11 이전의 시대를 살고 있었다. 당시의 인류에게 좀 더 친숙한 안보 위협은 여전히 국가 간의 전쟁이었다. 1991년에 발발한 걸프 전쟁이 종전한 지 5년이 채 되지 않은 시점이었으니 어찌 보면 당연한 일일지도 모른다. 비약적으로 발달한 영상 송신 기술 덕에 다국적 연합군의 폭격 상황이 전 세계로 생중계된 이 '비디오 게임 전쟁'을 TV로 '관전'한 기억이 선명히 남아 있던 당시 사람들에게 안보 위협이란 여전히 정규군과 정규군 사이의 교전을 의미했다.

그리고 일본은 이 전통적인 의미의 안보 위협에서조차 한발 물러선 지 이미 반세기가 지나 있었다. 제2차 세계대전 종전 이후 침략 전쟁 포기를 천명한 이른바 평화헌법 체제가 시작되면서 일본은 정규군 간의 전쟁과는 늘 일정한 거리를 두고 떨어져 있었고, 이를 통한 평화와 경제 발전의 과실을 만끽하고 있었다.

그런 일본의 수도 도쿄에서 자국 종교집단의 손에 의해 평일 아침 출근 시간대의 민간인을 대상으로, 전쟁에서도 보기 힘든 대규모 독가스 공격이 자행된 것이다. 당시 일본 사회가 받은 충격은 필설로 형용하기 힘들다.

도망자들

사건 발생 약 2개월 뒤인 1995년 5월 16일, 일본 경찰은 옴진리교 교단의 교주이자 지하철 사린 사건의 주모자인 마쓰모토 치즈오를 체포하고 이를 전후해 교단의 주요 관계자 대부분을 일망타진한다. 그리고 체포된 용의자들의 자백과 수사 과정에서 입수한 각종 증거를 통해 옴진리교 교단이 지하철 사린 사건 이외에도 다수의 강력범죄를 저질러왔다는 사실을 밝혀낸다. 마쓰모토 치즈오는 최종적으로 수많은 살인 지령을 통해 모두 26명을 살해하고 1명을 사망하게 한 주모자로 기소된다.

마쓰모토 치즈오는 오랫동안 종교가로서의 이름인 '아사하라 쇼코'라는 이름으로 활동해왔다. 아사하라 쇼코라는 이름으로 종교를 만들었고 이 이름으로 신앙의 대상이 됐다. 일본 언론도 오랫동안 이 이름으로 그의 활동을 보도했고 자연히 한국에도 아사하라 쇼코가 더 널리 알려져 있다.

그러나 아사하라 쇼코가 쌓아올린 종교가로서의 허상은 경찰에 체포됨과 동시에 무너져 내린다. 신흥종교 교주 아사하라 쇼코가 아니라 살인 혐의로 체포된 '마쓰모토 치즈오' 용의자가 된 것이다. 일본의 수사기관과 사법기관은 당연하게도 본명을 기준으로 이후의 법적인 절차를 진행했고 일본 언론도 각 언론사마다 세부적인 대응 방식은 차이가 있었으나 체포를 기점으로 점차 본명인 마쓰모토 치즈오라는 이름으로 그를 지칭하기 시작한다.

1996년 4월 24일에 열린 첫 공판에서 마쓰모토 치즈오는 자신이 '아사하라 쇼코'라고 주장한다. 본명이 마쓰모토 치즈오임을 지적받자 "그 이름은 버렸습니다"라고 대답했다는 기록이 남아 있다. 그러나 그는 자신의 희망과는 달리 결국 마쓰모토 치즈오라는 이름으로 재판을 받았으며 지하철 사린 사건을 자행한 지 약 9년이 지난 2004년 2월 27일, 1심 재판소인 도쿄 지방재판소에서 사형을 언도받는다. 마쓰모토 치즈오는 그 후 항소했으나 2006년 9월 15일에 최고재판소에서 사형이 확정된다. 사형이 확정된 이후 일본의 주요 언론은 그의 이름을 보도할 때 사형수의 이름을 보도하는 일반적인 관행에 따라 '마쓰모토 치즈오 사형수'라는 표현을 사용하고 있다.

일본은 꽤 빈번하게 사형을 집행하는 국가다. 그런 만큼 일본 사회 전체를 충격에 빠트린 지하철 사린 사건의 주범에게 사형이 확정됐으니 집행은 시간문제인 것처럼 보였다. 그러나 마쓰모토 치즈오는 2017년 현재까지도 도쿄 구치소에 수감된 상태이며 사형은 여전히 집행되지 않고 있다. 그 이유에 대해선 의견이 분분하나, 옴진리교 관련 재판이 모두 끝나기 전까지는 주요 관계자인 마쓰모토 치즈오의 사형은 집행할 수 없기 때문이라는 주장이 가장 설득력을 얻고 있다.

흔히 '옴진리교 재판'이라고 불리는 옴진리교 교단의 범행에 관한 이 기나긴 재판은 2017년 현재에도 여전히 진행 중이다. 이 가운데 피고인이 사형을 언도받을 가능성이 있던 주요 재판은 원래, 2011년 11월 21일에 당시 마지막 피고인으로 불리던 교단 간부 엔도 세이이치의 사형이 확정되면서 모두 종료될 예정이었다. 당시 일본의 주요 언론은 오랜 세월 이어져온 옴진리교 관련 재판이 드디어 끝나간다는 보도를 내보내기 시작했고, 이미 사형이 언도된 마쓰모토 치즈오 및 주요 간부들의 사형 집행이 늦어지는 이유에 대해 대체적으로 비슷한 견해를 갖고 있던 일본 사회의 많은 구성원들은 이제 재판이 모두 끝나면 곧 마쓰모토 치즈오와 다른 옴진리교 사형수들의 사형도 집행될 것이라고 생각하고 있었다.

어느 사회나 그렇듯 일본 사회에도 풍부한 상상력에 약간의 비아냥을 얹어 시니컬한 발언을 꺼내드는 사람이 있기 마련이다. 그들은 옴진리교 재판이 마침내 끝에 다다르는 시점에서 이런 말을 툭 던졌다.

"지금 이 타이밍에 옴진리교 수배자가 추가로 검거되면 어떻게 될까?"

그리고 때론 현실은 소설보다 기이한 법이다.

1995년에 일본 경찰이 옴진리교 교단을 일망타진할 때 수사망을 피해 도주한 주요 용의자가 세 명 있었다. 옴진리교 교단이 자행한 감금 치사 사건에서 운전 담당자 역할을 담당했고 교주 마쓰모토 치즈오의 경호를 맡기도 했던 히라타 마코토, 폭발물 원료를 운반한 혐의를 받던 기쿠치 나오코, 역시 교단이 자행한 감금 치사 사건에 관여했으며 지하철 사린 사건에서 사린을 살포한 실행범 중 한 명의 운전 담당자 역할을 담당했던 다카하시 가쓰야. 이 세 명은 지명수배자가 되어 16년간 쫓기는 신세가 된다. 이 16년간, 일본의 주요 역과 파출소 등 지명수배자 명단이 게재되는 곳에는 항상 이들 세 명의 사진이 들어간 현상수배 포스터가 붙어 있었다. 일

옴진리교 도망자 3명의 특별지명수배 포스터

본에서 생활하면서 이들의 사진을 한 번도 보지 않기란 거의 불가능한 지경이었다. 그럼에도 불구하고 이들은 16년이 넘는 세월 동안 체포되지 않았고, 수배가 장기화하면서 사망설이나 해외도피설이 나돌 정도였다. 그러나 사실 이들은 경찰의 수사망을 피해 일본 사회에서 평범하게 생활하고 있었다.

2011년 12월 31일, 16년간 도피 생활을 이어온 세 명의 지명수배자 중 한 명인 히라타 마코토 용의자가 돌연 일본 경시청 본부에 자진 출두한다. 마지막 피고인으로 불리던 엔도 세이이치의 사형이 확정된 지 41일 뒤의 일이었다.

이 히라타 마코토를 체포하는 과정에서 일본 경찰은 치명적인 실수를 저지른다. 히라타 마코토 본인의 진술에 따르면 그는 옴진리교에 대한 신앙심은 이미 버린 상태였고, 교주였던 마쓰모토 치즈오가 사형을 당하는 것은 당연한 결말이며 이를 막을 의지도 마음도 없었다고 한다. 다만 2011년 3월 11일에 발생한 동일본 대지진을 계기로 부조리한 사회상을 다수 목격하면서 심경에 변화가 생겼고 2011년이 지나기 전에 도피 생활을 마무리하고 자수하기로 결심했을 뿐이었다는 것이다. 그러나 자수란 것이 마음먹은 만큼 쉽지는 않은 법이라 히라타 마코토는 결국 2011년 12월 31일 저녁이 되어서야 행동에 나선다.

히라타 마코토는 2011년 12월 31일 오후 9시를 조금 앞두고 옴진리교 사건의 수사본부가 설치된 일본 경시청 오사키 경찰서로 간다. 그러나 오사키 경찰서는 접수창구가 2층에 있어, 어디로 가면 좋을지 몰라 일단 경찰서에서 나온다. 그 뒤 공중전화로 옴진리교 사건에 관한 정보를 제공받는 경찰의 프리 다이얼에 10번 정도 전화를 걸었으나 매번 통화 중 상태라 연결이 되지 않았다고 한다. 결국 경찰에 사건을 신고하는 일반 번호인 110번으로 전화를 걸어 히라타 마코토 사건을 담당하는 경찰서가 어디인지 물으니, 경시청이라는 대답이 돌아왔다.

16년간 일본 경찰이 수배하고 있던 히라타 마코토는 이 대답을 듣고 일본 경시청 본부가 있는 가스미가세키로 이동하기 위해 전철에 탑승한다. 이 시점에서 이미 일본 경찰의 대응은 칭찬을 받긴 힘든 수준이었지만, 문제는 여기서 그치지 않는다.

경시청 본부로 출두한 히라타 마코토는 자수하겠다는 의사를 밝혔지만 처음 그와 대화한 기동대원은 그저 장난으로 여기고 여기가 아닌 마루노우치 경찰서에 가보라고 지시한다. 그는 결국 경시청 본부에서 다시 약 700미터를 걸어 2011년 12월 31일 오후 11시 50분이 되어서야 일본 경시청 마루노우치 경찰서에 도착한다. 밖에 서 있던 경찰관에게 자신의 이름을 말해도 쉽게 믿어주지 않자, 그는 "보세요, 키카 크잖아요"라고 말했다고 한다. 히라타 마코토는 일본 남성의 평균보다 신장이 꽤 큰 183cm의 체격으로 지명수배 초기부터 중요한 인상착의로 간주되고 있었다. 그제서야 경찰관은 히라타 마코토를 경찰서 안으로 불러들였고, 지문 확인 등의 절차를 거쳐 2012년 1월 1일자로 체포된다.

일본 국민들에게 "경찰은 옴진리교 수배자 체포를 위해 최선을 다해왔다"라고 당당히 밝히기에는 체포 과정에서 보여준 일본 경찰의 대응 태도는 지나치게 산만했다. 지하철 사린 사건 이후 이미 16년이 지났고 자수 시기가 일본 사회가 사실상 휴지 상태에 들어가는 12월 31일, 그것도 심야였단 점을 감안해도 결론은 마찬가지였다. 일본 경찰 입장에선 명예회복의 기회가 절실했을 것이다. 결국 일본 경찰은 조직의 명예를 걸고 남은 두 명의 수배범 검거에 총력을 기울인다. 기쿠치 나오코와 다카하시 가쓰야, 이 두 수배범만은 어떻게든 일본 경찰의 실력으로 체포해야 했다.

약 반년이 지난 2012년 6월 3일, 기쿠치 나오코와 닮은 사람을 목격했다는 정보를 얻은 경시청이 수사에 나서 도쿄에서 그리 멀지 않은 가나가와 현 사가미하라 시에서 기쿠치 나오코 체포에 성공한다. 마지막 수배범이 된 다카하시 가쓰야는 다음날인 2012년 6월 4일자 신문을 통해 기쿠치 나오코가 체포됐다는 사실을 알게 되자 당시 거주하고 있던 가나가와 현 가와사키 시에 위치한 사원용 기숙사를 버리고 다시 도주를 시작한다. 경찰이 이 기숙사에 도착한 시각은 다카하시 가쓰야가 도주한 지 3시간가량 뒤였다고 전해진다.

남은 두 수배자 중 한 명은 체포했고, 한 명은 간발의 차이로 놓친 상황. 그러나 일본 경찰 입장으로서는 전혀 만족할 수 없는 상황이었다. 애당초 2011년 12월 31일에 히라타 마코토가 자수했을 당시부터 호사가들은 "잡힌 것인가, 잡혀준 것인가"를 두고 갑론을박을 벌이고 있었다. 우연이라고 하기엔 지나치게 완벽한 타이밍에 남은 옴진리교 수배범이 검거됐고, 그 수배범의 재판이 끝날 때까지 관련자들의 사형이 미뤄진다면 결과적으로 마쓰모토 치즈오의 사형 집행도 다시 최소한 몇 년은 뒤로 미뤄질 것이기 때문이다. 이 상황에서 다카하시 가쓰야의 검거에 실패하고 다시 수년 뒤 히라타 마코토 등의 재판이 마무리 단계에 들어섰을 때 다카하시 가쓰야가 자수하는 일이라도 벌어진다면 일본 경찰의 신뢰성은 땅에 떨어질 것이 분명했다.

그러나 다카하시 가쓰야의 도주 생활은 그리 길게 이어지지는 않았다. 한때 함께 도주 생활을 했던 기쿠치 나오코의 진술 등을 토대로 필사적인 수색이 이어졌고, 결국 다카하시 가쓰야는 도주 재개 11일 뒤인 2012년 6월 15일 도쿄 도 오타 구의 한 만화 카페에서 체포된다. 일본 경찰 입장에선 최소한의 면목은 세운 셈이었다.

지하철 사린 사건이 발생한 지 17년이 지난 시점에서 일본 경찰이 뒤를 쫓고 있던 세 명의 수배자마저 모두 검거되면서, 옴진리교 사건은 다시 한 번 일본 사회의 관심을 모으기 시작한다.

일본에서 옴진리교 사건은 세대를 구분할 수 있는 사건이다. 지하철 사린 사건이 발생한 1995년 3월 20일 시점에서 뉴스를 보거나 듣거나 읽고 내용을 이해할 수 있을 정도의 지성을 갖추고 있었던 일본 사회 구성원 전체가 이 뉴스를 알고 있었다고 해도 과언이 아닌 사건이라는 의미다. 한국에서 이에 비견될 만한 뉴스를 찾자면, 즐거운 기억으로는 2002년의 한일 월드컵 4강 진출 정도를 꼽을 수 있을 것이고, 아픈 기억으로는 공교롭게도 옴진리교 사건과 같은 해인 1995년 6월 29일에 발생한 삼풍 백화점 붕괴 사고를 들 수 있을 것이다. 한국에서 삼풍 백화점 붕괴 사고를 역사책으로만 배운 세대가 점점 어른이 되어가듯이, 일본도 옴진리교 사건을 간접적으로만 알고 있는 세대가 대학에 진학하거나 사회에 진출할 나이가 되어가고 있었다. 이들 세대는 2012년에 옴진리교 수배범들이 잇달아 체포되면서 옴진리교 사건이 완전히 과거의 사건은 아니라는 인식을 갖게 된 셈이었다.

그리고 그들은 일본 사회가 옴진리교 문제에서 아직도, 그리고 완전히 벗어나지 못했다는 사실도 동시에 깨닫게 된다. 일본 사회의 오랜 논쟁거리 중 하나인 사형제 존치 문제와, 비교적 최근에 일본의 중요한 사회 문제로 대두된 공모죄 문제를 대표적인 사례로 들 수 있다.

사형제 존치 논쟁

옴진리교 사건으로 통칭되는 일련의 사건으로 2017년 현재까지 교주 마쓰모토 치즈오를 포함해 옴진리교 관계자 총 13명에게 사형이 확정된 상태다. 그러나 2017년 현재까지 실제로 사형이 집행된 인물은 없다. 이들의 사형 집행은 매우 높은 확률로 옴진리교 재판이 모두 마무리될 때까지 미뤄질 것으로 보이며, 달리 말하면 언젠가 모든 재판이 종료되면 사형이 집행될 확률 또한 굉장히 높다는 뜻이다.

일본은 여전히 거의 매해 사형을 집행하고 있으며, 2014년에 실시된 내각부 여론조사에 따르면 여론조사 응답자의 80.3%가 사형제 존속에 찬성할 정도로 사형제도와 사형 집행에 대한 국민적인 합의가 확고한 국가다. 더욱이 옴진리교 사건에 대한 일본 사회의 전반적인 처벌 감정도 지극히 높다. 일반적으로는 사형을 반대하는 측에서도, 비록 소수지만 이 사건만은 사형은 회피하기 힘들다고 결론을 내리고 차라리 조속히 형을 집행해줄 것을 요구하는 의견도 나왔을 정도다. 언제 사형이 집행될지 모르는 상태로 긴 시간을 보내게 하는 것보다는 오히려 인도주의적인 관점에서 조속히 형을 집행하는 것이 사형수를 위한 최소한의 자비라는 의견으로 해석할 수 있다.

그러나 적어도 이 사건에 한해서는 진실 규명이 무엇보다도 중요하다는 일본 정부와 사법 당국, 그리고 일본 사회의 인식은 흔들림이 없다. 아무리 시간이 오래 걸리고 재판 그 자체에 많은 비용이 소요되더라도, 그리고 그 재판의 공정성을 위해서 이미 사형이 언도된 사형수들이 아무리 오랜 시간을 더 기다려야 하더라도, 발견해야 할 진실이 아직 남아 있다면 재판은 계속되어야 하고 그 재판이 제대로 진행되기 위해서는 이미 사형을 언도받은 주요 관계자의 신병도 확보해둬야만 한다. 사형수가 집행을 통해 현재의 상태를 벗어날 권리보다 진실 규명에 더 큰 관심을 보이는 것은 인간의 생명을 목적이 아닌 수단으로 간주하는 관점이라는 비판이 나올 수도 있다. 그리고 이러한 비판은 자연히 사형제 그 자체에 대한 비판과 회의로 이어진다.

하지만 일본에서 이런 비판론은 제기됨과 동시에 '사회적 합의'라는 이름의 거대한 벽에 부딪치게 된다. 현 시점에서 일본이 사형제를 폐지하기란 거의 불가능에 가깝다. 만약 어떤 정권이 일본의 인권 상황을 우려하는 국제사회의 권고를 적극적으로 수용해 사형제를 전면적으로 폐지한다면, 단언컨대 반년 안에 그 정권은 실각하고 사형 집행 재개를 천명한 정치 세력이 새롭게 집권할 것이다. 국민의 의지에 따라 정권이 교체되는 민주주의 국가에서 유권자의 80% 이상이 동의하고 있는 제도를 없애기 위해 정치권이 독단적으로 움직이는 것은 옳고 그름을 떠나 무모한 처사다.

바로 이 이유 때문에, 일본에서 사형제 폐지를 주장하는 사람들은 우선 선거에서 한 표를 행사하는 일본 국민들을 설득하는 작업에 총력을 기울여야 한다는 것을 경험을 통해 알고 있다. 유권자의 지지 없는 정치권은 결코 움직이지 않을 것이기 때문이다. 그래서 이들은 꾸준히 강연회나 토론회 등을 통해 사형제에 대한 일본 국민의 인식을 바꾸기 위해 노력하고 있다. 그러나 그 지난한 여정 속에서 이들은 꽤나 높은 빈도로 옴진리교의 그림자를 확인하곤 한다. 그리고 그 그림자는 다음과 같은 목소리로 존재를 드러낸다.

"사형제를 폐지하자고요? 그럼 옴진리교 교주 마쓰모토 치즈오도 사형에 처하지 말자는 소립니까?"

이 질문에 대한 대답은 크게 두 가지로 나눌 수 있다. 우선 제도의 당위를 논의하는 자리에서 지극히 예외적이고 극단적인 사례를 가져와 논의의 기반을 흔드는 것은 지나치게 감정적인 대응이 아니냐고 반박하는 것이다. 혹은 사형제를 반드시 폐지해야 한다는 신념을 관철해 "그렇습니다. 옴진리교 교주 마쓰모토 치즈오라 하더라도 사형에 처해서는 안 됩니다"라고 대답할 수도 있을 것이다.

여기서 핵심적인 문제는 일본 사회의 구성원과 사형제의 존폐에 대해 논의할 때 사형제 폐지를 주장하려면 반대쪽 테이블에 앉은 누군가는 거의 틀림없이 옴진리교 교주 마쓰모토 치즈오의 사례를 거론할 것임을 예상하고 반드시 미리 대응책을 세워놓아야 한다는 것이다. 그 대응의 결과로 논의가 어떤 방향으로 흘러가든, 상대방이 옴진리교 사건을 거론했을 때 어떻게 대응할 것인지를 미리 결정해두지 않고 사형제 폐지를 주장하기 위해 토론에 참가했다면 명백한 준비 부족이다. 여기서 대답이 막힌다면 사형제 폐지 논의는 단 한 발자국도 앞으로 나아갈 수 없기 때문이다.

지하철 사린 사건이 발생한 지 20년 이상이 지난 지금도, 일본에서 사형제 폐지를 논의하려면 토론에 참가하는 사람은 옴진리교 사건에 대한 자신의 입장을 미리 정해둬야 한다. 일본 사회가 옴진리교 사건으로 인해 지불하고 있는 사회적 비용이 얼마나 방대한지를 엿볼 수 있는 대목이기도 하다.

공모죄와 감시 사회

2017년 6월 15일, 일본 참의원은 테러 등 준비죄 처벌법안을 골자로 하는 조직범죄 처벌법 개정안을 통과시켰다. 법안의 정식 명칭보다 '공모죄'라는 통칭이 더 유명한 이 법안이 통과되면서 일본이 시민의 자유로운 사생활을 감시하는 감시 사회로 나아가는 것 아니냐는 논란이 다시 크게 번졌다. 한국 언론도 일본이 국민의 '마음을 처벌하는 법'을 통과시켰다며 법안 통과 사실을 대대적으로 보도했다.

테러 준비와 모의를 미연에 방지하겠다는 이 법안이 일본 사회에 첨예한 대립을 야기한 것은 공모죄의 메커니즘이 내포하고 있는 위험 때문이다. 예를 들어 누군가가 국회의사당에 폭탄을 설치해 폭파시켰다면 그자는 당연히 경찰에 체포돼 처벌을 받아야 한다. 폭탄을 설치했지만 폭파시키지 않았다 해도 폭탄을 설치한 것만으로도 처벌을 받을 수 있다. 국회의사당을 공격할 목적으로 폭탄을 제조하는 것도 처벌의 대상이 될 수 있다. 여기까지는 기존의 법률로도 충분히 단속할 수 있다.

문제는 공모죄가 신설되면 친구 사이인 두 사람이 자신들밖에 없는 방 한구석에 모여 앉아 "우리 국회의사당에 폭탄을 설치하자" "응, 그러자" 라는 대화를 나눴다는 것만으로도 처벌이 가능해진다는 점이다. 공모죄는 바로 이 단계를 처벌하는 것이 목적이기 때문이다.

두 사람이 테러를 모의했는데 처벌하는 것이 왜 문제가 되느냐는 질문이 나올 수도 있다. 그러나 그 질문에는 중요한 반문이 하나 따라온다. 두 사람이 자신들밖에 없는 방에서 저런 모의를 했다는 사실을, 국가는 어떻게 알았을까?

공모죄를 저지른 자를 적발해 엄단하려면 국가가 개인의 삶을 일정 부분 감시해야 한다. 테러를 저지를 가능성이 있다고 판단되거나 적어도 그런 위험이 있다고 분류할 수 있는 방대한 숫자의 개개인의 통화를 도청하고 이메일을 열어봐야 한다. 그들이 동호회나 모임을 만들면 잠입수사도 해야 하고 모임 장소를 바꾼다면 미행도 해야 한다. 이런 식의 수사를 인정하지 않고 공모죄만 신설한들 아무런 효력도 없기 때문이다.

이것만으로도 공모죄 신설은 사회 구성원의 인권을 심각하게 침해할 가능성이 높은 위험한 법이지만, 다른 위험도 있다. 아무리 공모죄를 신설해도 사회 구성원 전원을 대상으로 완벽한 감시체제를 구축하는 것은 사실상 불가능에 가깝다. 자연히 감시를 덜 해도 되는 대상과 더 해야 하는 대상을 구분할 필요가 생긴다. 그리고 이 과정에서, 흔히 말하는 '고위험군'을 따로 관리하자는 발상이 생기기 쉽다. 테러를 일으킬 확률이 더 높은 집단. 사회에 불만을 더 많이 가진 것으로 추정할 수 있는 사람들. 이런 집단을 규정하고 분류하고 감시하는 것은 국가가 사회 내부의 분열과 갈등을 유발할 수 있다는 점에서 지극히 위험한 시도다.

한국 사회는 이와 유사한 문제를 두고 이미 2016년에 큰 대립을 한 번 경험한 바 있다. 2016년 3월 3일에 공포된 이른바 '테러방지법'을 둘러싼 논쟁이 그것이다. 한국 정치사에 길이 남을 192시간 25분에 걸친 필리버

스터로도 큰 주목을 받은 테러방지법은 국가정보원장이 테러 위험인물의 출입국, 금융거래 및 통신이용 등에 관한 정보를 수집할 수 있다고 규정하고 있다. 또한 개인정보 보호법상 민감 정보를 포함한 개인 정보와 위치 정보를 개인 정보 처리자와 위치 정보 사업자에게 요구할 수 있다고도 규정하고 있다. 테러 위험인물을 어떻게 규정하느냐에 따라서 국민의 사생활을 심각하게 침해할 우려가 있다는 지적이 꾸준하게 제기되는 것은 당연한 일이다.

한국의 경우 테러방지법의 시행을 뒷받침한 '위협'은 주로 외부의 위협이었다. 오랜 안보 과제인 북한의 존재에 더해 2015년 11월 파리 테러와 같은 국제 테러 조직의 테러 위협 증가가 테러방지법 도입을 추진하는 중요한 요인으로 작용한 것이다. 일본도 공모죄 신설 과정에서 외부의 위협을 강조한 점은 한국과 유사했으나 자국 현대사를 통해 확인된 내부의 적 또한 매우 중요한 위협 요소로 거론됐다. 공모죄 신설로 시민 생활의 자유가 심각하게 침해받을 것이라는 모든 우려에도 불구하고 법안 통과에 찬성한 측에서 내놓은 중요한 반론은 의외로 간명했다.

"그 모든 불편과 불쾌함과 분란을 감수하고서라도 옴진리교 사건과 같은 사건을 단 하나라도 미연에 방지할 수 있다면 그것으로 충분한 것 아닌가."

당연하게도, 공모죄 신설에 반대한 사람들은 이 주장에 대한 반박을 반드시 미리 준비해둬야 했다.

거대한 그림자

20세기 말에 발생한 옴진리교 사건의 충격은 21세기가 시작되고도 이미 오랜 시간이 지난 2017년 현재에 이르기까지 일본 사회의 옷자락 한끝을 잡고 놓아주지 않고 있다. 일본이 미래로 나아가려는 순간, 그 길의 어느 한구석에서 옴진리교 사건은 반드시 고개를 내민다. 끔찍한 아픔을 겪은 다른 사회들이 대부분 그래왔듯이 일본 사회도 옴진리교 사건의 충격을 극복할 수는 있어도 옴진리교 사건이 발생하기 이전의 일본 사회로 완전히 돌아갈 수는 없을지도 모른다.

일본 사회가 옴진리교 사건을 어떻게 받아들이고 극복했고 한편으론 여전히 이 사건의 충격과 싸우고 있는지를 확인하기 위해, 우선은 옴진리교 사건의 전모를 살펴보고자 한다. 일본 사회가 옴진리교 사건에서 받은 충격의 크기와 원인을 파악하는 것은 일본 사회가 옴진리교를 극복하기 위해 어떻게 싸워 왔는지를 이해하는 중요한 실마리가 될 것이기 때문이다.

CHAPTER 2

옴진리교
의 시작

오컬트 붐

옴진리교의 교주이자 창시자인 마쓰모토 치즈오는 1955년에 구마모토 현에서 태어났다. 성인이 된 뒤 대학 진학을 목표로 1977년에 상경했고 이후 주로 일본의 수도권에서 거주한다. 대입 학원에서 알게 된 여성과 1978년 1월에 결혼했으며 이후 아내와의 사이에서 1994년까지 모두 4녀 2남의 자녀를 얻는다. 대입을 포기한 뒤에는 침구사로 일하거나 약국 개설 허가를 얻어 의약품 판매업 등의 일을 하며 생계를 유지했다. 일본은 한의사라는 직종은 없고 국가자격을 획득한 침구사가 침과 뜸을 시술하는데, 마쓰모토 치즈오는 이 침구사 면허를 소지하고 있었다.

마쓰모토 치즈오는 본격적인 종교 활동을 시작하기 전에 상해와 약사법 위반으로 한 번씩 처벌을 받은 전력이 있다. 1976년에 6월 5일에 당시 몸 담고 있던 마사지 클럽과 관련해 시비가 붙어 피해자의 머리를 구타하여 타박상 등을 입혀 벌금 1만 5천 엔에 처해진 적이 있으며, 1982년 6월 1일부터 11일 사이에 19번에 걸쳐 허가 없이 제조한 의약품을 판매해 벌금 20만 엔에 처해진 적이 있다.

마쓰모토 치즈오는 이즈음부터 종교 활동, 특히 불교·선교(仙敎)·요가 등에 심취하게 되며, 1984년 2월 14일에 '옴 신선(神仙)회'를 설립한다. 옴 신선회는 처음에는 작은 요가 교실이라 부를 수 있을 만한 규모의 집단이었다.

현재의 한국 사회 구성원들은 '요가 교실'이라는 단어를 들으면 아마도 한쪽 벽 전체가 거울로 되어 있고 밝은 조명 아래 깨끗한 바닥이 빛나는 요가 스튜디오를 떠올릴 것이다. 요가가 대중화된 최근의 일본도 사정은 마찬가지다. 그러나 1980년대에 마쓰모토 치즈오가 개설한 요가 교실은 직설적으로 말하면 일종의 '초능력 수련소'에 가까웠다.

옴진리교가 단기간에 세력을 확장한 배경 가운데 하나로 1980년대 일본의 오컬트 붐을 들 수 있다. 당시 일본에서는 '초자연적인', '신비한', '불가사의한' 현상들을 탐닉하거나 비밀스럽게 전해지는 종교나 사상 체계를 수련해 초능력을 얻는다는 식의 오컬트 문화가 사회적으로 큰 관심을 모으고 있었다. 버블 경제가 전성기를 이루면서 경제적 풍요가 극에 달했던 시기였던 만큼, 물질적인 안락함이 채워주지 못하는 정신적인 윤택함을 찾던 일본 사회의 관심이 기이한 방향으로 왜곡된 것이라고도 할 수 있다.

이 가운데 특히 점성술에 대한 관심은 버블 경제가 한창이던 당시 일본의 시대상과도 무관하지 않다. 일본의 1980년대 버블 경제의 근간은 주식과 부동산 가격의 폭등이었다. 당연히 어느 종목을 살지, 어느 곳의 땅이나 건물을 살지가 개개인의 경제적인 성공과 실패를 크게 좌우했으며 투기를 위한 자본이 대거 유입된 당시 일본의 주식과 부동산 시장은 전문가들의 냉철한 분석과 전망만큼이나 '운'이라는 요소도 크게 필요했다.

버블 경제 시기의 일본을 상징하는 사건 중 하나인 오노우에 누이 사건도 당시 사회상의 한 단면을 보여준다. 점성술과 신의 계시로 어느 종목의 주가가 오를 것인지를 맞춘다는 오노우에 누이라는 여성을 믿고 일본의 내로라하는 금융계 인사들이 구름처럼 그녀의 집에 모여들었다. 오노우에 누이는 두꺼비 석상을 이용해 점을 쳤다고 하며, 이 두꺼비 석상의 계시를 받은 수천억 엔 단위의 돈이 주식 시장을 누비고 다녔다.

후일 오노우에 누이는 자신이 금융기관에서 거액을 빌려 운용하는 과정에서 사기 행각을 벌여왔던 사실이 밝혀져 재판에서 실형을 선고받는다. 그러나 오노우에 누이 본인이 사기죄로 처벌받았다고 해서 금융가를 자처하는 사람들이 두꺼비 석상의 계시를 믿었다는 사실도 사라지는 것은 아니다. 1980년대는 시대 구분상 어떤 기준으로도 현대에 속하지만 의외로 인간의 지성은 동물의 뼈로 점을 치던 고대의 수준에서 고작 몇 발짝 정도만 떨어져 있었던 것인지도 모른다.

옴진리교는 이런 오컬트 붐을 적극적으로 활용했다. 당시 일본이 사랑했던 표현들, '과학으로는 설명할 수 없는', '초자연적 현상', '초능력'과 같은 이야기에 관심이 있던 청년들을 중심으로 세력을 확장해나간 것이다.

일본에서 어떤 현상이 사회적인 관심을 받는다는 것은 그것과 관련된 책과 잡지가 수없이 출간되고 또 팔려 나간다는 말이기도 했다. 피라미드 파워, 사이코메트리, 자연발화, 유체이탈 등등을 다룬 책이 날개 돋친 듯 팔려 나갔다. 그리고 이런 관심은 비단 초능력에만 국한된 것은 아니었다. 초고대문명 혹은 외계문명, 사라진 대륙, 비밀결사, 고대의 예언 같은 소재들도 큰 인기를 모았고 이런 소재를 다룬 당시의 서적 가운데 일부는 한국어로 번역돼 소개되기도 했다. 한국도 1980년대에서 1990년대 사이에는 오컬트에 관한 사회적인 관심이 매우 높은 편이었고, 이런 주장들을 속속들이 믿지는 않는 사람들도 그저 재미있는 유흥거리 삼아 오컬트 소재에 관한 책을 읽거나 방송국이 흥미롭게 편집해 TV로 내보내는 특집 방송 등을 찾아보곤 했던 것이다.

1985년 10월, 마쓰모토 치즈오는 일본의 한 오컬트 잡지에 자신이 수양을 통해 공중부양에 성공했다며 사진과 기사를 내보낸다. 처음에는 그저 잡지의 한 켠을 차지하고 있었을 뿐인 이 사진과 기사는 옴진리교가 오컬트 문화에 심취해 있던 당시의 일본 청년들을 신도로 끌어들이는 데 큰 역할을 한다. 옴진리교의 주요 간부였으며 현재 후계단체 중 하나인 '빛의 고리'를 이끌고 있는 조유 후미히로가 옴진리교에 처음 관심을 갖게 된 계기도 바로 이 사진이었으며, 그 외에도 옴진리교 설립 초기부터 신자가 된 많은 청년들이 이 사진을 계기로 마쓰모토 치즈오의 존재를 알게 된다. 지금은 누가 봐도 연출한 것으로밖에 보이지 않는 이 사진 한 장으로 당시에는 일본에서 손꼽히는 대학을 나온 엘리트 청년들마저 속일 수 있었던 것이다.

마쓰모토 치즈오는 공중부양 사진을 잡지에 싣는 것에 그치지 않고 다음해인 1986년 3월에 출간한 《더 초능력 비밀의 개발법》이란 책에도 게재해 홍보에 활용한다. 그는 "이 책은 선교, 불교, 밀교, 요가의 집대성 가운데서 특히 공중부양 등의 초능력에 관해 효과가 있는 수행법만을 간추려 모은 것으로, 누구든 이 방법으로 수행하면 초능력자가 될 수 있다. 이미 내 지도를 받은 사람들은 이 방

마쓰모토 치즈오가 공중부양에 성공했다고 주장하며 공개한 사진. 마쓰모토 치즈오는 이 사진을 표지로 사용해 책을 출간하기도 했다

법으로 착실하게 힘을 키워 나가고 있다"라고 주장했으며 이즈음부터 초능력을 개발해준다는 명목으로 세미나를 개최하기 시작한다.

부정적인 의미에서 역사적인 사진이 되어버린 마쓰모토 치즈오의 공중부양 사진은 당시의 시대상을 여실히 반영하고 있다. 만약 2017년의 한국에서 누군가가 저런 사진으로 자신이 설립한 신흥종교를 홍보하려 했다면 아마 두 명도 속이기 힘들었을 것이다. 오늘날 우리는 컴퓨터나 스마트폰으로 간단한 보정을 통해 얼마든지 사진을 연출할 수 있다는 사실을 잘 알고 있고, 사진에 조금만 관심이 있다면 셔터 스피드를 확보해 사람이 공중에 정지해 있는 것처럼 보이는 사진은 누구든 쉽게 찍을 수 있다.

그러나 디지털 카메라가 보급되기 훨씬 전인 1980년대에는 카메라, 특히 렌즈 교환 방식의 카메라는 사치품에 가까운 비싼 기기였고 필름을 암실에서 현상하는 기술에 대한 지식이 있는 사람의 숫자도 그렇게 많지 않았다. 더 큰 문제는 이런 종류의 정보를 공유할 수 있는 공간도 부족했다는 것이다. 지금 누군가가 저런 시도를 한다면 인터넷 게시판이나 SNS를 통해 사진의 트릭이 밝혀지기까지 몇 분도 걸리지 않을 것이다. 그러나 당시 청년들은 종이로 인쇄된 오컬트 잡지를 서점에서 구입해 자신의 방에서 혼자 읽는 것이 보통이었다. 트릭을 간파할 수 있는 사람의 지식과 정보가 공유될 길이 없으니, 서점에서 책을 사서 방에서 혼자 읽고 혼자 그 책에 등장한 종교집단의 세미나에 참석하러 가는 그 모든 과정 동안 단 한 번도 누군가에게서 "당신은 속고 있다"는 경고를 받을 기회를 얻지 못한 것이다. 이런 상황에서는 속는 사람은 계속해서 속을 수밖에 없다. 그렇게 청년 세대를 중심으로 많은 사람들이 마쓰모토 치즈오에게 속아 넘어가게 된다.

신흥종교

마쓰모토 치즈오가 1984년에 개설한 요가 교실 '옴 신선회'는 1987년 7월경에 '옴진리교'로 이름이 바뀐다. 드디어 종교의 형태를 띠기 시작한 것이다. 이 집단이 옴진리교라는 명칭을 사용하기 시작했을 당시 마쓰모토 치즈오는 32세였다.

　종교의 이름에 사용된 '옴', 알파벳으로 표기하면 'AUM'은 산스크리트어 주문(呪文)으로 각각의 세 글자가 우주의 창조, 유지, 파괴를 나타낸다. 힌두교에서는 이 창조, 유지, 파괴를 각각 관장하는 신이 삼주신(三主神)인 브

라흐마, 비슈누, 시바이며, 마쓰모토 치즈오는 이 가운데 파괴신인 시바신을 옴진리교의 주신으로 삼을 정도로 힌두교와 시바신에 상당한 관심을 보인다. 신자를 대상으로 한 설법에서도 빈번하게 시바신을 언급하며 자신이 시바신과 직접 커뮤니케이션이 가능한 존재라고 주장하기도 한다. 물론 이런 언행은 자신의 범행을 정당화하는 수단인 경우가 많았으며 힌두교에서 말하는 시바신에 대한 이해도 피상적인 수준에 머물렀던 것으로 보인다.

옴진리교는 인도가 발상지인 여러 종교를 베이스로 한 신흥종교였다. 대부분의 사회에서 그렇듯 일본에서도 무에서 유를 창조하는 수준으로 완벽하게 새로운 사상체계를 만들어 내는 신흥종교는 매우 드문 편이다. 대부분의 신흥종교는 기존의 주요 종교를 바탕으로 경전의 해석을 달리하거나 몇 가지 종교의 중요한 가르침을 조금씩 차용 또는 변주해서 교리를 구축한다. 옴진리교는 특히 초창기에는 주로 인도가 발상지인 종교를 토대로 교리를 구성해나갔다.

현재까지 남아 있는 마쓰모토 치즈오의 '설법' 기록을 분석하면 옴진리교의 교리는 대체로 소승불교에서 대승불교로, 그리고 다시 원시불교나 밀교·금강승으로 점차 변화해나간 것으로 보인다. 그러나 옴진리교라는 종교의 신앙체계는 사실 그다지 치밀하지 않으며, 종교라는 측면에서의 분석보다는 이런 종교적인 개념들을 어떻게 악용해 신자들을 범행으로 몰고 갔는지에 대한 분석 쪽이 더 활발하게 이뤄지고 있다.

한국에서는 이런 종교를 지칭할 때 사이비 혹은 이단이란 표현이 널리

쓰인다. 그러나 닮았으나 다르다는 뜻의 사이비(似而非)나 끝이 다르다는 뜻의 이단(異端)은 모두 '진짜 종교' 혹은 '좋은 종교'와 그 반대편의 '나쁜 종교'가 따로 존재한다는 것을 어느 정도 전제로 하고 있다. 세상에는 좋은 종교, 즉 사람을 행복하게 하고 구제하는 진짜 종교가 있고 그렇지 않은 나쁜 종교가 있다는 주장은 사회적인 현실을 놓고 보자면 부정하기 힘든 사실이다. 그러나 국가 권력이 어느 종교는 좋고 어느 종교는 나쁘다는 것을 판단할 수 있느냐고 묻는다면, 그 질문에 대답하기란 쉽지 않다.

일본은 제2차 세계대전 당시 국가신도(国家神道)라는 일종의 독자적인 종교체계 속에서 국가 전체가 전쟁의 광기에 물들었다가 결국은 처절하게 패망한 치명적인 실패의 기억이 있는 나라다. 이에 대한 반발과 반성으로 종전 이후 일본 사회는 정교분리 원칙을 꽤 오랜 기간 동안 매우 엄격하게 지켜왔다. 비록 국교는 없지만 가톨릭, 불교, 개신교 신자가 국민의 상당수를 차지하고 있는 한국과도 상황이 조금 다르다고 할 수 있다. 적어도 표면적으로는 일본 사회는 모든 종교를 가능한 평등하게 대하려 노력하고 있으며 따라서 한국이라면 사이비 혹은 이단이란 호칭을 사용하기를 주저하지 않았을 종교를 말할 때도 그저 새롭게 흥한 종교, 즉 신흥종교라는 표현을 주로 사용한다.

물론 일본도 신흥종교에 대한 편견 혹은 사회적인 경계심이 약한 것은 아니다. 한국의 '사이비'와 거의 유사한 어감으로 사용되는 '컬트종교'라는 용어도 분명히 존재한다. 그러나 이 컬트종교라는 용어가 일본 사회에 널리 퍼진 계기가 다름 아닌 1995년에 옴진리교가 일으킨 지하철 사린 사건이었다는 것은 씁쓸한 아이러니다. 옴진리교 사건 이후 신흥종교에 대한 일본 사회의 경계심은 매우 강해졌으나 정작 옴진리교는 컬트종교라는 일종의 비하적인 용어가 확산되기 이전, 즉 다양한 종교에 대해 비교적 포용적이던 일본 사회 속에서 급속도로 성장했다. 옴진리교 사건은 일반적으로는 충분히 상찬의 대상이 될 만한 다양성에 대한 일본 사회의 포용력이 오히려 약점으로 작용한 최악의 사례라고 할 수 있다.

신흥종교 가운데 사회에 해악을 끼치는 부류의 일부 신흥종교는 흔히 기존 주요 종교의 교리를 기괴하게 비틀고 조합해 엉성한 신앙체계 비슷한 것을 만들어낸 뒤 그것을 교주 신격화와 경제적 이익 확보에 활용하곤 한다. 그리고 그 엉성한 신앙체계는 죽음에 대한 공포를 필요 이상으로 자극하는 경우가 많다. 옴진리교도 이 방식을 정확히 답습한다. 마쓰모토 치즈오는 자신이 번뇌와 윤회에서 벗어난 최종해탈자라고 주장하며 신자들의 죽음에 대한 공포를 집요하게 자극한 뒤 그들을 해탈로 이끈다는 명목으로 거액의 기부를 요구하고 기행에 가까운 수행법을 가르친다. 그리고 그 수행의 속도를 내는 방법이라며 교주인 마쓰모토 치즈오 자신의 피를 100만 엔에 판매하는 등의 수단으로 금전적인 이득을 취하기도 한다. 물론 이것만으로도 이 신흥종교에 빠지게 된 사람과 그들의 가족을 비롯한 주변 사회에 충분히 해악을 끼쳤다고 할 수 있지만, 여기까지는 유사한 사업 모델을 선택한 다른 신흥종교의 행태와 크게 다르지 않다.

그렇다면 옴진리교가 당시 일본에서 발생한 다른 대다수의 신흥종교와는 달리 각종 강력범죄를 일으키며 폭주하게 된 배경은 무엇일까? 세 가지를 지적할 수 있다. 종말론, 기괴한 출가제도, 교리를 통한 살인의 정당화가 그것이다.

세기말의 풍경

옴진리교가 일본에서 교단으로서의 모습을 갖추기 시작하던 당시는 세기말, 그것도 새천년을 눈앞에 둔 20세기의 세기말이었다. 그리고 바로 이것이 옴진리교 사건 발생 이후에 성장한 세대와 옴진리교 사건을 실제로 목격한 세대가 이 사건에 대해 대화할 때 서로의 배경지식을 파악하는 데 가장 큰 곤란을 겪는 지점이다. 당시의 인류는 '지구 멸망설' 혹은 '종말론'을 적어도 21세기의 인류보다는 진지하게 받아들이고 있었다. 내심 종말론 따위는 전혀 믿지 않는 사람도 세상에는 이것을 진지하게 받아들이는 사람도 있다는 사회적인 현실은 인식하고 있었으며, 따라서 그 누구도 종말론에 대한 사회적인 관심이라는 현상을 완전히 무시할 수는 없었다. 덕분에 결과적으로 모든 사람이 종말론에 다소나마 관심을 가지게 되는 기이한 분위기가 팽배해 있었던 것이다.

인류가 서기를 사용하기 시작한 이후 서기를 사용하는 문명권에서 각 세기가 끝날 즈음에 종말론이 크건 작건 유행하는 것은 그리 드문 현상은 아니었다. 그러나 천년이 끝나고 새로운 천년이 시작되는 20세기의 세기말은 다른 세기말과 비교해도 종말론이 특히 많은 주목을 받은 시기였다. 신앙이나 점성술의 영역에서 군사 분쟁과 같은 실질적인 위협에 이르기까지, 당시 사람들은 다양한 각도로 지구 멸망 가능성을 검토하는 시대적 흐름의 한가운데에 있었다.

가장 대표적인 것은 노스트라다무스의 예언을 토대로 한 1999년 7월 멸망설이었다. 16세기의 의사이자 점성술사, 예언가인 노스트라다무스가 남긴 것으로 알려진 4행시 예언 중 하나에 1999의 해 일곱 번째 달에 하늘에서 공포의 대왕이 내려오리라는 구절이 있는데, 이것이 7월 멸망설의 근거로 사용됐다. 이 종말론은 노스트라다무스 개인의 지명도와 이를 잘 활용한 각종 언론의 이슈 만들기 등을 바탕으로 크게 확산되면서 전 세계적으로 많은 관심을 모았다. 태양계의 행성이 지구를 중심으로 거대한 십자가 형태로 정렬하는 소위 '그랜드 크로스'가 1999년의 이 시기에 발생할 것이라는 예측도 종말론에 힘을 실어주기도 했다.

물론 1999년 7월에 인류는 멸망하지 않았고 당시 전 세계의 뉴스 앵커들은 7월이 지나자 담담한 표정으로 "여러분이 이미 모두 확인하셨듯이 아무 일도 일어나지 않았습니다"라는 보도 아닌 보도를 해야 했다. 만약 2017년의 어느 날 저녁에 뉴스 앵커가 "여러분, 오늘 지구가 멸망하지 않았습니다"라는 말로 뉴스를 시작했다면, 그것은 대형 방송사고이거나 그 방송사가 어지간히 큰 이벤트를 하고 있는 중일 것이다. 그러나 1999년에는 저 사실을 각국의 지상파 뉴스가 확인해줘야 할 정도로 지구 멸망설에 대한 전 지구적인 관심이 높았다.

7월이 무사히 지나가자 이번에는 1999년 12월 31일에서 2000년 1월 1일로 날짜가 변경되는 순간에 인류가 멸망한다는 주장이 화젯거리에 올랐다. 이쪽은 일견 그럴듯해 보이는 설명도 붙어 있었다. 흔히 Y2K(Year 2-Kilo, 2000년) 문제로 불린 이 주장은 컴퓨터 시스템의 전 지구적 오작동으로 인한 지구 멸망설이었다.

컴퓨터는 20세기에 발명됐으며 따라서 초기에는 연도를 표기할 때 마지막 두 자릿수만 입력하면 충분했다. 90은 1990년이고 85는 1985년이라는 식이다. 그러나 2000년이 되어 연도가 '00'으로 표시되면 컴퓨터는 이것이 서기 1900년인지 서기 500년인지 서기 3700년인지 분간할 수 없을 것이고 이로 인해 거대한 오류가 연쇄적으로 발생하리라는 것이 Y2K 문제의 핵심이었다. 금융권의 전산 시스템이 마비돼 큰 혼란이 올 것이라는 전망부터 핵무기 시스템의 오류로 인해 인류가 의도하지 않은 핵전쟁이 발발할 것이라는 가설까지, Y2K 문제는 일견 설득력 있어 보이는 가설을 다수 제공했다. 덕분에 2000년 1월 1일을 맞이한 직후 인류는 또다시 "지구는 멸망하지 않았습니다"라는 뉴스를 들어야 했다.

물론 이 모든 종말론이 일종의 광신이나 과학기술에 대한 몰이해에서만 비롯된 것은 아니었다. 인류는 20세기에 핵무기를 개발했다. 그 말은 인류가 자신의 손으로 인류 혹은 지구를 멸망시킬 힘을 최초로 얻었다는 뜻이기도 했다. 20세기의 세기말은 19세기 혹은 그 이전의 어떤 세기말과도 다를 수밖에 없었다. 노스트라다무스가 예언한 '하늘에서 내려오는 공포의 대왕'이 어떤 신앙적인 존재라면 그것은 인류의 분석을 벗어난 것이겠지만 대륙간 탄도미사일이 투입된 전면 핵전쟁을 의미하는 것이라면 충분히 현실성이 있는 이야기였다. Y2K 문제가 제기되자 인류 멸망 시나리오까지 등장한 것 또한 사람들이 '핵무기 시스템의 오작동' 가능성을 우려했기 때문이다. 오작동이 아니라 인류가 자신들의 판단으로 핵전쟁을 시작한다면 인류는 얼마든지 멸망할 가능성이 있었다.

그리고 옴진리교는 바로 이 세기말의 분위기 속에서 생겨난 신흥종교였다. 마쓰모토 치즈오는 옴진리교 교단 설립 초기부터 핵전쟁과 인류 종말에 대한 신도들의 공포를 자극하고 이를 막기 위해서는 옴진리교의 전파가 필요하다는 주장을 반복한다. 인류 멸망에 대한 공포를 포교에 적극적으로 활용한 것이다.

1987년 7월 16일, 마쓰모토 치즈오는 신자들을 대상으로 한 설법에서 "해탈에 이르는 가장 빠른 방법은 자신이 가진 것을 모두 비우고 구루(산스크리트어로 해탈로 이끌어줄 수 있는 종교적인 지도자를 뜻함. 여기서는 마쓰모토 치즈오 자신) 혹은 시바신이 바라는 것을 의지를 갖고 실행하는 것이다. 옴진리교의 구제 활동은, 우선 진(眞)해탈자를 3만 명 배출하는 것이다. 그리고 3만 명이 세계로 퍼져나가면 사트바의 에너지로, 예를 들면 핵무기를 가지는 것이 무의미해진다. 그리고 진리는 하나가 될 것이다. 그렇게 되면 핵전쟁이 일어날 일은 없다"라고 말한다.

같은 해 8월에는 앞선 5월에 자신이 개최한 집중 세미나의 설법을 정리한 책을 출간하는데, 이 책에서도 "1993년까지 세계 각국에 2개 이상의 지부를 설립하지 못하면 1999년부터 2003년 사이에 분명히 핵전쟁이 발발한다. 나는 처음으로 핵전쟁을 언급했다. 우리에게 남겨진 시간은 앞으로 겨우 15년 정도밖에 없다. (……) 핵전쟁을 회피하기 위해서는 옴진리교의 가르침을 세계에 확산시켜야 한다. 지부를 각국에 만들어야 한다.

1993년까지 옴진리교가 시바신의 의지를 이해하고 실행해 역할을 달성할 수 있다면 분명히 전쟁을 회피할 수 있다"라고 주장한다.

어떤 주장을 할 때 숫자를 적절히 활용하는 것은 언제나 효과적이다. 숫자는 그 자체로 객관적이고 정확한 인상을 심어주는 경우가 많기 때문에 잘만 활용하면 주장의 신뢰도를 손쉽게 높일 수 있다. 많은 신흥종교 창시자 혹은 교리 개발 담당자들은 이 사실을 본능적으로 매우 잘 파악하고 있으며 덕분에 많은 신흥종교가 특정한 숫자에 교단 전체가 집착하는 경향을 보인다. 옴진리교도 예외는 아니었다. 마쓰모토 치즈오는 교단 설립 초기부터 구체적인 연도와 목표 신자수까지 언급하며 신자들의 핵전쟁에 대한 공포를 조장하고 활용했다. 당시는 아직 냉전이 이어지고 있던 1980년대 중후반이었던 만큼 이런 위협은 당시의 신자들에게는 꽤나 현실적으로 다가왔을 것이다.

마쓰모토 치즈오는 1988년 12월 13일, 옴진리교 후지산 총본부에서 포아 세미나라는 이름의 세미나를 열고 신자들에게 설법을 한다. 마쓰모토 치즈오는 이 설법에서 당시 출간 직전이었던 자신의 저서《멸망의 날》에 대해 언급하며 "나는 그 책에서 '요한 묵시록' 제16장까지를 완벽하게 해석했다. 거기에 적혀 있는 내용은 인류가 멸망한다는 것이며 살아남을 사람의 조건은 불교적인 가르침을 지키는 것과 금욕, 또 하나는 시바신에 대한 귀의, 또는 구루에 대한 귀의였다. 즉 성서에 적혀 있는 예언 중의 예언이라고 불리는 '요한 묵시록' 속에는 탄트라·바즈라야나(금강승)의 진수가 적혀 있었다. 그리고 지금, 세계 어디를 찾아봐도 그것을 가장 격렬하게 실천하고 있는 것은 옴진리교의 신자뿐이다. 우리의 욕구를 분쇄하고, 가르침을 지키고, 구루에 귀의하고, 시바신에 귀의하고, 명상하는 것. 이것 이외에 진정한 행복은 없으며, 높은 세계로 도달하는 길은 없다는 것이 적혀 있는 것이다"라고 발언한다.

마쓰모토 치즈오가 출간한 책 《멸망의 날》의 표지

이 《멸망의 날》이라는 책은 1989년 2월에 실제로 출간되는데, 마쓰모토 치즈오는 이 책에서 "인간의 악업이 가득 차게 되면 신은 불 원소를 움직여 화산을 분화시켜 부분적으로 카르마 지우기를 한다. 무엇보다도 무서운 것은 이런 자연의 분화로 카르마를 다 지울 수 없어졌을 때다. 신은 인공적인 불로 카르마 지우기를 할 것이다. 그것이 아마겟돈(인류 최종 전쟁)이다.""'이제는 요한 묵시록의 봉인을 풀어야 할 때가 왔다. 그 시사를 받아들이고 옴진리교의 구제 계획을 공고히 하라.' 나의 구루인 시바신이 너무나도 갑작스럽게 이렇게 말씀하셨다.""힘으로 좋은 세상을 만든다. 이야말로 탄트라·바즈라야나의 세계다. 시바신은 시바신에 대한 강한 신앙을 가진 탄트라 수행자가 세계 각국의 국민들을 지배하는 것을 바라고 계신다"라고 주장했다.

이어서 1989년 5월에 출간한 《멸망에서 허공으로》라는 이름의 책에서는 "아마겟돈은 회피할 수 없다. 그러나 옴진리교가 열심히 노력해 많은 성취

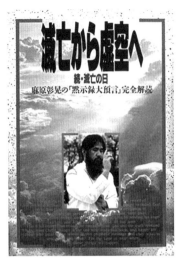

마쓰모토 치즈오가 출간한 책 《멸망에서 허공으로》의 표지

자를 배출할 수 있다면 그 피해를 작게 할 수 있다. 아마겟돈으로 죽는 사람을 세계 인구의 4분의 1로 막을 수 있다. 나머지 4분의 3의 인구 가운데 어느 정도가 살아남을 수 있는지는 옴진리교의 구제 활동에 달렸다. 나는 나에게 주어진 이 사명에 목숨을 걸고 있다"라고도 주장한다.

마쓰모토 치즈오가 일종의 예언서로 받아들여지길 바라며 출간한 것으로 보이는 이 시기의 책들과 발언을 통해 몇 가지 중요한 정보를 얻을 수 있다. 우선 옴진리교는 인도를 발상지로 삼는 종교 이외에 기독교의 최후 심판에 관한 교리도 적극적으로 차용했다는 점이다. 특히 요한 묵시록은 이후의 포교 활동에도 매우 적극적으로 악용된다. 《신약성서》의 마지막 장인 요한 묵시록은 상징과 비유가 많이 사용돼 해석이 어려운 것으로 정평이 나 있으며, 바로 이 점을 악용해 많은 신흥종교가 자신들의 교리를 공고히 하기 위해 요한 묵시록을 효과적으로 활용하곤 한다. 이런 경향에 당시 일본의 오컬트 붐까지 겹치자 요한 묵시록은 그리 건전하지만은 않은 방식으로 큰 사회적인 관심을 모으게 되며, 옴진리교는 이 가운데서도 특히 인류 최종 전쟁, 즉 아마겟돈의 개념을 차용해 교단 설립 초기부터 신자들의 종말에 대한 공포를 자극했다.

또한 마쓰모토 치즈오는 종말론과 연관 지어 교주인 자신에 대한 신자들의 복종을 교리와 설법을 통해 집요할 정도로 강조했다는 점도 확인할 수 있다. 구루에 대한 귀의를 강조하면서 자신의 구루는 시바신이라고 주장한 것은 황당무계할 따름이지만, 그를 신봉하던 신자들은 이런 황당한 주장도 믿고 따랐던 것으로 보인다.

'핵전쟁' 혹은 '인류 멸망'을 소재로 한 공포감 조성과 교주에 대한 맹목적인 복종 강조는 옴진리교의 신자들이 마쓰모토 치즈오의 지시 아래 각종 강력범죄를 자행하게 되는 데에도 중요한 영향을 미친다. 신자들 가운데 상당수는 실제로 옴진리교의 활동을 통해 인류를 구제할 수 있다고, 혹은 옴진리교를 통하지 않고서는 인류를 구할 수 없다고 믿으며 지시받은 대로 범행을 저질렀다. 때론 눈앞에서 벌어지는 상식을 벗어난 범죄 행각에 갈등을 느끼면서도 '이것은 인류를 구제하기 위한 일이다'라고 되뇌며 스스로를 다잡았다고 한다. 세상에 악인은 없으며 단지 자신의 선(善)을 맹신하는 자와 그렇지 않은 자만 있을 뿐이라는 주장의 씁쓸한 표본이다. 심지어 일련의 사건으로 사형을 언도받아 현재까지도 수감 중인 옴진리교의 주요 간부 가운데 한 명은 최근에도 반성의 기색 없이 자신들은 옳은 일을 했으며 옴진리교는 인류를 구제하기 위한 활동을 하던 중이었다고 주장하기도 했다.

기괴한 출가제도

마쓰모토 치즈오는 1986년 여름에 히말라야에서의 수행을 통해 최종해탈을 이뤘다고 주장하게 된다. 그리고 이 '최종해탈' 이후 출가제도를 만들게 되며 1986년 9월경에는 이미 출가자가 20여 명에 달한다. 해탈이라는 용어를 사용한 것과 출가제도를 시작한 것은 옴진리교가 인도가 발상지인 여러 종교를 토대로 삼은 신흥종교였던 것을 생각하면 자연스러운 일이었다.

그러나 문제는 출가제도의 내용이다. 옴진리교의 출가제도는 1989년경에 형식과 내용이 확립되는데, 그 골자는 시바신과 교주 마쓰모토 치즈오에게 평생 심신과 자신의 전 재산을 맡기며 가족, 친구, 지인 등과의 직간접적인 접촉과 같은 현생의 모든 관계를 끊는다는 것이었다. 신자는 출가에 앞서 옴진리교 교단 측에 다음과 같은 내용의 서약서와 유서 등을 견본을 보고 직접 필사해 제출했다.

　　— 출가 중에는 교단에 폐를 끼치지 않는다.
　　— 가족, 친척과 인연을 끊는다.
　　— 교단에 손해를 끼칠 경우 일체의 책임을 진다.
　　— 모든 유산과 재산은 교단에 기부한다.
　　— 장례 등은 교주 마쓰모토 치즈오가 관장한다.
　　— 사고 등으로 의식불명에 빠질 경우의 처치는 교주 마쓰모토 치즈오
　　　에게 맡긴다.
　　— 위자료, 손해배상도 모두 마쓰모토 치즈오에게 맡긴다.

자신의 마음에 들지 않는 모든 사회현상을 교육의 탓으로 돌리는 사람은 일본에도 있다. 그리고 그런 사람 가운데 일부는 이 서약서 내용을 두고 "이것을 필사해 제출한 사람이 이렇게나 많았다는 것 자체가 일본 교육의

실패를 방증한다"라고 분개했을 정도다. 서약의 내용은 누가 봐도 지나치게 위험했지만, 옴진리교 출가신자의 숫자는 한때 약 1,700명에 달했다.

서약 가운데 '의식불명에 빠질 경우의 처치'에 관한 내용이 있는 것은 옴진리교의 수행이 지나치게 위험해서 실제로 의식불명에 빠지는 사람이 나올 확률이 높았기 때문이다. 신자들은 고된 수행과 교단을 위한 '봉사' 활동 등으로 체력적으로 상당히 힘든 나날을 보낸 것으로 보이며, 훗날 밝혀진 자료를 분석하면 신자들의 식사량은 그들의 하루 활동량을 생각하면 상당히 적은 수준이었고 수면시간도 부족했던 것으로 파악됐다.

신자들의 식사량과 수면량을 제대로 확보하지 않는 행태는 사회에 해악을 끼치는 신흥종교가 의도하든 의도하지 않든 공통적으로 보이는 현상 가운데 하나다. 지극히 당연한 일이지만, 인간은 식사와 수면이 제대로 확보되지 않으면 올바른 판단을 내리기 어려워진다. 이런 환경을 조성해 개개인의 판단 능력을 약화시키는 것도 한번 집단생활에 참가하기 시작한 신자가 교단을 빠져나가기 어렵게 만드는 신흥종교의 상투적인 수단 가운데 하나이며, 옴진리교도 예외는 아니었던 것이다.

게다가 장례를 마쓰모토 치즈오가 관장하게 되면 최악의 경우 교단 내부에서 살인사건이 발생해도 시신을 소각한 뒤 화장을 했다고 주장하며 사건 은폐를 시도할 가능성도 있었다. 그러나 대다수의 출가신자들은 적어도 출가 당시에는 이런 가능성까지는 고려하지 못했던 것으로 보인다.

또한 가족 및 친구들과의 단절도 큰 문제였다. 옴진리교는 각종 강력범죄를 자행한 사실이 드러나기 이전부터 출가한 신자를 되찾으려는 가족과 이를 방해하는 교단의 대립이 언론을 통해 보도되면서 악명을 얻게 된다. 이런 가족의 호소를 교단이 힘으로 억누르는 과정에서 다수의 강력범죄가 자행됐으며, 아이러니컬하게도 모든 것을 교단에 바친 출가신자가 늘어나면서 교단이 강력범죄를 지시하면 이를 앞뒤 가리지 않고 수행할 인원도 점차 늘어나게 되었다.

옴진리교의 출가신자는 꾸준히 늘어났다. 그리고 그들이 생활할 공간을 확보하고 교단이 벌이는 각종 사업을 수행하기 위한 교단 시설 또한 꾸준히 늘고 있었다. 옴진리교는 일본 전국 각지에서 적극적으로 토지와 건물을 확보하기 시작했고 이 과정에서 지역 주민들과도 대립하게 된다. 지역 주민들에게는 우선 집단생활을 하며 기이한 '수행'을 하는 신흥종교가 자신들의 지역에 자리를 잡는 것도 달갑지 않은 일이었겠지만, 옴진리교는 지역 주민들로서는 예상하지 못했던 다른 걱정거리도 몰고 들어왔다.

옴진리교는 활동 기간 전반에 걸쳐 신자들의 노동력을 매우 적극적으로 활용한 공격적인 기업 활동으로 교단의 재산을 불려나갔다. 컴퓨터 사업, 식품 판매와 식당 프랜차이즈, 건설업과 부동산업, 가정교사나 토목공사 인부 등의 인력 알선업 등 다양한 합법적인 사업을 통해서 교단 재산을 증식했으며 이 과정에서 전성기 약 1,700명의 출가신자를 포함한 1만 명이 넘는 신자의 노동력을 매우 효율적으로 착취했다. 옴진리교의 교단 시설이 들어선다는 것은 지역 주민들에게는 인건비를 거의 들이지 않고 오히려 신자들의 전 재산을 기부 받으며 이런 식의 사업을 벌이는 집단이 지역에 들어온다는 의미이기도 했다. 대립이 생기지 않으면 이상할 지경이었고, 이런 지역사회와의 대립도 옴진리교의 각종 범행의 중요한 계기가 되고 만다.

살인 정당화

마쓰모토 치즈오는 교단 설립 초기 단계부터 종교 지도자, 즉 자신의 지시에 따른 살인은 정당화될 수 있다는 내용의 발언을 반복한다. 그리고 이것이 옴진리교가 각종 강력범죄를 잇달아 자행하며 파멸로 치닫게 된 마지막 퍼즐이었다. 여기서 티베트 불교 용어인 '포아'가 등장한다. 원래는 현시점보다 높은 세계로 의식을 옮기는 것을 의미하는 말이지만 마쓰모토 치즈오는 신자들을 상대로 한 자신의 살인 지령을 정당화하는 것에 이 단어를 악용한다.

마쓰모토 치즈오는 1987년 1월 4일에 개최한 세미나에서 완벽한 공덕에 관한 질문을 받자 "밀교 수행자인 틸로파가 산 물고기를 구워서 죽인 다음 먹고 있었다. 그는 완전한 성취자였다. 무엇을 한 것이냐면 포아를 하고 있었던 것이다. 그 물고기의 영혼을 다른 세계로 상승시킨 것이다. 높은 세계로 상승시킨 것이니 틸로파는 공덕을 쌓은 것이다. 그러나 석가모니의 살생하지 말라는 말을 생각하면 살생을 한 것이지 않는가. 그러니 이것은 정의를 어떻게 할지의 문제이며 매우 어려운 것이다. 그러니 랭크에 따라 그 사람이 그때 할 수 있는 최고의 것을 한다. 이것밖에 없다고 생각한다. 그러니 예를 들어 티베트 밀교라고 하는 것은 매우 거친 종교여서 예를 들어 미라레파는 가르침을 구한 스승 중 한 사람에게 '너는 저 도적을 죽이고 오라'라는 말을 듣고 역시 그 도적을 죽였다. 그리고 미라레파는 그 공덕으로 수행을 계속했다. 그러니 어느 문으로 수행에 들어서는가에 따라 공덕은 조금씩 바뀐다. 불교적인, 통상적인 방법을 쓴다면 우선 무엇보다도 금계를 지켜야 한다. 죽이지 않는다, 훔치지 않는다, 여기서부터 들어가는 프로세스. (……) 그러니 어느 프로세스에서 들어가는 가, 혹은 그 사람이 어느 스테이지에 있는가에 따라 매우 복잡해진다"라고 말한다.

마쓰모토 치즈오는 이어서 "구루를 위해서라면 죽을 수 있다, 구루를 위해서라면 살인도 할 수 있다는 타입의 사람은 쿤달리니 요가가 적합하다. 그리고 구루가 하라고 말한 것을 모두 할 수 있는 상태, 예를 들면 그것은 살인도 포함해서, 이것도 공덕으로 변한다. 그러니까 어떤 프로세스를 따를 것인지는 조건에 따라 다른 것이다. 그리고 지금 일본의 종교이념에서 보면 특히 쿤달리니 요가라는 것은 받아들이기 힘들다고 생각한다. 나도 전생에 구루의 명령에 따라 사람을 죽인 적이 있으니까 말이다. 자신은 죽을 수 있지만, 카르마가 되는, 사람을 죽이는 일은 할 수 없는 것이다. 그러나 그 카르마마저도 구루에게 바쳤을 때, 쿤달리니 요가는 성취된다. 그러니 그 배경이 되는 것, 수행법에 따라 달라지는 것이다. '아니, 그건 이상하다. 그래서 죽였다면 그건 카르마가 되지 않는가'라고 생각할지 모르지만, 그렇지 않다. 예를 들어 구루가 그 대상을 죽이라고 했을 때는, 이를테면 상대방은 이미 죽을 시기가 된 것이다. 그리고 제자에게 살해하게 하는 것으로 상대방을 포아시켜 가장 좋은 시기에 죽이게 하는 것이다. 그리고 예를 들어 한 번 더 인간계에 환생하게 해서 수행을 하게 하든가, 여러 가지가 있다. 그러니까 공덕에 대해서는 설명하기가 매우 힘들다. 그러나 무난한 방법은 석가모니의 말을 빌리자면 붓다와 붓다가 말하는 법과 그 제자들인 승가(僧迦)에 귀의해 공양하는 것, 그리고 살생하지 않는 것, 훔치지 않는 것, 사악한 성교를 하지 않는 것, 거짓말을 하지 않는 것, 마음이 흐트러지도록 술을 마시지 않는 것이 될 것이다. 그리고 나도 그것이 무난할 것이라고 생각한다"라고 발언한다.

마쓰모토 치즈오가 1987년에 이미 이러한 발언을 한 적이 있다는 사실은 훗날 그의 사형이 결정된 재판에서 상당히 중요하게 다뤄졌다. 마쓰모토 치즈오는 직접 살인을 저지르지는 않고 항상 지시만 내렸기 때문에 옴진리교 내부에서 살인 지령이 어떤 식으로 내려졌는지는 중대한 관심사였다. 덕분에 이런 궤변으로 점철된 자칭 설법이 법정에서 치열한 공방의 대상이 되는 비극이 벌어진 것이다.

마쓰모토 치즈오는 또한 1989년 9월 24일의 설법에서 "예를 들어 A씨라고 하는 사람이 있는데 이 A씨는 태어나서 공덕을 쌓고 있었으나 태만이 생겨 그 뒤 악업을 쌓아 수명이 다할 때쯤에는 지옥에 떨어질 정도의 악업을 쌓고 죽게 될 것이라는 조건이 있다고 하자. 이 A씨를 성취자가 죽이면 A씨는 천계에서 다시 태어난다. 그러나 이 A씨를 죽였다고 하는 사실을 다른 사람, 인간계의 사람이 보면 이것은 단순한 살인이다. 그리고 만약 이때 A씨가 죽어 천계에 갔는데 그때 위대한 구세주가 천계에 있어서 A씨에게 진리를 알게 하고 A씨가 영원불사의 생명을 얻을 수 있었다고 한다면, 이때 살해한 성취자는 어떤 카르마를 쌓은 것이 되는가? 모든 것을 알고 있고, 살려두면 악업을 쌓아 지옥에 떨어져버린다. 이때 예를 들어 생명을 끊는 편이 좋다고 생각해서 포아시켰다. 이 사람은 도대체 어떤 카르마를 쌓은 것이 되는가? 살생인가? 아니면 높은 세계로 다시 태어나게 하기 위한 선행을 쌓은 것이 되는가? 인간의 객관적인 관점에서 본다면 이것은 살생이다. 그러나 바즈라야나의 사고가 배경에 있다면 이것은 훌륭한 포아이다. 그리고 지혜 있는 사람 ― 여기서 중요한 것은 지혜다 ―지혜 있는 사람이 이 현상을 본다면 이 살해한 사람, 살해당한 사람, 모두가 이득을 얻었다고 본다. 그러나 지혜가 없는 사람, 범부의 상태에서 이것을 본다면 '저 사람은 살인자'라고 본다. (……) 여기에 있는 사람을 지금 인간계의 저차원에서 천계로 올린다. 게다가 그곳에는 위대한 구세주가 있어서 그 사람과 인연이 있어 천계로 간 그 사람은 영원불사, 마하·너바나에 들어갈 수 있다고 하자. 그곳에 한 명을 보낸 것이니 대단한 공덕을 쌓은 것이 되지 않는가? 그러니 그런 위대한 공덕을 쌓는 방법, 이것이 가능한 것이 바즈라야나 혹은 탄트라야나라고 생각하길 바란다. 그러나 그것은 최후에 여러분이 하게 되는 수행이다. 지금은 수행으로써 소승(히나야나)을 실천하고 그제야 다음의 스테이지인 대승(마하야나)의 진정한 의미를 알 수 있게 된다는 것을 이해해야 한다"라고 주장한다.

종교색을 입힌 궤변을 지우고 골자만을 남기면, 옴진리교는 상당히 초기 단계부터 교주의 명령에 따른 살인은 정당화될 수 있고 심지어 교주의 살인 지령은 이것을 따른 제자 본인과 살해당한 상대방마저 공덕을 쌓게 하고 구제하는 것이라는 식의 사고방식을 유포하고 있었다는 사실과 '포아'라는 용어를 살인 혹은 살인 지령의 의미로 사용하고 있었다는 사실을 확인할 수 있다. '포아'는 일본에서도 그렇게 흔히 사용되는 말은 아니었으며, 사실상 옴진리교 사건을 통해서 유명해진 단어다. 지금도 '포아'라는 단어는 십중팔구 옴진리교 사건을 언급할 때 사용된다.

또한 '바즈라야나'라는 용어도 옴진리교의 악행을 정당화하는 방식으로 기괴하게 악용되고 있었다는 사실도 확인할 수 있다. 옴진리교 내부에서 바즈라야나는 점차 마쓰모토 치즈오가 주장하는 '구제'를 달성하기 위해 범죄나 전쟁에 해당하는 행위를 자행하는 활동을 총체적으로 이르는 말로 사용되게 된다. 이 설법이 있은 뒤 얼마 지나지 않은 시기부터 옴진리교는 많은 수의 신자를 적극적으로 활용해 다수의 강력범죄를 저지른다. 그 과정에서 모든 실행범이 한 치의 망설임이나 죄책감도 없이 범행을 저질렀을 것이라고는 생각하기 힘들다. 그들이 범행 직전에 갈등을 느끼더라도 그들 스스로가 자신을 속이고 정당화할 수 있는 심리적인 탈출구를 마련해둔 것은 교단 전체가 조직적으로 범죄를 저지르는 데 중요한 역할을 담당했다. 신자들은 마쓰모토 치즈오와 교단의 명령이 있으면 내적인 갈등을 억누르고라도 이것은 선행이라는 신념 아래 끔찍한 범죄를 반복해서 자행한다. 그리고 결국 이 폭주는 최악의 결과로 막을 내리게 된다.

비극의 시작

사회에 해악을 미치는 신흥종교에 빠졌다가 어떤 계기로든 다시 일상적인 삶으로 돌아온 사람이 과거를 후회하며 공통적으로 하는 말이 있다. "내가 왜 이따위 말에 속았을까"가 바로 그것이다.

정상적인 판단력을 발휘할 수 있는 상황이라면 웃어넘기거나 비웃을 가치도 느끼지 못할 말을 믿게 하기 위해, 혹은 한 번 그들에게 속아 넘어가 잘못된 길에 들어선 사람이 후회하고 반성하기보다는 차라리 자기 자신을 속이고 지금 이 길을 계속 걷는 쪽이 더 편하다고 믿게 만들기 위해, 사회에 해악을 미치는 신흥종교는 그들 나름의 노하우를 가지고 치밀한 포교 활동을 벌인다. 특히 옴진리교는 일단 한번 입교한 신자들은 교단에서 쉽게 벗어나지 못하도록 그들의 공포심을 교묘히 자극하는 것에 심혈을 기울였다.

예를 들어 1988년 8월부터 9월 사이의 기간 동안 마쓰모토 치즈오는 후지산 총본부에서 히나야나(소승불교), 마하야나(대승불교), 바즈라야나(금강승), 탄트라 등의 불교 용어를 다용하며 '설법'을 하는데, 그 설법 가운데에는 "여러분에게는 시바신도 없다. 여러분에게 시바신, 비슈누신, 법은 모두 나(마쓰모토 치즈오)이다. 그 관계가 성립됐을 때 여러분은 그제야 이번 생에서 맹렬한 스피드로 성취할 수 있다", "탄트라나 바즈라야나로 성취를 하는 경우의 포인트는 절대적인 구루에 대한 귀의다. 아무리 소질이 좋은 수행자라 해도 구루가 주는 이니시에이션, 에너지의 이입이라는 것이 없으면 성취할 수 없다. 제자의 구루에 대한 가장 강력한 귀의가 달성됐을 때 그제야 구루의 마음은 자 이제 슬슬 성취하게 해줄까 하고 움직이는 것이다"라는 내용이 있었다.

또한 마쓰모토 치즈오는 1988년 10월 2일에도 역시 후지산 총본부에서 신자들을 상대로 설법하는 자리에서 "드디어 옴진리교가 바즈라야나의 프로세스에 들어갔다. 이 바즈라야나의 프로세스는 선도 악도 없다. 오로지 마음을 깨끗이 하고 진리를 직시하며 눈앞에 있는 수행에 몰두하고 그다음은 신성한 구루의 에너지의 이입을 통해 성취한다. (……) 금강승의 가르침이란 것은 원래 구루를 절대적인 입장에 두고 그 구루에 귀의한다. 그리고 자신을 비우도록 노력한다. 그 텅 빈 그릇에 구루의 경험 혹은 구루의 에너지를 넘치도록 채운다. 즉 구루의 클론화인 것이다. 혹은 수호자의 클론화인 것이다. 이것이 바즈라야나다"라고 발언한다.

사회에 해악을 끼치는 신흥종교에 빠져드는 신자 가운데 압도적인 다수는 그 종교에 빠지기 전까지 평범하게 사회생활을 영위하던 사람들이다. 게다가 대부분의 신자들은 문제가 되는 종교에 입교한 뒤에도 그 종교와 관련되지 않은 곳에서는 상식과 지성을 갖춘 평범한 사회 구성원으로 살아가는 경우가 많다. 그런 신자들에게 상식을 뛰어넘은 기괴한 교리를 갑작스럽게 제시하면 제아무리 신앙심이 강한 사람도 위화감을 느끼게 된다. 지금까지의 삶을 통해 쌓아온 상식과 지성이 마음속에 남아서 질문을 던지는 것이다. 이 황당무계한 소리를 내가 정말 믿어도 되는 것인가, 라는 질문이 그것이다.

그렇기 때문에 사회에 해악을 끼치는 신흥종교는 신자들이 상식과 지성의 질문을 억누르고 계속해서 자기 자신을 속일 수 있도록 유도하는 데 많은 정성을 들인다. 그 과정에서 신흥종교들은 기존 종교의 교리를 자의적으로 해석해 교주를 신격화하는 경우가 많으며, 옴진리교도 마찬가지였다.

옴진리교는 특히 '최종해탈'과 '구루'라는 개념을 적극적으로 활용해 마쓰모토 치즈오를 신격화한다. 최종해탈자이자 구루인 마쓰모토 치즈오는 타인의 카르마와 윤회와 내세를 정확히 이해하는 힘이 있으며 신자들은 다 파악할 수 없을 만큼 많은 생각과 고려와 계획을 갖고 있기에 이를 전제로 마쓰모토 치즈오의 말을 맹목적으로 따르는 것이 수양이자 공덕을 쌓는 것이자 올바른 신앙이라고 강조했다. 이런 식의 교리 아래에서는 마쓰모토 치즈오가 아무리 상식을 벗어난 지시를 내려도 그 지시에 의심을 품는 사람은 수행이 부족한 것이며 아무 의심 없이 지시를 따르는 사람이 신실하고 공덕이 높은 신자가 된다. 교단 전체가 이런 분위기 속에서 집단행동을 하다 보면 군중심리에 의해 '충성 경쟁'은 더욱 심해지고, 결과적으로 그 누구도 교주인 마쓰모토 치즈오의 말에 의문을 제기할 수 없게 된다. 이런 구조가 완성되면 신자들의 상식과 지성은 얼마든지 손쉽게 억누를 수 있다.

마쓰모토 치즈오가 자신을 신격화하기 위해 설법이란 명목으로 신자들에게 반복해서 주입했던 이런 발언들은 역설적으로 훗날 마쓰모토 치즈오의 법적 책임을 추궁하는 데 중요한 증거로 활용된다. 마쓰모토 치즈오는 재판에서 옴진리교가 자행한 대부분의 범죄의 책임을 교단 간부들에게 돌리고 자신은 처벌을 피하려 했으나, 마쓰모토 치즈오가 옴진리교의 간부와 신자를 포함한 교단 전체를 완전히 장악하고 있었다는 증거는 차고 넘칠 만큼 많았다.

작은 요가 교실에서 시작한 옴진리교는 불과 몇 년 사이에 열성적인 신자들에게 절대적인 영향력을 미치며 급속도로 세력을 키워나갔다. 오컬트 붐이 한창이던 시기에 종말론을 등에 업고 등장한 신흥종교가 기괴한 출가제도로 재산과 신도수를 확보해나가며 내부적으로는 살인을 정당화하는 교리를 가다듬고 있었던 것이다. 객관적으로 생각하면 이미 이 교단은 지극히 위험한 상태였지만, 일본 사회는 그 위험성을 아직 정면으로 인식하지 못하고 있었다.

옴진리교는 1988년 전후까지 후지산 총본부와 도쿄 본부 이외에 오사카, 후쿠오카, 나고야, 삿포로 등 일본의 주요 도시에 지부를 개설했으며 1987년 11월에는 미국 뉴욕에도 지부를 개설한다. 옴진리교는 교단 설립 초기부터 해외 진출을 적극적으로 시도했으며 외국어 능력이 뛰어난 신자에게는 교단의 자료나 서적 등을 번역시켜 해외 홍보에 활용할 정도로 해외 포교에 적극적이었다. 그리고 이런 적극적인 해외 활동은 의외로 초기부터 결실을 맺는다.

마쓰모토 치즈오는 1987년 2월 24일과 1988년 7월 6일 두 번에 걸쳐 달라이 라마 14세와 인도에서 회담한다. 회담 당시의 사진도 공개됐으며, 옴진리교는 이 회담을 교단 초기의 세력 확장에 매우 적극적으로 활용한다. 퍼블릭 피규어(Public Figure), 즉 저명한 인사와 친분을 과시해 신뢰를 얻는 이 수법은 비단 신흥종교 뿐만 아니라 일반적인 사기 행각에도 자주 사용되는 매우 상투적인 수법이다. 그리고 상투적인 수법은 늘 어느 정도는 효과가 있는 법이다.

물론 달라이 라마 14세는 지하철 사린 사건 이후 일본을 방문한 자리에서 자신과 옴진리교의 관계를 부정하지만, 옴진리교가 달라이 라마라는 권위를 교세 확장에 적극적으로 이용한 것은 부정하기 힘든 사실이었다.

그리고 옴진리교가 인도 발상 종교 중에서도 밀교나 원시불교 등의 교리를 적극적으로 차용하고 악용했던 만큼 달라이 라마의 권위는 파급 효과가 작지 않았다. 이와 같은 교단의 대외적인 호재는 옴진리교의 입장에선 분명 반길 만한 일이었으나, 이미 이즈음부터 옴진리교 교단의 호재는 곧 일본 사회의 악재라고 부를 수 있을 만큼 상황은 악화된 상태였다.

옴진리교 사건이 시작되려 하고 있었다.

CHAPTER 3

초기의 살인 사건들

신자 사망 사건 | 1988년 9월

인도를 발상지로 삼는 종교들은 고행에 신앙적인 의미를 두거나 고행을 통한 깨달음을 강조하는 경우가 있다. 옴진리교는 인도를 발상지로 삼는 여러 종교를 기반으로 삼은 신흥종교였던 만큼 교리나 수행법에 고행에 관한 내용이 포함된 것은 당연하다 할 수 있었다.

문제는 옴진리교의 수행은 고행이라기보다는 기행에 가까웠다는 점이다. 1988년 8월에 후지산 부근에 개설된 옴진리교 후지산 총본부 도장과 그 주변에서 벌어진 수행 내용 중에는 수중에서 숨 참기, 교주 마쓰모토 치즈오의 뇌파와 동조하기 위해 전기가 통하는 일종의 헤드기어를 쓰고 머리에 수 볼트의 전류를 흘려 넣기, 심지어 땅속에 파묻힌 상태로 며칠씩 명상을 계속하기 등이 있었다. 이 가운데 수중에서 숨 참기는 단순히 수중에서 오래 버티는 것이 목적이 아니라 수중에서 깊은 명상에 들어가 일종의 가사(假死) 상태로 몇 시간을 보내다가 이후에 다시 살아나는, 일종의 기적을 이루기 위한 수행이라는 설명이 따라붙었다.

이런 수행 과정에서 사고의 발생은 어찌 보면 당연한 일이었다. 1988년 9월, 후지산 총본부에서 사건이 하나 발생한다. 수행 중이던 신자 한 명이 괴성을 지르며 소란을 피우기 시작한 것이다. 목격자들이 훗날 진술한 바에 따르면 간질과 같은 일종의 발작 증상이었던 것으로 추정된다. 교단 관계자들은 마쓰모토 치즈오에게 상황을 설명하고 지시를 기다린다.

여기서 옴진리교라는 조직의 치명적인 약점이 드러난다. 신자가 발작 증상을 보였다면 당연히 응급조치를 하고 구급차를 불러 전문 의료인이 필요한 조치를 취하도록 했어야 했다. 일반적인 집단이었다면 틀림없이 그렇게 대응했을 것이다. 그러나 옴진리교는 집단 전체의 판단을 마쓰모토 치즈오라는 개인에게 일임하다시피 하고 있었다.

마쓰모토 치즈오는 그 신자를 목욕탕으로 데려가 머리에 물을 뿌려 일단 안정시키라고 지시한다. 물론 잘못된 지시였다. 그러나 간부와 신자 수명은 이 지시를 충실히 이행한다. 간부와 신자들은 발작을 일으킨 신자를 목욕탕으로 데려가 머리에 물을 뿌렸으나 증상은 호전되지 않았다. 그러자 발작을 일으킨 신자의 얼굴을 욕탕에 물을 받아 물에 집어넣기까지 했다. 지극히 위험한 행동이었고, 결국 이 과정에서 발작 증상을 보이던 신자는 그대로 목욕탕에서 사망하고 만다.

여기서 옴진리교는 첫 번째 갈림길에 선다. 백보 양보해, 이 단계에서 옴진리교는 아직 사람을 죽일 목적으로 살인을 저지른 상황은 아니었다. 신자가 발작을 일으켰고, 비록 잘못된 판단이었지만 교단의 최고책임자인 교주 마쓰모토 치즈오도 이 신자를 구하라는 뜻에서 지시를 내린 것이었다. 그 결과 신자가 사망했으니 경찰과 그 외 관계기관에 경위를 알리고 마쓰모토 치즈오와 휘하의 신자들이 각각 법이 정한 책임을 진 뒤 종교 활동을 계속한다는 길도 있었다. 물론 쉬운 길은 아니었겠지만, 그런 판단을 요구하는 것이 불가능한 상황까지는 아니었다.

그러나 마쓰모토 치즈오는 정반대의 길을 선택한다. 그는 이 사실이 알려지면 옴진리교의 구제 활동이 중단될 것이라고 주장하며 신자들에게 명령해 사망한 신자의 시신을 소각하고 사건을 은폐한다. 사건을 은폐하는 이유에 대해 자신의 입장이 곤란해져서가 아니라 옴진리교 교단의 구제 활동이 중단될 것이기 때문이라고 주장한 것은 매우 비겁한 처사였지만, 당시 옴진리교의 간부 이하 신자들은 적어도 표면적으로는 그러한 설명에 동조했던 것으로 보인다. 이렇게 재판을 통해 파악된 사망 사건 가운데서는 최초로 알려진 교단 내 사망 사건은 영원히 은폐되는 듯했다.

훗날 옴진리교의 주요 간부 중 한 명은 이 사건 당시 마쓰모토 치즈오가 "이것은 '바즈라야나에 들어가라'는 시바신의 암시로군"이라고 중얼거렸다고 증언한다. 마쓰모토 치즈오는 바즈라야나라는 용어를 그가 주장하는 구제를 위한 범죄 활동을 지칭하는 의미로 사용하고 있었다. 이 증언이 사실이라면 마쓰모토 치즈오는 이 시기부터 무장 테러 노선을 염두에 두고 있었던 셈이다.

남성 신자 살해 사건 | 1989년 2월

1988년 12월 중순, 옴진리교가 발행하는 서적 등의 출판 관련 업무를 하고 있던 한 남성 신자가 "이런 일을 해봐야 공덕은 쌓이지 않는다. 재가(在家, 출가하지 않은)신자인 채로 집으로 돌아가 내 나름의 수행을 하고 싶다"며 불만을 표현하기 시작한다. 1989년 1월 초, 한 간부가 마쓰모토 치즈오에게 이런 사실을 보고하자, 마쓰모토 치즈오는 이 신자를 자신에게 데려오라고 지시해 대화를 나눈다. 그 뒤 마쓰모토 치즈오는 간부들에게 이 신자가 이상한 소리를 한다고 말하고는 후지산 총본부 인근에 있는 수행용 독방 시설에 이 신자를 감금하고 손발을 로프로 묶은 뒤 마쓰모토 치즈오의 설법이 녹음된 테이프를 들려주며 마음을 바꿀 것을 종용하라고 지시한다.

그러나 이 신자는 교단의 이런 시도에 반발하며 옴진리교를 탈퇴하겠다고 선언하고, 끝까지 자신을 붙잡으면 마쓰모토 치즈오를 살해하겠다는 말까지 한다. 간부들은 이 사실을 마쓰모토 치즈오에게 보고한다.

보고를 받은 마쓰모토 치즈오는 우선 자신을 살해하겠다는 말이 나왔다는 데 분개하지만, 그보다 더 중요한 사실이 있었다. 이 남성 신자는 1988년 9월에 교단 내부에서 신자가 발작을 일으켰을 당시 마쓰모토 치즈오의 지시에 따라 간부와 신자들이 당사자의 머리에 물을 뿌린 장소에 함께 있었으며, 발작을 일으킨 신자가 사망한 사실도 당연히 알고 있는 인물이었던 것이다. 이 신자가 이대로 옴진리교에 불만을 품고 탈퇴해 교단 시설 외부로 나가면 당시까지 숨겨져 있던 신자 사망 사건이 일본 사회에 알려질 우려가 있었다. 만약 그런 일이 발생하면 옴진리교가 당시 추진하고 있던 교단의 종교법인화가 틀어지는 것은 물론, 옴진리교의 활동 전체가 크게 저해될 것은 자명한 일이었다.

마쓰모토 치즈오는 1989년 2월 초순의 어느 날 심야, 탈퇴를 선언한 신자의 처리 문제를 두고 간부를 모아 회의를 한다. 이 자리에서 마쓰모토 치즈오는 그 신자가 자신을 살해하겠다고 발언한 사실도 언급한 뒤 "상황이 좋지 않다고 생각하지 않나? 이 신자는 지난해 사망한 신자에 대해서도 알고 있으니 말이야. 이대로 나를 죽인다면 큰일이다. 한 번 더 너희들이 이 신자를 보러 가서 나를 죽이려는 의사가 변하지 않거나 옴진리교를 벗어나려는 생각이 바뀌지 않는다면 포아시키는 수밖에 없군", "로프로 단숨에 목을 졸라라. 그 뒤 시신은 태우도록"과 같은 발언을 한다. 신자가 뜻을 바꾸지 않으면 살해하라는 명령이었으며, 재판을 통해 확인된 것 가운데 '포아'라는 단어가 살인 지령으로 사용된 첫 번째 사례다.

회의에 참석했던 간부들은 모두 이 지시를 승낙하고 신자가 묶여 있는 장소로 간다. 이들은 당시 자신들의 행동이 마쓰모토 치즈오를 비롯한 교단 관계자의 입장이 곤란해지는 것을 막기 위해서가 아니라 옴진리교의 인류 구제 활동이 늦어지는 것을 막기 위한 행동이라고 믿고 있었던 듯하다. 이 신자는 간부들의 회유에도 끝까지 옴진리교를 탈퇴하겠다는 뜻을 굽히지 않았고, 간부들은 그 자리에서 신자의 목을 졸라 살해한 뒤 시신은 소각한다. 피해자는 당시 21살이었다.

옴진리교 교단 내부에서 살인사건이 발생한 것은 이것이 최초였다고 알려져 있다. 이 사건에서 직접 살인에 가담했으며 훗날 사형을 언도받은 한 간부는 "이것은 구루(마쓰모토 치즈오)의 포아이며 이 신자를 구제한 것이라고 자신에게 몇 번이고 되뇌며 마음의 동요를 억누르려고 노력했다"고 회고했다. 범행에 가담한 다른 간부들도 이 행동은 마쓰모토 치즈오의 포아라고 믿고 있었다. 옴진리교의 교리가 내포하고 있던 위험성이 첫 살인사건에서부터 드러나고 만 것이다.

그러나 옴진리교 교단은 교단 특유의 출가제도의 특성 등을 활용해 이 살인사건을 장기간 철저히 은폐하는 데 성공했다. 옴진리교의 범죄 행각은 이렇게 교단 내부의 희생자를 내는 것으로 시작했다.

옴진리교 피해 대책 변호단 창설 | 1989년 6월

훗날 일본의 각종 신흥종교에 관한 치밀한 취재기사 등으로 큰 주목을 받는 저널리스트 에가와 쇼코는 1989년에 한 여성의 전화를 받는다. 이 여성은 자신의 딸이 옴진리교라는 신흥종교에 입교한 뒤 전혀 연락이 닿지 않는다며 에가와 쇼코에게 하소연했다. 이것이 에가와 쇼코가 옴진리교의 존재를 알게 된 계기였으며, 이 여성이 자신은 알고 지내는 변호사도 없어 답답한 상황이라고 말하자 자신이 알고 있는 변호사를 소개시켜주겠다고 대답한다. 이때 에가와 쇼코가 옴진리교 신자의 어머니에게 소개한 변호사가 바로 옴진리교 피해 대책 변호단 창설에 크게 기여한 사카모토 쓰쓰미 변호사이다.

사카모토 쓰쓰미 변호사는 1956년생으로 1984년에 사법시험에 합격해 1987년부터 변호사 업무를 시작한다. 아내 사카모토 사토코와는 대학 시절 함께 신체장애인을 위한 자원봉사 활동을 하면서 만나 1984년에 결혼한 사이였다. 1988년 8월에는 두 사람의 사이에서 장남이 출생해 단란한 가정을 꾸리고 있었다.

에가와 쇼코의 소개로 옴진리교 신자들의 피해 사실을 알게 된 사카모토 쓰쓰미 변호사는 적극적으로 피해자 보호 활동에 뛰어들게 된다. 1989년 5월경부터 옴진리교 교단에 출가한 신자들의 부모에게서 의뢰를 받아 자녀의 귀가 및 부모 면담 요구 등과 관련하여 옴진리교 측과 교섭하는 일을 담당했으며, 도쿄 도에 옴진리교의 출가신자와 관련한 각종 문제점과 이 교단의 법령 위반 사례 등에 대해 정보를 제공하겠다는 뜻을 전하기도 했다. 당시 도쿄 도가 옴진리교의 종교법인 인가 문제로 고심 중이었던 것을 생각하면 사카모토 쓰쓰미 변호사는 옴진리교 문제의 핵심을 파악하는 선견지명이 있었음을 알 수 있다.

1989년 6월, 사카모토 쓰쓰미 변호사는 뜻을 같이하는 변호사들과 함께 옴진리교 피해 대책 변호단을 구성한다. 그 뒤 그는 교주의 피를 고가에 판매하는 등의 교단의 행태를 날카롭게 비판하며 반(反)옴진리교 운동의 선봉에 선다.

종교법인 등록 | 1989년 8월
옴진리교는 1988년부터 세금 제도상의 혜택 등을 목적으로 종교법인화를 추진했으며, 1989년 8월에 일본의 법률에 따라 도쿄 도로부터 정식 인가를 받고 종교법인이 된다. 그러나 그 과정은 결코 순탄하지는 않았다. 일본의 종교법인법은 교단의 주요 사무소가 있는 도도부현(광역자치단체)의 단체장을 종교법인의 관할청으로 규정하고 있다. 이에 옴진리교는 도쿄 도에서 종교법인 신청 절차를 밟았으며 따라서 도쿄 도지사의 인가가 필요한 상황이었다.

이에 따라 옴진리교는 도쿄 도의 담당부서로부터 교단 시설에 대한 두 번의 현지조사를 받고 1989년 3월 1일에 도쿄 도지사 앞으로 종교법인 규칙 인정 신청서를 제출한다. 그러나 도쿄 도의 담당부서는 옴진리교의 종교법인 인정에 소극적이었다. 이 당시 도쿄 도는 이미 옴진리교에 빠진 청년들의 부모들로부터 "자녀가 옴진리교에 입교한 이후 집으로 돌아오지 않고 있다", "자녀와 만나기 위해 옴진리교 교단 시설로 찾아가도 만나게 해주지 않는다"는 등의 항의를 다수 접수한 상태였기 때문이다.

옴진리교는 강경책을 선택한다. 마쓰모토 치즈오가 다수의 신자들을 이끌고 도쿄 도의 담당부서로 찾아가 조속히 종교법인으로 인정해줄 것을 요구하고, 교단 소속 변호사를 통해 정식으로 항의도 하는 등 압박을 가하기 시작한 것이다. 결국 도쿄 도는 1989년 5월 25일에 옴진리교의 신청을 접수한다. 옴진리교는 이에 그치지 않고 6월 1일에 도쿄 도지사를 상대로 옴진리교의 종교법인 규칙 인정 신청에 대한 부작위 위법확인 소송까지 제기한다.

이런 우여곡절 끝에 옴진리교는 결국 1989년 8월 25일에 도쿄 도지사에게서 종교법인 규칙 인정을 받고 8월 29일에는 설립 등기까지 마쳐 정식 종교법인이 된다. 당시 옴진리교 측이 도쿄 도에 제출한 교단의 목적은 "시바신을 주신으로 숭배하며 창시자 마쓰모토 치즈오를 시작으로 진실로 시바신의 의지를 이해하고 실행하는 자를 지도함과 동시에 신자를 교화 육성하고 모든 생물을 윤회의 고통에서 구제하는 것을 최종 목표로 삼아 그 목표를 달성하기 위해 필요한 업무를 수행한다"는 것이었다. 일견 평범한 신흥종교의 활동 목표처럼 보였지만, 훗날 일본 사회는 옴진리교의 교리와 이 활동 목표를 대조하고 전율하게 된다. 당시 옴진리교의 신자 수는 3,000명 전후였던 것으로 알려져 있다.

〈선데이 마이니치〉의 특종 연재 | 1989년 10월~11월

옴진리교의 출가제도는 처음부터 분쟁의 씨앗을 내포하고 있었다. 신흥종교 옴진리교의 중요한 특징 중 하나는 청년층 신자들이 매우 많다는 점이었다. 교단의 자체 조사에 따르면 1995년 당시 출가신자의 평균 연령은 30.1세였으며 20대가 신자의 상당수를 차지하고 있었다. 출가를 명목으로 가족과의 인연을 끊었다고는 하지만 옴진리교에 마음을 뺏긴 청년들 상당수는 부모가 있는 가정을 버리고 옴진리교에 입교한 상태였다. 그들의 부모 입장에서 자녀는 그렇게 쉽게 포기할 수 있는 대상이 아니다. 그러나 옴진리교는 "옴진리교로 출가하는 것이 마쓰모토 치즈오의 가르침을 수행하는 최고의 방법이다. 이것을 방해하는 부모는 악업을 쌓고 있는 것이다. 그러니 부모의 반대를 물리치고 출가하는 것이 자신의 공덕을 쌓는 길일 뿐만 아니라 부모의 악업을 막는 선행이기도 하다"는 식의 논리로 청년 신자들을 확보하고 있었다. 일본 사회와 옴진리교의 충돌이 우선은 자녀를 빼앗긴 부모와 교단의 대립이란 형태로 시작한 것은 어찌 보면 당연한 수순이었다.

바로 이 시기에 일본의 주간지 〈선데이 마이니치〉가 옴진리교의 문제점을 지적하는 특별 연재 기사를 내기 시작한다. '옴진리교의 광기'라는 제목의 첫 기사가 수록된 〈선데이 마이니치〉 1989년 10월 15일호는 10월 2일부터 도쿄에서 판매되기 시작했다. 이 연재를 위해 〈선데이 마이니치〉는 경찰에 자녀에 대한 가출자 수색 신청을 낸 신자의 부모에게서 증언을 듣고 사카모토 쓰쓰미 변호사와 교단 시설 주변 지역 주민들도 취재를 한 것으로 알려져 있다. 기사에서는 옴진리교가 출가라는 명목으로 미성년자 신자마저 부모에게서 떨어지게 하고 있다, 거액의 기부를 요구하고 기부를 하지 못하면 돈을 빌리게 해 채무 변제를 위해 과중한 노동을 하게 만들고 있다, 교주의 피가 들어간 액체를 마시게 하는 등 상식을 벗어난 비현실적 수행을 시키고 있다는 내용이 포함돼 있었다.

마쓰모토 치즈오는 이 주간지가 도쿄에서 판매되기 시작한 10월 2일 오후에 간부 수 명을 데리고 〈선데이 마이니치〉 편집부를 찾아가 편집장에게 교단 측의 반론도 들어달라며 항의를 했으나, 이날은 이렇다 할 결론을 내지 못한 채 돌아간다. 옴진리교 교단이 상식을 벗어난 운영을 하고 있다는 충격적인 실태를 널리 알린 일본 언론의 첫 대형 보도라고 할 수 있는 이 연재 기사로, 옴진리교는 사회적 관심을 모으면서 동시에 사회적인 비판에도 직면하게 된다.

옴진리교는 이 연재 기사에 반박하기 위해 서적을 출간하기도 하는데, 제목은 《〈선데이 마이니치〉의 광기》였다. 옴진리교 교단 측이 〈선데이 마이니치〉의 연재 기사 제목에 상당히 분개하고 있었다는 것을 미루어 짐작할 수 있다. 언론이 특종 보도를 통해 사회에 해악을 끼치는 종교집단의 문제점을 지적하면 교단 측은 그 보도를 비꼬며 오히려 언론을 공격하는 구도는 예나 지금이나 변함이 없는 듯하다.

옴진리교 교단 측이 〈선데이 마이니치〉의 특종 기사에 대항하기 위해 출간한 책 《〈선데이 마이니치〉의 광기》의 표지

마쓰모토 치즈오 본인도 10월 9일과 16일에 한 라디오 생방송에 전화 연결로 출연해 〈선데이 마이니치〉의 특집 기사에 대한 반론을 전개한다. 이 가운데 10월 16일의 생방송에서는 사카모토 쓰쓰미 변호사도 전화 연결을 통해 출연해 미성년자 출가, 거액의 기부, 피의 이니시에이션(교주의 피가 들어간 액체를 마시는 의식)에 대해 비판적인 의견을 밝혔다.

〈선데이 마이니치〉의 연재 기사는 도쿄에서 11월 13일에 발매된 1989년 11월 26일호까지 모두 7회에 걸쳐 이어진다. 옴진리교 입장에선 참기 힘든 나날이었을 것이다. 그리고 이 연재 기사 가운데 특히 사회적인 주목을 끈 것은 도쿄에서 10월 23일에 발매된 〈선데이 마이니치〉 1989년 11월

5일호에 실린 마쓰모토 치즈오의 피를 판매하는 교단의 상술에 관한 고발 기사였다. 그간 옴진리교는 교단 관계 출판물을 통해 "A대학 의학부에서 마쓰모토 치즈오의 피를 연구한 결과 혈액 중의 DNA에 비밀이 있어 이것을 체내에 넣으면 쿤달리니(영적인 에너지)가 상승해 잠재의식이 나타난다는 사실이 밝혀졌으며 헤아릴 수 없는 영적 향상을 가져온다"고 주장한 바 있다. 그러나 〈선데이 마이니치〉는 교단에 입교해 가출한 자녀를 둔 부모의 상담을 받은 변호사가 이 주장의 진위를 파악하기 위해 A대학 의학부에 사실 조회를 해봤다는 정보를 입수한다. 〈선데이 마이니치〉는 직접 A대학 의학부를 취재한 결과 "A대학 의학부에서는 그러한 연구를 한 적이 없다고 응답했음이 판명됐고 또한 이 의학부 부교수가 과학적으로도 그러한 효과는 없다는 뜻을 분명히 밝혔다"라고 폭로했으며, 이런 일련의 경과가 기사를 통해 모두 밝혀졌다.

옴진리교로서는 상당히 심각한 타격이었다. 교주의 피를 100만 엔이라는 고가에 판매하는 옴진리교의 상술 자체가 지나치게 자극적이어서 이것만으로도 사회적인 비판과 관심을 끌기 충분했다. 그런데 신자들을 상대로 거짓 자료를 유포하고 있었다는 사실까지 밝혀진 것이다. 마쓰모토 치즈오는 이 기사에 크게 분노해 신자들을 동원해 10월 중순부터 하순까지 〈선데이 마이니치〉 편집부에 연재 중단과 사과문 게재를 요구하며 항의하기도 하고, 〈선데이 마이니치〉 편집부가 입주한 건물 주변과 편집장 자택 주변에 항의 전단지를 뿌리는 등 항의 활동을 전개한다. 심지어 편집부가 들어선 건물을 폭파하기 위해 사전답사도 지시했던 것으로 알려졌다.

10월 21일, 자녀들이 옴진리교에 입교한 뒤 돌아오지 않고 있던 부모들이 중심이 되어 사카모토 쓰쓰미 변호사 등의 지원 속에 드디어 '옴진리교 피해자 모임'을 결성한다.

TBS 비디오 문제 | 1989년 10월

당시 일본에서 옴진리교는 어찌됐든 사회적인 관심을 받고 있었으며, 각 언론사는 이런 관심을 충족시킬 만한 여러 가지 보도를 기획하곤 했다. 이런 흐름의 일환으로 도쿄에 위치한 일본의 주요 방송국인 TBS는 1989년 10월 26일에 마쓰모토 치즈오가 장시간 수중에서 숨을 참는 수행을 하는 것을 취재한 뒤 이것을 다음날인 10월 27일에 옴진리교 피해자 모임 관계자의 인터뷰와 함께 방영한다는 계획을 세운다. 우선 10월 26일 오전에 열성적으로 옴진리교 비판 활동을 전개하고 있던 사카모토 쓰쓰미 변호사를 인터뷰한 TBS는 이 촬영 영상을 가지고 후지산 부근의 옴진리교 시설로 이동해 교단에 대한 취재를 시작한다. 그러나 옴진리교 교단 측이 방영에 부정적인 입장을 보이면서 양측이 대립하게 된다. TBS는 피해자 모임 관계자가 어떤 인터뷰를 했는지 옴진리교 교단에게 미리 보여주는 것으로 합의점을 찾기로 한다. 10월 26일 심야, TBS는 옴진리교 측의 간부 3명에게 사카모토 쓰쓰미 변호사, 〈선데이 마이니치〉 편집장, 옴진리교 피해자 모임 회장이 옴진리교를 비판한 인터뷰가 녹화된 비디오를 보여준다.

약 7년 뒤인 1996년 4월, 이 결정을 내린 프로듀서 등이 해고되고 사장 등 중역 3명이 사임하는 초유의 사태를 빚은 TBS 비디오 문제는 이렇게 시작됐다. 결국 이 방송은 옴진리교 측의 반대로 방영 자체가 중단되지만 이

때는 이미 옴진리교 교단의 주요 간부 3명이 마쓰모토 치즈오에게 사카모토 쓰쓰미 변호사 등이 옴진리교를 비판하는 인터뷰를 했다는 사실을 보고한 뒤였다. 취재원의 신변 보호를 위해 누구보다도 엄격히 정보를 관리해야 할 방송국이 저질렀다고 보기에는 황당할 정도로 심각한 실수였다. 이후 발생한 비극의 규모를 생각하면 방송국 혹은 언론사 이전에 사회 구성원으로서의 최소한의 책무를 망각한 것이라는 비판도 가능할 정도였다.

사카모토 쓰쓰미 변호사와 옴진리교의 대립은 최악의 상황으로 치닫고 있었다.

담판 | 1989년 10월

마쓰모토 치즈오는 10월 28일부터 30일 사이에 교단 시설에서 간부 회의를 열고 사카모토 쓰쓰미 변호사의 활동에 대해 논의하기 시작한다. 이 회의에서 사카모토 쓰쓰미 변호사가 옴진리교 피해자 모임을 조직했고, 〈선데이 마이니치〉가 보도한 기사의 바탕이 되는 정보가 옴진리교 피해자 모임 측을 통해 〈선데이 마이니치〉로 전달되고 있으며, 사카모토 쓰쓰미 변호사는 피해자 모임의 주체가 돼 경찰에 수사를 의뢰하는 것을 검토하고 있다는 점이 거론된다. 마쓰모토 치즈오는 교단의 주요 간부에게 직접 사카모토 쓰쓰미 변호사를 만나 항의할 것을 지시한다.

10월 31일 밤, 마쓰모토 치즈오의 지시를 받은 간부들이 사카모토 쓰쓰미 변호사가 소속된 법률사무소를 방문한다. 이 자리에서 교단 간부들은 DNA의 이니시에이션에 대한 자신들의 견해를 설명하며 사카모토 쓰쓰미 변호사의 이해를 촉구하지만 사카모토 쓰쓰미 변호사는 그런 주장은 과학적으로 증명된 것이라고 볼 수 없다는 지극히 당연한 반론을 제기한다.

오히려 사카모토 쓰쓰미 변호사는 옴진리교 피해자 모임의 목표는 모임 회원인 부모들에게 자녀를 돌려보내는 것이라고 설명하면서, 옴진리교 측에 미성년자 신자들은 반드시 부모에게 돌려보낼 것, 성인인 신자들도 최소한 가족과 연락을 취하도록 할 것을 요구한다. 또한 피해자 모임 측은 옴진리교 교단을 상대로 법적인 조치를 취하는 방안도 고려하고 있다고 말한다. 이에 대해 옴진리교 교단 간부들은 피해자는 오히려 옴진리교 신자인 자녀들이며, 자녀들이 부모를 상대로 감금죄 등의 혐의로 고소를 하거나 소송을 제기할 의향이 있다고 반박한다.

일본은 미성년자와 성인의 법적인 지위를 상당히 엄격히 구분하는 나라다. 사카모토 쓰쓰미 변호사가 어떤 이유로든 옴진리교가 미성년자 신자를 부모와 격리하고 있는 조치에 강한 반감을 보이며 반드시 부모에게 돌려보낼 것을 요구한 것은 지극히 당연한 처사였다. 한편 옴진리교 간부들이 오히려 부모에게 감금죄의 혐의가 있다고 주장한 것은 지극히 사리에 맞지 않지만 안타깝게도 사회에 해악을 미치는 신흥종교가 이와 유사한 상황에서 전형적으로 보이는 반응이기도 했다.

담판은 결렬됐다. 옴진리교 교단 간부들은 사카모토 쓰쓰미 변호사의 얼굴 사진과 프로필이 기재된 법률사무소 팸플릿을 가지고 교단 시설로 돌아가 마쓰모토 치즈오에게 대화 내용을 보고한다.

11월 1일, 옴진리교 피해자 모임은 옴진리교 교단에 공개 질의서를 보낸다. 마쓰모토 치즈오에게 수중에서 자신의 의지로 가사 상태에 빠지는 수행과 가부좌를 틀고 공중부양하는 것을 공개된 장소에서 시연해 보일 것을 요구하는 내용이었다. 이 또한 그간의 옴진리교의 행적을 생각하면 지극히 상식적인 요구였지만 옴진리교 입장에선 뼈아픈 도발이었을 것이다. 그리고 옴진리교는 이 요구에 가장 끔찍하고 야만적인 방법으로 대응하기로 결정한다.

사카모토 쓰쓰미 변호사 일가 살해 사건 | 1989년 11월 4일

마쓰모토 치즈오는 11월 1일에서 2일 사이에 옴진리교 교단 시설에서 간부 회의를 연다. 이 자리에서 피해자 모임의 공개 질의서가 낭독되자 간부들은 피해자 모임에 대한 반감을 드러내며 분개한다.

마쓰모토 치즈오는 사카모토 쓰쓰미 변호사가 〈선데이 마이니치〉 편집부에 옴진리교와 마쓰모토 치즈오에 관한 정보를 제공했을 뿐만 아니라 공개 질의서까지 보내온 피해자 모임의 실질적인 리더로서 이 모임을 지도하고 있다고 간주한다. 그에 더해 사카모토 쓰쓰미 변호사 본인도 직접 라디오 방송 등에 출연해 옴진리교에 대해 비판적인 발언을 하기도 했으며, 교단 측과의 담판에서도 옴진리교에 대한 법적 조치를 강구하겠다고 분명히 선언한 바 있었다. 그런 만큼 사카모토 쓰쓰미 변호사를 이대로 방치하면 세력을 확장시키고 있는 옴진리교와 최종해탈자를 자처하는 마쓰모토 치즈오 본인이 큰 타격을 입을 것이라고 판단한다.

마쓰모토 치즈오는 사카모토 쓰쓰미 변호사를 살해하기로 결심한다. 11월 2일 심야에서 3일 새벽 사이, 마쓰모토 치즈오는 간부 5명을 교단 내부의 명상실로 부른다. 이 자리에서 마쓰모토 치즈오는 "이미 이 세상은 완전히 타락했다. 이제 바즈라야나를 도입할 수밖에 없으니 너희들도 각오해라"는 등의 발언을 한다. 불교 용어인 바즈라야아를 자의적으로 해석해 살인까지도 포함하는 옴진리교의 범죄 활동을 상징하는 표현으로 사용한 첫 번째 사례다.

이어서 마쓰모토 치즈오는 "지금 포아하지 않으면 안 되는 문제 인물은 누구라고 생각하나?"라고 간부들에게 묻는다. 그러고는 사카모토 쓰쓰미 변호사를 직접 거론하며 사카모토 쓰쓰미 변호사가 피해자 모임의 실질적인 리더이고 장래에 교단에 큰 장애가 될 것임으로 사카모토 쓰쓰미 변호사를 포아해야 한다고 발언한다. 사카모토 쓰쓰미 변호사의 살해를 지시한 것이다. 독극물인 염화칼륨을 주사할 것, 마쓰모토 치즈오의 경호를 담당하던 건장한 신자를 범행에 가담시킬 것, 규슈에 거주하는 변호사인 재가신자를 통해 사카모토 쓰쓰미 변호사의 주소를 확보할 것 등도 함께 지시한다.

이 범행에도 '포아'라는 용어를 자의적으로 해석한 옴진리교의 교리가 큰 영향을 미친다. 교단을 방해하는 자는 악업을 쌓고 있는 것이며 교주 마쓰모토 치즈오의 지시에 따라 제자인 신자들이 그를 살해하는 것은 그를 구제하는 것이자 신자들의 공덕을 쌓는 일이라는 광기로 가득 찬 자기 정당화가 고작 몇 년 혹은 몇 개월 전까지 일본 사회의 평범한 구성원이었던 교단 간부와 신자를 끔찍한 살인범으로 만들고 만 것이다.

11월 3일 저녁, 마쓰모토 치즈오의 지시를 받은 옴진리교의 간부와 신자 6명이 사카모토 쓰쓰미 변호사의 집 주변에 도착한다. 실행범들은 처음에는 사카모토 쓰쓰미 변호사가 자택으로 돌아오는 것을 기다렸다 습격할 생각으로 자택 인근의 전철역에서 자택으로 통하는 길을 감시하고 있었으나 사카모토 쓰쓰미 변호사는 나타나지 않는다. 결국 사카모토 쓰쓰미 변호사가 가족과 함께 자택에서 쉬고 있을 가능성도 있다고 보고 간부 중 한 명이 밤 11시에 마쓰모토 치즈오에게 전화를 걸어 상황을 설명하고 지시를 받는다. 마쓰모토 치즈오는 "그럼 들어가면 되지 않나. 가족도 함께 죽이는 수밖에 없겠지"라고 발언한다. 이 지시를 받고 실행범 6명은 이날 마지막 전철이 도착할 때까지 사카모토 쓰쓰미 변호사가 나타나지 않으면 심야에 집으로 침입해 가족 전원을 살해하기로 계획을 바꾼다.

사카모토 쓰쓰미 변호사는 끝내 그날 마지막 전차가 도착할 때까지 나타나지 않았고, 실행범 6명은 11월 4일 새벽 3시경에 염화칼륨이 들어간 주사기 3개로 무장해 사카모토 쓰쓰미 변호사의 집으로 침입해 들어간다. 사카모토 쓰쓰미 변호사와 아내 사카모토 사토코 그리고 이들의 장남은 같은 방에서 자고 있었다. 이들 가족이 자고 있던 방으로 침입한 실행범들은 우선 두 부부를 폭행해 제압한 뒤 염화칼륨을 주사하는 것이 어려워지자 목을 조르는 방법으로 그 자리에서 세 가족 모두를 질식사시킨다. 사카모토 사토코는 어떤 상황인지를 깨닫자 아이만은 살려달라고 애원했으나 실행범들은 범행을 중단하지 않았다. 사건 당시 사카모토 쓰쓰미 변호사는 33세, 사카모토 사토코는 29세, 장남은 생후 1년 2개월이었다. 이후 실행범들은 시신이 발각되기 어렵도록 사카모토 쓰쓰미 변호사의 시신은 니가타 현, 사카모토 사토코의 시신은 도야마 현, 장남의 시신은 나가노 현의 산중에 각각 따로 암매장한다.

범죄에 대한 처벌 감정은 각 국가와 사회마다 조금씩 다를 수 있으나 적어도 일본에서 이런 동기와 수법으로 어린 자녀를 포함한 가족 3명을 동시에 살해하고 시신을 각지에 따로 암매장했다는 것은 살해를 지시한 마쓰모토 치즈오와 지시를 따른 실행범 6명 모두 각자 자신의 사형 집행서에 스스로 사인한 것과 다름이 없다. 훗날 재판을 받기 전에 살해당하는 주요 간부 무라이 히데오를 제외한 실행범 6명 중 5명 전원이 재판을 통해 사형을 언도받는다.

이 사건은 발생 직후부터 상당히 오랜 기간 동안 '사카모토 쓰쓰미 변호사 일가 실종 사건'으로 간주되어왔다. 경찰의 초동수사에도 허점이 많았으며 결정적인 증거를 남기지 않았던 옴진리교가 그 뒤 사회의 주목을 받으며 사건 직후에 교주와 주요 간부들이 중의원 총선거에 출마하는 등 적극적으로 교세를 확장하자 오히려 사건과의 연관성을 의심하는 목소리도 줄어들고 말았다. 이렇게 적극적으로 대외 활동을 하는 교단이 강력범죄를 저질렀을 가능성은 적다는 사회 전반의 단편적인 사고와 종교법인을 상대로 자극적인 보도를 했다가 소송에 휘말리거나 종교 탄압이라는 오명을 쓰고 싶어 하지 않는 언론의 타산 탓에 일본의 수사기관도 언론도 옴진리교를 적극적으로 추궁하지 않았다. 사실 실행범 중 한 명이 범행 현장인 사카모토 쓰쓰미 변호사의 자택에 옴진리교의 배지를 떨어뜨리고 오는 치명적인 실수를 저지르기도 했지만 옴진리교는 이 배지를 대량으로 생산해 신자 등에게 적극적으로 배포하는 방식으로 대응했다. 옴진리교와 대립하던 변호사의 집에서 옴진리교의 신자라면 누구나 갖고 있는 배지가 나온 것은 자연스러운 일이라는 옴진리교 측의 변명이 받아들여지면서 이 증거품도 사건의 조기 해결로는 이어지지 않았다. 결국 옴진리교가 지하철 사린 사건을 일으켜 교단의 주요 인물이 일망타진되고 실행범 중 한 명의 자백이 있고 나서야 제대로 된 수사가 진행된다. 세 가족 전원의 유골이 수습된 것은 약 6년이 지난 1995년 9월의 일이었다.

사카모토 쓰쓰미 변호사 일가 살해 사건은 옴진리교가 내부의 희생자를 낸 것이 아니라 외부의 인물을 상대로 범행을 저지른 첫 사례였다. 교단 내부의 사건은 발각이 쉽지 않았겠지만 외부의 인물, 그것도 교단과 정면으로 대립하던 변호사의 일가족 전체가 범죄에 희생됐음에도 사건을 조기에 해결하지 못한 것은 일본 사회의 뼈아픈 잘못이었다.

사실 경찰은 이 사건을 조기에 해결할 기회가 두 번 있었다. 결정적인 제보가 포함된 익명의 투서가 들어온 것이 첫 번째 기회였다. 이 투서를 한 이는 사건 실행범 중 한 명으로, 옴진리교가 선거를 앞두고 있던 1990년 2월 10일에 돌연 교단이 보유하고 있던 현금 중 일부를 훔쳐 잠적한 인물이었다. 이후 이 실행범은 마쓰모토 치즈오에게 입막음 비용을 청구하는 식으로 교단을 위협하다가 1990년 2월 16일에 일본 경찰에 장남을 암매장한 장소를 매우 상세하게 기록한 서면을 익명의 우편으로 송부한다.

경찰은 투서에 기록된 장소를 수색하지만 당시에는 유골을 발견하지는 못했다. 이 투서에 적혀 있던 암매장 장소는 실제로 장남이 묻혀 있었던 곳이었으며 이때 유골 발견에 실패한 경찰은 훗날 큰 비판을 받는다.

또 한 번의 기회는 1990년 10월에 찾아온다. 이 사건의 실행범 중 한 명이 전혀 다른 사건으로 경찰에 체포됐던 것이다. 이 실행범은 경찰의 추궁을 받아 사카모토 쓰쓰미 변호사 일가 살해 사건에 대해 자백하기 직전까지 몰렸으나, 기이하게도 이 시점에서 마쓰모토 치즈오의 지시로 입막음을 당해 자백에까지 이르지는 않는다. 마쓰모토 치즈오가 경찰 내부의 수사 진행 상황을 파악할 수 있었던 것은 당시 일본 경찰 내부에 옴진리교 관계자가 있었기 때문이 아닐까라는 의문이 아직까지도 제기되고 있다.

사건 발생 이후 일본 경찰이 보인 안이한 태도도 문제였지만 이 사건이 발생하기까지의 전개 과정을 살펴보면 2017년 현재의 공모죄 신설 논쟁의 주요 쟁점을 떠오르게 하는 면도 있다. 공모죄가 제대로 작동하기 위해서는 통화를 도청하고 이메일을 열어보고 사람을 미행하고 특정 집단에 대해 잠입수사를 해야 한다. 이 모든 수단은 사회 구성원 개개인의 자유를 심각하게 침해하는 것이다. 그러나 만약 1989년 11월 이전에 누군가가 옴진리교에 잠입해 이들의 교리의 위험성을 파악하거나 적어도 이들이 '포아'라는 단어를 어떤 의미로 사용하고 있는지 미리 알 수 있었다면, 혹은 최소한 범행 직전에 한 간부가 마쓰모토 치즈오에게 전화를 걸어 지시를 받았을 때 그 통화 내용을 들을 수단이 있었다면, 이 사건은 미연에 방지할 수 있었을 것이고 이후 이어지는 옴진리교의 강력범죄 대부분도 막아낼 수 있었을지 모른다.

사카모토 쓰쓰미 변호사 일가 중 장남의 위령비. 시신이 발견된 나가노 현에 건립되었다

물론 사건이 모두 마무리된 뒤 사후에 밝혀진 모든 정보를 눈앞에 펼쳐두고 이 사건은 여기서 막을 수 있었다, 저렇게 막을 수 있었다고 주장하는 것은 그리 생산적인 논의라고는 볼 수 없다. 그러나 옴진리교 사건의 충격에서 쉽게 벗어나지 못하고 있는 일본 사회는 바로 이런 주장부터 대응하고 반박하는 것으로 토론을 시작해야 하는 단계에 여전히 머무르고 있다. 이것이야말로 옴진리교 사건의 그림자가 아직도 일본 사회의 일부분을 덮고 있다는 방증일지도 모른다.

교단 외부 세력, 정확히는 교단의 확장에 가장 큰 방해가 되는 인물을 제거한다는 옴진리교의 첫 시도는 불행히도 성공을 거뒀다. 그리고 이 단계에서 일본 사회는 아직 사태의 심각성을 인지하지도 못했고, 따라서 제대로 된 대응도 하지 못하고 있었다. 훗날 일본 사회 구성원들이 분통함에 땅을 칠 아까운 시간과 기회가 이렇게 속절없이 사라져가고 있었다.

CHAPTER 4

교　세
확　장

중의원 총선거 출마와 낙선 | 1990년 2월 18일

마쓰모토 치즈오는 옴진리교가 세력을 확장하기 위해서는 종교 활동을 통한 영향력뿐만 아니라 정치적인 힘도 갖춰야 한다고 판단하고 중의원 총선거에 출마할 계획을 세운다. 이 계획은 1989년부터 조금씩 실행에 옮겨져 이해 8월 16일에는 정치단체 설립 신청을 제출하는 등 본격적인 선거 준비가 시작된다. 정치단체의 이름은 진리당, 대표는 마쓰모토 치즈오 본인이었다. 마쓰모토 치즈오가 1989년 11월에 사카모토 쓰쓰미 변호사 일가 살해를 서두른 이유 중 하나는 선거에 대한 악영향을 우려했기 때문이라는 분석도 있다.

1990년 2월 18일에 치러진 일본의 제39회 중의원 총선거에서 진리당은 도쿄 도, 가나가와 현, 사이타마 현, 지바 현 등 수도권을 중심으로 마쓰모토 치즈오와 간부 등 모두 25명의 후보자를 낸다. 진리당은 신자들이 옴진리교 특유의 노래를 부르고 춤을 추는 기이한 선거 운동으로 화제를 모으긴 했지만 선거 결과에서는 참패를 면치 못했다. 출마한 후보자 전원이 의미 있는 득표를 하지 못하고 낙선한 것이다.

마쓰모토 치즈오와 옴진리교는 이 총선거 출마자 전원 낙선이란 결과를 정상적으로 수용하지 못하고 크게 낙심하고 분개한다. 정치 권력을 획득하기 위해 선거에 출마했고 그 결과 낙선했다면 낙선 원인을 냉철하게 분석하고 다음 선거에서 더 좋은 결과를 얻기 위한 방법을 강구하는 것이 정상적인 대응이라고 할 수 있을 것이다. 그러나 마쓰모토 치즈오는 이런 정상적인 대응 대신 낙선 사실에 대한 분노를 폭력적으로 분출해 테러를 통한 국가 전복을 기도하는 쪽으로 사고의 방향을 선회한다.

원하는 것을 원하는 시점에 얻지 못하자 비정상적으로 분노하며 자신이 욕망한 대상을 근본부터 파괴하겠다는 반응을 보였다는 점에서 이 당시 마쓰모토 치즈오의 자아가 심각하게 비대해져 있었다는 것을 유추할 수 있다. 훗날 옴진리교는 일본의 정부 부처(部處)에 해당하는 성청(省廳)제도를 모방해 교단 내부에 여러 성청을 설치하고 각 성의 대신(장관에 해당)을 임명하는 등 국가제도를 흉내 내기도 하는데, 이런 행각도 정치 권력을 얻으려 했으나 얻지 못했다는 사실에 대한 반발에서 나온 것이라는 분석도 있다. 이런 분노와 망상이 한 개인의 내적인 세계에 머문다면 사회적인 물의를 빚을 일까지는 없을지도 모른다. 그러나 이 당시 마쓰모토 치즈오에게는 자신이 이끄는 교단과 자신의 말을 진리라고 믿고 따르며 지시에 따라 살인마저도 저지르는 신자들이 곁에 있었다.

옴진리교는 본격적으로 무장테러 노선을 걷기 시작한다.

보툴리누스균 살포 미수 사건 | 1990년 4월~5월

1990년 3월, 마쓰모토 치즈오는 일부 교단 간부에게 보툴리누스균 배양을 지시한다. 보툴리누스균은 식중독을 일으키는 세균의 일종으로 생물무기로도 사용될 수 있다. 만약 보툴리누스균 배양에 성공하면 옴진리교는 생물무기를 보유하게 되는 셈이었다. 마쓰모토 치즈오는 1990년 4월경에 간부 20여 명을 모아 "이번 선거는 나의 마하야나에 있어서의 테스트 케이스였다. 그 결과 지금의 세상은 마하야나로는 구제할 수 없다는 것을 알았으니 앞으로는 바즈라야나로 간다. 현대인들은 살아서 악업을 쌓고 있으니 전 세계에 보툴리누스균을 살포해 포아하겠다", "중세에는 프리메이슨이 페스트균을 살포했다. 그래서 유럽의 인구는 3분의 1 혹은 4분의 1로 줄었다. 이번에 살포하는 것은 백사병이라 불릴 것이다", "원래 이것은 신들이 할 일이나 신들이 하면 남겨야 할 사람을 남기지 못하니 우리가 한다. 옴진리교의 자녀들은 남겨두겠다"는 등의 발언을 한 것으로 재판 과정에서 확인됐다. 이 일련의 발언의 마지막 문장은 "구제 계획을 위해 나는 너희를 선택했다"였다고 한다.

선거에서 참패한 것을 두고 '실험'이었다는 식으로 포장한 것은 비대한 자의식에서 나온 졸렬하고 저열한 반응 이상도 이하도 아니었다. 프리메이슨을 언급한 궤변도 옴진리교의 바탕에 1980년대의 오컬트 붐이라는 사회현상이 있었다는 것을 다시금 떠올리게 하는 쓸쓸한 사례에 불과했다. 전 세계를 상대로 전쟁을 치르겠다는 대목은 아마겟돈의 개념을 잘못 이해한 과대망상의 일환이라고 생각하고 넘어갈 수도 있었다.

그러나 문제는 보툴리누스균 살포에 관한 내용이다. 다른 모든 내용이 망상에 불과할지라도 보툴리누스균 배양 시도만은 사실이라면 이 모든 상황은 웃어넘길 수 없는 일이 된다. 그리고 당시 옴진리교는 적어도 보툴리누스균 배양을 시도할 정도의 조직력과 자금력은 갖추고 있었다.

1995년 3월에 일본 도쿄에서 지하철 사린 사건이 발생하자 속보 보도 역량을 갖춘 전 세계의 모든 언론사가 이 소식을 속보로 타전한다. 일본 사회 구성원들과는 달리 이 보도를 통해 처음으로 옴진리교의 존재를 알게 된 대다수의 세계인들이 가장 먼저 가진 의문은 이것이었다. '도대체 저 신흥종교 집단이 왜 대량 살상 무기를 보유하고 있느냐?' 그리고 세부적인 사항에서 다소 차이는 있을지언정 이 질문은 일본 사회에서도 유효했다. 이 질문에 대한 대답을 찾기 위해 옴진리교의 활동을 추적하다 보면 결국 1990년 2월의 총선거 참패와 직후의 보툴리누스균 배양 시도에 도달하게 된다.

옴진리교가 이전까지 저질러온 범죄, 사카모토 쓰쓰미 변호사 일가 살해 사건과 그 이전에 발생한 남성 신자 살해 사건의 경우 범행 내용은 끔찍했지만 범행 수단은 통상적인 강력범죄의 범위 안에 있었다. 그러나 대량 살상 무기를 제조해 교단 활동과 직접적인 관련이 없는 민간인을 무차별 학살한다는 발상은 이전의 범죄와는 차원이 다른 것이었다. 옴진리교는 바로 이 벽을 비교적 이른 시기에 허무할 정도로 단순한 이유로 넘어서 버린다. 교단을 완전하게 장악하고 있던 마쓰모토 치즈오가 대량 살상 무기 제조를 결정했고, 이를 내부적으로 정당화할 교리는 이미 예전에 마련돼 있었다. 남은 문제는 실제로 보툴리누스균을 대량으로 배양할 수 있느냐였다.

옴진리교 교단의 매우 중요한 특징 중 하나는 교단 간부와 주요 관계자 가운데 놀라울 정도의 고학력자들이 존재해 있었다는 점이다. 특히 일본에서 손꼽히는 저명한 대학을 나온 이공계 엘리트 출신 간부들이 설립 초기부터 옴진리교의 교단 내 요직 곳곳에 포진해 있었으며 의사 자격을 보유한 간부도 다수 있었다. 의사 출신 간부가 많았던 것에 대해서는, 성급한 일반화는 어렵지만 직업상 환자의 죽음을 자주 목도하고 생사(生死)의 문제에 대해 고민하는 일이 많은 의사의 심리를 인간의 죽음에 대한 공포를 집요하게 자극하는 옴진리교의 교리가 파고들 여지가 컸으리라는 분석도 있다. 심지어 옴진리교는 비록 진료 실태는 매우 열악했지만 '옴진리교 부속 병원'이라는 교단 부속 병원을 도쿄에 설립해 신자 가운데 의료 관계자를 이 병원에서 일하게 할 정도로 다수의 의료인을 확보하고 있었다.

이들 이공계 엘리트들을 중심으로 옴진리교의 무장화가 진행된다. 우선 관련 지식을 갖춘 간부들이 실무적인 계획을 세워 1990년 4월에 후지산 부근의 옴진리교 교단 시설에 보툴리누스균 배양을 위한 플랜트를 건설하고 이곳에서 보툴리누스균 대량 배양을 시도한다. 이들은 배양된 세균을 분무할 장치까지 제작했으며, 1990년 4월과 5월에 걸쳐 실제로 분무 장치를 설치한 트럭에 배양된 세균을 싣고 도쿄 등 여러 장소를 돌며 세균을 분무한다. 그러나 다행히 당시 옴진리교는 독성이 있는 보툴리누스균 배양에는 실패했으며 결국 이 시도는 누구도 살해하지 못한 채 실패로 돌아가게 된다. 또한 이 시기의 옴진리교는 화학무기인 포스겐 가스를 생산하기 위한 플랜트 건설도 시도하지만 이 계획 역시 당시에는 아무런 성과도 내지 못하고 실패한다.

훗날 이런 사실을 알게 된 일본 사회 구성원들은 큰 충격을 받고 분노한다. 옴진리교의 무차별 테러 시도가 생각보다 이른 시기부터 있었다는 점도 충분히 충격적이었지만, 일본 사회가 자랑하는 최고의 교육을 받은 엘리트들이 이 황당무계한 악행에 이렇게나 쉽게 자신들의 지식과 노력을 제공했다는 사실은 더더욱 용납하기 힘들었을 것이다. 이들을 키워내기 위해 일본 사회가 얼마나 많은 시간과 공을 들였는지를 생각하면 충분히 납득할 만한 분노였다. 그러나 당시 일본 사회는 이런 사실을 인지조차 하지 못하고 있었다.

외부 활동과 세력 강화 | 1990년 후반기~1992년 후반기

1990년 8월, 일본의 지방자치단체 중 하나인 구마모토 현은 국토이용계획법 위반 및 삼림법 위반 혐의로 옴진리교 교단을 경찰에 고발한다. 당시 옴진리교는 일본 전국을 옴진리교의 이상향으로 만들겠다는 계획의 일환으로 구마모토 현에 교단 거점을 마련하려 하고 있었는데, 이 과정에서 지역 주민들과 갈등을 빚은 것이 원인이었다. 이 고발을 계기로 1990년 10월 이후 일본 전국의 옴진리교 교단 시설이 일제히 경찰의 수색을 당하고 교단 변호사 등 주요 간부가 체포되면서 옴진리교는 큰 타격을 입는다. 당시 옴진리교는 교단이 보유하고 있던 생물무기 및 화학무기 관련 시설도 경찰의 적발을 피하기 위해 모두 해체할 수밖에 없었으며, 이후 마쓰모토 치즈

오는 1992년 후반기까지는 생물무기나 화학무기를 사용한 대량 살상 계획에 대해 언급하는 일 없이 열성적으로 외부 활동을 벌인다.

마침 일본은 오컬트 붐에 이은 '신흥종교 붐'이 한창이던 시기였다. 옴진리교는 이 신흥종교 붐 또한 철저하게 활용한다. 마쓰모토 치즈오와 주요 간부들이 1991년 9월에 아사히 TV의 유명한 토론 방송에 출연하는 등 각종 TV에 출연하기도 하였다. 또한 마쓰모토 치즈오는 각종 잡지의 지면을 통해 종교학자나 문화계의 저명인사들과 대담을 하기도 한다. 훗날 옴진리교 측이 자신들은 정상적인 종교단체라며 근거로 활용한 저명인사의 호의적인 발언 혹은 그런 내용을 담은 기사들은 상당수가 이 시기에 집중적으로 나온 것들이다. 특히 일부 중소규모 잡지사 입장에선 마쓰모토 치즈오의 대담 혹은 기사를 게재하면 옴진리교 측이 잡지를 대량으로 구입해주는 방식으로 경제적인 이익을 확보할 수 있었으므로 옴진리교 관련 기획을 거절할 이유는 적었을 것이다.

사회적으로 신뢰받는 인물을 홍보에 활용하는 이런 수법은 옴진리교 입장에선 교세 확장에도 효과적이었지만 사카모토 쓰쓰미 변호사 일가 '실종' 사건에 대한 세간의 의혹을 덮기 위해서도 반드시 필요했다. 사람들은 은연중에 TV와 잡지 등을 통해 이렇게 적극적으로 자신들의 존재를 알리려고 하는 교단이 끔찍한 강력범죄를 저질렀을 가능성은 낮다고 생각하게 되었다.

1991년 여름 이후 옴진리교가 힘을 쏟은 또 하나의 분야는 출판이다. 이 시기의 옴진리교는 자체 출판사를 통해 거의 매주 한 권에 가까운 빈도로 새로운 책을 쏟아냈다. 서점에 신간을 최대한 많이 배치해 이목을 끄는 것으로 포교도 하고 교단의 이미지도 개선하는 등의 효과를 노린 것으로 보인다.

이 시기의 출판물 가운데 주목할 만한 것은 1991년 11월에 출간된《그리스도 선언》이란 책이다. 이 책은 총 4권의 시리즈로 1993년까지 출간되는데, 마쓰모토 치즈오는 이 책의 서두에서 자신이 그리스도라고 선언한다. 옴진리교는 예언을 중시한 신흥종교였던 만큼 요한 묵시록을 집요하게 악용했으며, 그 과정에서 기독교 교리 중 일부를 차용하기 위해 교주가 이런 선언을 한 것 자체는 그리 놀랄 만한 일은 아니다.

마쓰모토 치즈오가 출간한 책《그리스도 선언》
중 4권의 표지

문제는 이런 주장을 반복하면서 마쓰모토 치즈오와 옴진리교 교단이 점차 '박해받는 옴진리교'와 '옴진리교를 탄압하고 억누르는 일본 정부, 사회, 권력집단'이라는 구도를 강조하기 시작한 것이다. 최종적으로 아마겟돈에서 '정의의 편'인 옴진리교가 승리하기 위해서는 그전에 옴진리교가 탄압을 받아야 하는데, 일본의 수사기관이 옴진리교를 수사하고 일본 사회가 옴진리교를 기괴한 신흥종교라며 배척하는 것을 이런 '탄압과 박해'로 비틀어 해석하기 시작한 것이다.

처음에는 교단 내부의 결속을 다지고 자신들의 행위를 정당화하기 위해 이런 주장을 제기했던 것인지도 모른다. 그러나 이런 주장을 반복하는 과정에서 마쓰모토 치즈오와 교단 주요 간부, 신자들도 이러한 이야기에 점차 빠져들게 된 것이 아닌가 추정된다. 실제로 옴진리교는 훗날 자신들이 지속적으로 독가스 공격을 받고 있었다고 주장하고 일본과 강대국들의 탄압으로부터 스스로를 지키기 위해 무장을 했다는 주장마저 전개하게 된다. 이런 과대망상과 피해망상의 전조가 1991년 하반기부터 시작된 것이다.

마쓰모토 치즈오는 1992년 11월에 일본 전국 각지의 대학에서 강연회를 연다. 이 강연들을 통해 마쓰모토 치즈오는 '요한 묵시록'과 '노스트라다무스의 예언'을 자신이 해독했다고 주장하며 "지금부터 2000년까지 필설로 형용할 수 없는, 심각한, 게다가 공포로 가득 찬 현상이 연속적으로 일어날 것이다. 세계적으로 전쟁이 발발하며 그 전쟁에서는 핵무기뿐만 아니라 생물무기와 화학무기도 사용될 것이다. 그 결과 문명국가에서는 10분의 1 정도의 인간만 살아남게 되고, 나머지 10분의 9는 죽게 된다", "여러분에게 전수하는 명상법을 숙달하면 많은 외적 자극에 대해 생리적, 기능적인 변화를 일으키지 않는 자기 자신을 형성할 수 있다. 명상 스테이지가 높을수록 생명 유지 기능은 강해진다. 예를 들어 산소 농도가 위험치에 돌입했다고 해도 성취자는 위험한 상태가 되지 않는다"는 등의 발언을 한다.

오컬트와 종말론을 뒤섞은 이런 식의 기괴한 주장은 당연히 비웃음도

샀다. 그러나 사회에 해악을 끼치는 신흥종교의 포교 활동이 통상적으로 그러하듯 이런 황당무계한 말도 많은 사람 앞에서 반복해서 주장하면 청중 가운데 일부 흥미를 보이는 사람이 나타나고 그 가운데 다시 일부에게는 포교가 성공하게 된다. 옴진리교도 이런 방식으로 일정한 규모의 포교 성과를 올린다.

또한 이 시기의 옴진리교는 단순히 교세를 확장하는 것이 아니라 교단 무장화에 도움이 되는 이공계 엘리트 확보를 목표로 이들을 타깃으로 삼은 포교 활동에 특별히 힘을 쏟았다. 옴진리교 교단이 고도의 과학기술을 보유하고 있는 것처럼 보이기 위해 비행선이나 호버 크래프트 등을 개발해 제작했다고 주장하며 이를 홍보에 활용한 것도 그러한 노력의 일환이었다.

옴진리교 입장에선 '내실을 다졌다'라고 표현할 수 있는 이 기간 동안 마쓰모토 치즈오는 신자들을 이끌고 '구제 투어' 혹은 '순례 투어'라는 이름 아래 티베트, 라오스, 스리랑카, 인도, 러시아, 부탄, 콩고 등을 방문해 정부 요인 혹은 저명한 종교가를 만나거나 불교 유적을 돌아본다. 이런 해외 활동은 일본 국내에서 옴진리교 특히 마쓰모토 치즈오의 발언의 신뢰도를 높이는 것이 목적이었으며 당연히 회담 성사를 위해 옴진리교 측이 거액의 헌금을 약속한 사례도 있었다. 또한 옴진리교는 1992년 9월에는 러시아 모스크바에, 1993년 3월에는 스리랑카에 각각 지부를 건설한다. 특히 러시아 지부는 놀라울 정도로 교세가 확장돼 옴진리교의 주요 해외 거점으로 성장한다.

휴식기는 그리 오래가지 않았다. 1992년 11월경, 마쓰모토 치즈오는 교단 간부와 신자들에게 "다시 바즈라야나를 시작하겠다"라고 발언한다. 옴진리교 내부에서 '바즈라야나'라는 단어가 어떤 의미로 사용되는지 알고 있는 외부 인사가 있었다면 전율했을 만한 발언이었다.

탄저균 분무 미수 사건 | 1993년 6월~8월

마쓰모토 치즈오는 1993년 5월경에 교단의 간부와 신자들에게 도쿄의 교단 시설 내부에서 탄저균을 대량으로 배양해 건물 외부로 분무하는 시설을 만들 것을 지시한다. 전염병인 탄저병을 일으키는 탄저균은 대부분 피부를 통해 인체에 침범하며 드물게 호흡기 또는 소화관을 통해 침범하기도 하는 세균으로, 이 성질을 이용해 생물무기로도 사용된다. 독성이 매우 강한 세균으로 알려져 있으며 호흡기를 통해 감염되면 치사율은 90%에 이른다고 한다. 2001년의 9·11 테러 이후 미국 각지에서 우편물을 이용한 탄저균 테러가 발생해 5명이 사망하면서 탄저균의 위력이 전 세계에 알려진 바 있다. 바로 이 탄저균이 옴진리교의 테러 활동 재개를 알리는 신호탄으로 사용된다.

이 시기 도쿄가 탄저균 살포 목표 지역으로 선정된 것은 1993년 6월 9일에 일본 황태자의 결혼식이 열려 도쿄에서 대규모 퍼레이드가 예정되어 있었기 때문이다. 마쓰모토 치즈오는 일본 정부를 전복해 최종적으로 자신이 일본의 왕이 되는 미래를 꿈꾸고 있었으며, 그 계획의 일환으로 이 시기부터 일본 황실도 공격 목표로 삼는다. 그러나 준비 부족으로 황태자 결혼식 퍼레이드 현장을 공격하는 데에는 실패한다.

그 뒤 옴진리교는 6월과 7월에 한 번씩 실제로 도쿄의 교단 시설에서 외부를 향해 탄저균을 분무한다. 특히 7월에는 마쓰모토 치즈오가 직접 현장에서 분무를 지휘했으나 당시 옴진리교가 배양한 탄저균은 독성을 갖고 있었는지도 의문이었을뿐더러 분무 과정에서 고압으로 인해 균이 사망했기 때문에 교단 시설 주변 지역으로 악취가 퍼져나간 것 이상의 피해는 발생하지 않는다. 이 사건은 훗날 전모가 파악될 때까지 이른바 '악취 사건'으로 불렸으며, 당시에는 지역 주민들의 반감을 사는 정도에 그쳤다. 이후 마쓰모토 치즈오는 탄저균 배양 시설을 후지산 부근의 교단 시설로 옮겨 배양을 계속했으며 1993년 7월과 8월경 두 번에 걸쳐 트럭을 개조해 분무 장비를 설치한 차량으로 도쿄와 그 주변에서 탄저균을 살포한다. 이때도 마쓰모토 치즈오가 간부들과 함께 직접 트럭에 탑승해 분무를 지휘했으나 독성이 있는 탄저균 배양에 실패해 인명 살상에는 이르지 못했다.

당시의 옴진리교의 활동 가운데 주목할 만한 점은 비록 실제로는 공격에 성공하지는 못했지만 범행을 실행한 본인들은 도쿄 등지에서 무차별 살인을 저지를 계획이었음에도 불구하고 출가신자가 아닌 재가신자, 즉 교단에서 집단생활을 하는 것이 아니라 각자 가정에서 일상생활을 영위하며 옴진리교를 신봉하는 신자들을 보호하기 위한 조치를 전혀 취하지 않았다는 것이다.

이는 1990년의 보툴리누스균 살포 미수 사건 때와 비교해도 달라진 점이다. 이때 옴진리교는 일본 본토에서 멀리 떨어진 오키나와 현에서 대규모 세미나를 개최한다는 명목으로 많은 재가신자를 오키나와에 모은 뒤 도쿄 등지에서 보툴리누스균 살포를 시도했다. 그러나 탄저균 분무 미수 사건 때는 이와 같은 움직임은 감지되지 않았으며, 이런 태도는 훗날의 지하철 사린 사건까지 이어진다. 지하철 사린 사건 당시에도 사린 공격 사실을 알고 있었던 것은 교단 내부의 극소수에 불과했으며 재가신자들은 아무런 경고도 받지 못했다.

이것을 옴진리교의 교리대로 표현하자면 옴진리교에게는 재가신자도 '포아'의 대상이었던 셈이다. 이유는 두 가지 정도를 생각할 수 있다. 우선 현실적인 어려움이다. 옴진리교의 재가신자 수는 전성기에 1만 명을 넘었다. 이들에게 교단의 불법 활동에 관한 정보를 공유하고 다섯 자리 수의 사람에게 비밀을 지키게 하는 것은 불가능한 일이었다. 다음으로 옴진리교의 교리를 들 수 있다. 옴진리교는 교주의 지시에 따른 살인을 정당화하는 교리를 확립하고 있었으며 재가신자도 옴진리교의 '아마겟돈' 과정에서 희생된다면 그들 또한 구제를 받은 것이라는 합리화가 가능했던 것이다.

물론 이는 어디까지나 '합리화'의 영역일 뿐 이 당시 옴진리교의 불법 활동을 주도했던 마쓰모토 치즈오 이하 주요 간부들은 적어도 정신적인 밸런스가 일정 부분 붕괴돼 있었다는 평가를 받아도 반박하기 어려울 것이다. 물론 이런 상황을 알지 못하는 재가신자 대다수는 자신들이 결과적으로 어떤 자들의 어떤 활동을 돕고 있는지도 모른 채 옴진리교 교단이 유도하는 방향을 향해 맹목적으로 달려가고 있었다.

사린 제조 착수 | 1993년 6월

옴진리교는 보툴리누스균과 탄저균을 사용한 대량 살상 테러를 몇 차례나 시도했지만 모두 실패에 그쳤다. 생물무기를 사용한 공격이 실패를 거듭하자, 옴진리교는 화학무기를 개발하는 쪽으로 방향을 선회하게 된다. 그들이 이 시점에서 선택한 화학무기는 사린이었다.

사린은 1939년에 독일에서 발견된 유기인 계열의 화합물로 자연계에는 존재하지 않았던 인공물질이다. 타분, 소만, VX가스와 같이 생물의 신경계를 파괴하는 신경가스의 일종으로 사람을 살해하는 목적 이외의 용도는 없는 물질이기도 하다. 포스겐이나 이페리트와 같은 화학물질과 비교해 중량당 15배에서 32배의 독성이 있으며 소량으로도 굉장히 넓은 지역에 확산돼 피해를 입힐 수 있다. 나치 독일은 사린의 이런 성질에 주목해 신형 독가스 무기로 채용했으며 독일 이외에도 화학무기로 사용하기 위해 군수용 사린을 제조한 국가가 있는 것으로 알려져 있다.

사린은 무색무취이며 상온에서는 액체이나 휘발성이 높고 기화되는 형태로 피부나 호흡기 등을 통해 인체에 흡수되면 치명적인 독성을 발휘한다. 휴식 중인 사람을 대상으로 할 경우 $1m^3$당 100㎎의 사린으로 1분간 절반의 인원이 사망하며, 천천히 활동하고 있는 사람을 대상으로 할 경우 $1m^3$당 70㎎의 사린으로도 1분간 절반의 인원이 사망하는 것으로 알려져 있다.

마쓰모토 치즈오는 1993년 6월에 교단 간부에게 사린 제조 방법을 연구할 것을 지시했으며 한 간부가 1993년 8월경에 플라스크 안에 소량의 사

옴진리교의 사린 플랜트 내부 모습

린을 제조하는 데 성공한다. 마쓰모토 치즈오는 이 사실을 보고받고 후지산 부근의 옴진리교 교단 시설 내부에 사린을 대량으로 생산하는 사린 플랜트를 건설할 것을 지시한다. 이때 마쓰모토 치즈오는 사린 70톤을 생산할 수 있는 사린 플랜트 설계를 요구한다. 사린 70톤이면 이론상으로는 인류 전원을 살해할 수 있는 양이다.

이 시기부터 옴진리교는 자체적으로 일정량의 사린 생산을 반복하지만 대량 생산이 목적인 사린 플랜트를 완공하기까지에는 생각보다 긴 시간이 소요된다. 일본 경찰은 사린 플랜트가 거의 완성된 시점을 1994년 12월말 전후로 보고 있다. 이 기간 동안 옴진리교는 사린 플랜트를 건설하는 데 필요한 기자재 등을 마쓰모토 치즈오나 다른 신자가 대표직을 수행하는 교단 관련 회사를 통해 구입했으며 대금으로 모두 약 2억 2,490만 엔을 지불했다. 뿐만 아니라 삼염화인 약 180톤 등 사린을 제조하기 위한 원료를 대량으로 구입하는 과정에서도 추가적으로 모두 약 1억 1,910만 엔을 지불한 것으로 파악된다.

지하철 사린 사건이 발생한 직후 일본 정도의 행정력과 경찰력을 갖춘 국가가 자국 내에서 이런 테러를 준비한 종교집단이 있다는 사실을 사전에 파악하지 못했다는 데에 경악한 사람들도 있었다. 그러나 지하철 사린 사건은 역설적으로 일본이 세계에서 손꼽히는 경제대국이었기 때문에 발생할 수 있었던 측면도 있다. 만약 옴진리교가 입수한 수준의 기자재와 사린 원료가 국제 분쟁 지역의 테러 단체에게 흘러 들어갔다면 국제사회는 틀림없이 그 사실을 파악하고 필요한 조치를 취했을 것이다. 그러나 당시에도 화학공업 강국 중 하나였던 일본은 국내에서 막대한 양의 공업 생산용 기자재와 화학 원료가 일상적으로 유통되고 있었으며 그야말로 '신흥 종교가 설립한 위장 회사 몇 곳'을 통해서도 이 정도 물량은 눈에 띄지 않게 확보할 수 있었던 것이다.

옴진리교는 대량으로 생산한 사린을 효과적으로 살포하기 위해 러시아를 통해서 대형 군용 헬리콥터인 Mi-17 헬리콥터를 한 대 구입하기도 한다. 1994년 6월에 Mi-17 헬리콥터가 실제로 일본으로 반입돼 옴진리교의 후지산 부근 시설로 옮겨졌으나, 이 헬리콥터를 사용해 대도시 상공에서 사린을 살포한다는 계획은 다행히도 실행되지 않았다.

옴진리교가 사린을 대량으로 제조하고 있다는 사실을 알고 있는 사람은 옴진리교 교단 내부에서도 극소수에 불과했다. 그리고 그들은 옴진리교의 교리와 마쓰모토 치즈오의 과대망상 및 피해망상의 영향으로 사린 제조가 다가올 아마겟돈을 위한 준비이자 탄압받고 있는 교단을 지키기 위해 필요한 조치라고 생각하고 있었다고 한다.

문제는 이런 사실을 알지 못하면서 사린 제조 실험을 반복하고 있는 교단 시설 주변에서 집단생활을 하던 신자들이었다. 옴진리교의 사린 제조 시설은 많은 시행착오를 거치며 건설됐으며 건설 초기에는 후지산 부근의 교단 시설에서 거주하던 신자들이 건강 이상을 호소하기도 했다. 교단 입장에선 신자들의 불만을 무마하고 분노를 외부로 돌릴 필요가 있었을 것이다. 마쓰모토 치즈오는 1993년 10월에 신자들에게 설법을 통해 "최근 1주일 사이 가족과 제자들이 나에게 두통이 있다, 구역질이 난다, 눈 안쪽이 아프다는 등의 말을 하는데, 이것은 모두 머스터드 가스 등의 미란성 가스나 사린, VX 등의 신경계 가스이며 우리들의 신경을 공격해 우리들을 죽음으로 몰고가는 것이다"라고 발언한다.

외부의 적을 만들어 내부의 불만을 무마하는 것은 비겁하지만 상투적인 수단이다. 게다가 옴진리교의 경우 이 시기부터 '옴진리교는 탄압을 받고 있다. 그러나 그 탄압을 무장투장으로 이겨내고 아마겟돈에서 최종적으로 승리하는 것은 옴진리교다'라는 공감대가 내부적으로 형성되고 있었던 만큼 이런 논리는 신자들이 받아들이기 편했을 것이다. 실제로도 많은 신자들이 이 설명을 믿고 옴진리교가 외부로부터 독가스 등의 공격을 당하고 있다고 믿기 시작했던 것으로 보인다.

그러나 이렇게 외부의 적을 만들어 내부의 결속을 다지기 위해서는 외부의 위협을 증명하고 강조하기 위해 내부의 무고한 희생을 연출할 필요가 있는 경우가 많다. 옴진리교도 예외는 아니었으며, 결국 이 과정에서 훗날 끔찍한 비극이 발생한다.

핵무장 계획 실패 | 1993년 9월

ABC 무기라는 말이 있다. 원자(Atomic), 생물(Biological), 화학(Chemical) 무기의 앞 글자를 딴 것으로, 흔히 대량 살상 무기를 생각하면 떠오르는 세 가지 무기를 의미한다. 옴진리교는 이 가운데 생물무기는 두 번 시도했으나 실패했고, 화학무기인 사린 제조에는 성공했다. 마쓰모토 치즈오는 남은 한 가지, 핵무기에도 관심을 가진다.

마쓰모토 치즈오는 관련 지식이 있는 교단 간부에게 핵무기 개발에 대해 조사할 것을 지시했으며, 1993년 9월 8일부터 18일까지 본인이 직접 간부들을 데리고 호주로 가 우라늄 채굴을 위한 현지 조사도 한다. 마쓰모토 치즈오는 이를 위해 호주 현지에서 우라늄 광맥이 있을 가능성이 높은 지역의 목장을 구입하는 등 열의를 보인다.

호주는 전 세계 우라늄 매장량의 38%를 보유한 최대의 우라늄 보유국이자 중요한 우라늄 수출국이다. 핵무장을 위해 원료인 우라늄을 확보하고자 했다면 호주를 우라늄 획득 후보지로 선택한 것은 합리적인 판단이었다.

문제는 이것이 핵무장과 관련해 옴진리교가 내린 판단 가운데 유일하게 합리적인 판단이었다는 것이다. 핵무장을 위해서는 고도의 기술력과 막대한 자금, 수없이 많은 설비가 필요하다. 설령 천운이 따라 옴진리교가 호주에서 우라늄을 발견한다 해도 호주 정부와 일본 정부의 감시를 뚫고 이우라늄을 일본 국내로 밀반입할 수 있을 가능성은 없었고, 만약에 일본 국내로 반입할 수 있었다고 해도 옴진리교의 기술력과 자금력으로는 우라늄을 농축하기 위해 필요한 설비와 전력의 일부분도 확보하기 힘들었을 것이다. 핵무장은 국가 단위의 기술력과 자금력을 동원해도 결코 쉽지 않은 일이라는 것을 생각하면 매우 당연한 일이다. 결국 마쓰모토 치즈오도 핵무장 계획은 비교적 이른 단계에서 포기한다.

옴진리교의 핵무장 시도 실패는 ABC 무기 가운데 생물무기와 화학무기를 '가난한 자의 핵무기'라고 부르기도 하는 이유를 명백하게 증명해준 사례이기도 하다. 옴진리교 규모의 자금력과 기술력으로는 핵무장은 문자 그대로 망상에 불과했지만 화학무기로 무장하는 것은 불가능하지는 않았던 것이다. 1993년 11월이 되면 옴진리교는 많은 시행착오 끝에 소량의 사린을 손에 넣는다. 그리고 이 사린을 사용해 본격적인 테러 공격에 착수한다.

창가학회 명예회장 사린 습격 미수 사건 | 1993년 11월~12월

일본의 종교법인 창가학회는 법화경을 중시하는 불교 계열의 신흥종교이다. 1930년에 창립해 1952년에 종교법인 등록을 마쳤으며 일본 내에서 현재 약 827만 세대가 창가학회에 소속돼 있는 것으로 알려져 있다. 또한 1975년에는 창가학회 인터네셔널(Soka Gakkai International, 국제창가학회. 줄여서 SGI라고도 한다)을 출범시켜 일본을 포함한 전 세계 192개 국가와 지역으로 세력을 확장했다. 한국에서도 재단법인 한국 SGI가 활동을 하고 있다.

또한 창가학회의 지지 속에 1964년에 공명당이란 정당이 출범한 점도 주목할 만하다. 공명당 측은 창가학회와 공명당의 관계를 지지단체와 정당의 관계라고 밝히고 있으나, 창당 초기부터 창가학회의 지지를 바탕으로 성장해온 정당이라는 사실은 부정하기 힘들다. 공명당은 1999년부터 일본 자유민주당(자민당)과 연립정권을 구축해 약 15년간 여당의 한 축으로 일본 국회에 참가하고 있다.

마쓰모토 치즈오는 옴진리교 설립 이후 비교적 초기부터 창가학회를 적대시했다. 마쓰모토 치즈오의 피해망상과 과대망상에서 원인을 찾을 수 있는데, 마쓰모토 치즈오는 신자들을 대상으로 한 설법에서 창가학회가 1990년 중의원 선거 당시 옴진리교를 방해했다거나 언론을 통해 옴진리교를 공격했다는 등의 주장을 별다른 근거도 없이 반복하며 창가학회와 그 실질적인 지도자인 이케다 다이사쿠 명예회장에 대한 적의를 드러내곤 했다. 불교에 뿌리를 둔 신흥종교 창가학회가 큰 세력을 구축하고 있는 현황, 그리고 공명당이 일본 정계에서 점차 세력을 키워나가고 있는 정치적 현실이 불교 교리를 다수 차용해 옴진리교를 창시했으며 1990년의 총선거에서 참패한 경험이 있는 마쓰모토 치즈오에게는 불만스러웠으리라 추측할 수 있다.

그런 가운데 옴진리교가 사린을 보유하게 되자 마쓰모토 치즈오는 이 사린을 사용해 이케다 다이사쿠 명예회장을 살해할 계획을 세운다. 재판을 통해 확인된 사실 가운데 옴진리교가 사린을 사용해 인명 살상을 시도한 첫 사례다. 그러나 첫 사례였던 만큼 옴진리교의 범행 내용도 지극히 산만했다.

옴진리교는 우선 교단 내부에서 사린이 포함된 약 600g의 용액을 제조하는 데 성공한다. 문제는 사린을 살포하는 수단인데, 당시 이렇다 할 살포 수단을 보유하고 있지 않았던 옴진리교는 승용차 트렁크에 농약용 분무기를 싣고 이 분무기를 사용해 사린 용액을 살포한다는 계획을 세우고 1993년 11월 중순에 계획을 실행에 옮긴다. 이케다 다이사쿠 명예회장이 체류하고 있다는 정보를 미리 입수한 도쿄의 창가학회 시설 주변을 옴진리교의 주요 간부 4명으로 구성된 실행범들이 사린 살포 장치를 설치한 승용차로 돌며 600g의 사린 용액을 분무한 것이다. 그러나 이런 방법으로는 이케다 다이사쿠 명예회장을 포함한 창가학회 관계자들을 해치는 데 실패한다.

피해는 오히려 다른 곳에서 발생했다. 범행 당시 사린 분무 실행범 4명은 승용차 트렁크에서 사린을 뿜어내면서도 정작 본인들은 방독 마스크도 없이 승용차 안에 탑승하고 있었다. 지극히 당연하게도 사린은 차량 내부로도 흘러 들어왔으며 실행범 4명은 각각 증상의 차이는 있었으나 모두 손발이 떨리고 호흡이 어려워지며 눈이 잘 안 보이게 되는 사린 중독 증상을 보이게 된다. 결국 이들은 현장 부근에 승용차를 세운 뒤 간부 중 한 명이 미리 준비해온 사린 중독 치료제를 전원이 주사 받고 겨우 살아남는다.

마쓰모토 치즈오는 한 번의 실패로 포기하지 않고 재차 이케다 다이사쿠 명예회장 공격을 시도한다. 우선 마쓰모토 치즈오는 사린의 살상력을 높이기 위해 사린 5kg을 제조하도록 지시하고 사린을 가스버너로 가열해 기화시켜 분무하는 분무 차량을 제작할 것도 지시한다. 간부와 신자들은 이 지시에 따라 우선 사린 제조에 착수해 당초 계획보다는 적은 양이지만 사린이 포함된 3kg의 용액을 제조하는 데 성공한다. 또한 철판 위에 사린을 조금씩 떨어뜨려 기화시킨 뒤 기화된 사린을 대형 팬을 사용해 위쪽으로 배출하는 구조의 분무 장치를 만들어 천 덮개가 부착된 2톤 트럭 짐칸에 설치하는 방식으로 사린 분무 차량도 제작한다.

1993년 12월 중순에 자행된 두 번째 습격에서는 2명의 간부가 실행범으로 선발됐다. 범행 당일 이케다 다이사쿠 명예회장이 도쿄의 창가학회 시설에 체류한다는 정보를 입수하고 해당 시설 주변에 사린을 살포하는 방식은 이전과 동일하나 두 번째 습격의 실행범들은 비닐 봉투를 머리에 쓰고 에어 라인을 통해 산소 탱크의 산소를 비닐 안으로 주입하는 방식의 방독 산소마스크를 착용하고 범행에 나섰다. 그러나 사린 분무 차량으로 사린을 살포하기 시작한 직후에 트럭 짐칸을 덮고 있던 천에 불이 붙어 창가학회 시설을 경비하고 있던 경비원에게 발각된다. 이들은 어쩔 수 없이 습격을 단념하고 도주하기 시작하나 사린 분무 차량을 운전하고 있던 간부가 이 과정에서 방독 산소마스크를 벗는 바람에 사린에 노출돼 호흡 곤란 증상을 보이며 중태에 빠진다.

결국 인근에 대기하고 있던 다른 간부 2명도 합류해 중태에 빠진 실행

창가학회 명예회장 사린 습격 미수 사건이 발생한 장소

범에게 치료약을 주사하고 인공호흡 등의 응급조치를 하면서 도쿄의 옴진리교 부속 병원으로 실행범을 이송한다. 마쓰모토 치즈오도 범행 현장 부근에 있다가 보고를 받고 옴진리교 부속 병원으로 가서, 교단 간부인 의사에게 사린으로 습격을 시도하다가 오히려 사린에 노출됐다고 설명하고 치료를 지시한다. 이 실행범은 결국 의사의 치료를 받고 목숨을 건지며, 이송 중 응급조치를 했던 3명의 간부도 가벼운 사린 중독 증상을 보여 치료제를 주사 받는다.

두 번의 습격으로 옴진리교는 중요한 경험을 쌓는다. 우선 다른 누구도 아닌 범행에 가담한 교단 간부 본인들의 생명을 위험에 빠트리면서 자신들이 제조한 사린이 실제로 사람을 살해할 수 있을 정도의 살상력을 가졌다는 사실을 확인한 것이다. 그리고 비닐 봉투와 산소 탱크를 사용한 방독 산소마스크로 사린 공격을 어느 정도 회피할 수 있으며 자신들이 보유한 치료제도 실제로 사린 중독 증상을 보이는 사람을 치료하는 데 효과가 있다는 사실을 알게 된다. 마쓰모토 치즈오도 이 사실을 알고 교단의 간부들에게 "사린이 완성됐다. 이제 3만 명이 있으면 어떻게든 된다. 그러니까 무슨 수를 쓰든 3만 명의 출가신자를 만들어야 한다"라며 다수의 출가신자를 확보하도록 지시한다.

마쓰모토 치즈오는 한편으로는 이케다 다이사쿠 명예회장을 다시 습격할 목적으로 이번에는 50kg의 사린을 제조할 것을 지시한다. 사린 제조를 담당하는 간부들은 이 지시에 따라 1994년 2월 중순경까지 사린을 포함한 용액 30kg을 만드는 데 성공한다. 다만 이 사린은 제조 과정의 실수 등으로 무색무취가 아니라 푸른색을 띠고 있었으며 사린 함유량도 70% 정도였다고 한다. 옴진리교는 당초의 계획을 변경해 이케다 다이사쿠 명예회장을 다시 습격하지는 않았으며 제조된 사린 용액 30kg은 교단 내부에 보관한다.

이미 살상력이 확인된 사린을 30kg이나 제조해 교단에 보관하면서 마쓰모토 치즈오와 옴진리교의 주요 간부들은 자신들의 목표 달성이 가까워졌다고 생각했을지도 모른다. 그러나 그들은 이 시점에서 이미 파멸로 이어진 길을 향해 무서운 속도로 달려가고 있었다.

CHAPTER 5

광　　기

약제사 린치 살해 사건 | 1994년 1월 30일

1990년의 중의원 선거 이후 1993년 후반기까지의 기간 동안 옴진리교는
외부로는 적극적인 포교와 선전 활동을 전개하고, 내부로는 무장화를 추
진하면서 교단 세력을 키워나갔다. 그러나 이 교세 확장의 시기에 옴진리
교가 시도한 일본 사회를 향한 공격은 매번 실패를 거듭했다. 오히려 첫 사
린 습격 사건에서는 교단 간부들이 사린에 중독되는 등 내부적인 피해가
발생했을 정도로 이 시기의 옴진리교는 어딘가 어설프고 엉성한 활동을
반복하며 집단적인 과대망상에 빠진 신흥종교의 모습을 보이고 있었다.

 그러나 해가 바뀌어 1994년이 되면서 옴진리교의 범행은 급속도로 포
악하고 잔인해진다. 이것은 옴진리교의 불법 활동을 주도한 교주 마쓰모
토 치즈오 이하 교단의 주요 간부들이 각종 강력범죄에 대한 '경험'을 쌓
은 것을 중요한 원인으로 들 수 있다. 거듭되는 실패를 통해 시행착오를
거친 옴진리교는 점차 교주와 주요 간부들이 계획한 범행을 최소한의 지
시만으로도 수행해내는 끔찍한 범죄 집단으로 변모하게 된다. 그 시작이

된 사건이 1994년 1월에 발생한다.

　이 사건의 희생자는 약과대학 약학부를 졸업한 뒤 제약회사에 근무하며 약제사 면허를 취득한 인물로, 1990년 4월에 근무하던 제약회사를 퇴사한 뒤 아내 및 자녀와 함께 옴진리교로 출가해 1990년 여름부터 도쿄의 옴진리교 부속 병원에서 약제사로 근무하고 있었다. 그리고 1991년 가을쯤에 옴진리교에 입교해 옴진리교 교단 부속 병원에서 입원 치료를 받게 된 여성과 호의적인 관계를 맺는다. 이 여성의 아들은 1987년에 당시의 옴 신선회에 참가한 것을 계기로 몇 번이고 옴진리교로 출가한 뒤 환속을 반복했으며 최종적으로 1992년 봄에 옴진리교를 탈퇴한 인물이었다. 그는 본인이 신자였을 당시 난치병을 얻어 요양 중이던 자신의 어머니를 옴 진리교 부속 병원에 입원시켰으며, 그 뒤 이 환자는 옴진리교 부속 병원에서 기거하고 있었다. 옴진리교는 부속 병원 설립 당시부터 난치병을 치료할 수 있다와 같은 근거 없는 주장을 전개해 물의를 빚고 있었다.

　마쓰모토 치즈오는 이 약제사와 여성 환자의 사이가 가까워진 것을 알고 두 사람을 떨어뜨리기 위해 1993년 12월 말경에 환자를 후지산 부근의 교단 의무실로 옮긴다. 그 뒤 환자에게 투약 치료와 함께 헤드기어를 쓰고 머리에 수 볼트의 전류를 흘려 넣는 수행을 하게 한다. 이 '수행'은 마쓰모토 치즈오의 뇌파를 전류화한 것을 신자의 머리에 흘려 넣는다는 명목으로 옴진리교가 신자들에게 지시하곤 했던 수행 방법이었다.

　이 약제사는 교단의 이런 조치를 계기로 옴진리교에 대한 불신감을 키우게 된다. 게다가 자신이 호감을 갖고 있던 환자에게 머리에 전류를 흘려 넣는 식의 수행을 강요하자, 적절한 치료를 받지 못하고 있다는 의문을 품는다. 이 약제사는 이 환자를 교단 시설에서 구출해내 자신이 치료를 해주어야겠다고 결심한다. 결국 이 약제사는 1994년 1월 20일경에 교단 시설에서 빠져나와 24일까지 환자의 남편 및 아들과 만나 옴진리교 내부의 치료 상황을 알리고 환자를 교단 시설에서 구출하는 것을 도와달라고 부탁한다.

1994년 1월 30일 새벽 2시경, 이 약제사는 환자의 남편, 아들과 함께 승용차로 후지산 부근의 옴진리교 시설로 접근한다. 당시 후지산 부근의 옴진리교 시설군은 상당히 넓은 부지에 10개 이상의 건물이 들어선 거대한 규모의 종교 시설 및 거주 시설로 확대돼 있었다. 약제사는 환자의 남편을 차량에 대기시킨 뒤 아들과 함께 교단 시설 가운데 환자가 거주하는 의무실이 있는 건물에 침입해 환자 구출을 시도한다. 그러나 이들은 곧 옴진리교 신자들에게 발각된다. 미리 준비해간 최루 스프레이를 뿌리며 저항했으나 다투는 소리를 듣고 많은 신자가 모여들면서 결국 붙잡히고 만다.

마쓰모토 치즈오는 간부에게 이 사실을 보고받고 격노한다. 교단 의무실이 있는 시설, 즉 이들이 침입한 건물은 마쓰모토 치즈오의 주거 공간이 있는 곳으로 옴진리교 안에서는 신성한 장소로 분류되고 있었다. 마쓰모토 치즈오는 신자가 교단을 탈출한 뒤 다른 신자를 구출하기 위해 자신이 거주하는 건물에까지 침입했다는 사실에 분을 참지 못하고 사건을 일으킨 약제사를 살해하기로 결심한다. 간부에게 약제사와 환자의 아들을 다른 건물로 옮겨놓으라고 지시한 뒤 자신도 차량에 탑승해 그 건물로 향한다. 그리고 이 차량 안에서 "지금부터 처형을 하겠다"고 발언한 사실이 훗날 재판을 통해 확인됐다.

이 사건이 옴진리교의 각종 강력범죄 가운데서도 중요하게 여겨지는 것은 마쓰모토 치즈오 본인이 살해 현장에 있었던 것으로 알려진 유일한 사건이기 때문이다. 마쓰모토 치즈오는 자신의 손으로는 단 한 명도 살해하지 않았다. 10년 이상 소요된 마쓰모토 치즈오 개인에 관한 재판에서도 끝내 그가 살인을 직접 실행한 사건은 확인되지 않았던 것이다. 모든 사건은 간부와 신자들에게 지시를 내려 그들의 손을 더럽히는 방식으로 실행됐으며 본인은 사건의 직접적인 현장에 나타나는 경우도 드물었다. 그러나 이 사건만은 마쓰모토 치즈오의 지시로 마쓰모토 치즈오의 눈앞에서 살인이 자행된 것이다.

마쓰모토 치즈오는 명상실로 사용되는 방에 들어가 간부들과 회의를 한다. 이 자리에서 마쓰모토 치즈오는 "지금부터 포아를 하려고 하는데 어떻게 생각하나"라고 질문하자, 그 자리에 있던 간부들은 "포아할 수밖에 없습니다"고 화답하거나 "읍참마속"과 같은 표현을 쓰며 전원이 찬성의 뜻을 표한다.

간부들은 자신들이 정당한 일을 하고 있다고 생각했을지도 모른다. 혹은 옴진리교라는 신흥종교의 교리가, 마쓰모토 치즈오라는 한 집단 내부의 절대적인 권력자와의 상하관계가 이런 응답을 이끌어냈을지도 모른다.

그러나 그들은 옴진리교 신자나 마쓰모토 치즈오의 제자 이전에 일본 사회의 구성원이었고 인간이었다. 인간다운 행동을 할 기회가 주어졌음에도 이들은 그 기회를 돌아보지 않았던 것이다. 이 간단한 응답으로 이들은 이미 돌아올 수 없는 강을 건넜고, 이 말의 의미가 얼마나 무거운 것인지를 훗날 재판정에서 뼈저리게 통감하게 된다.

마쓰모토 치즈오는 우선 환자의 아들을 불러들여 상황을 설명하게 한다. 그 설명을 들은 마쓰모토 치즈오는 한 가지 방편을 떠올린다. 약제사가 아들에게 '악업'을 쌓게 했으니 아들에게 약제사를 살해하게 하면 '카르마를 청산'할 수 있다고 설명하면 교단 간부들도 납득시킬 수 있고 환자의 아들의 입막음도 동시에 할 수 있다고 생각한 것이다. 마쓰모토 치즈오는 약제사에 관한 갖은 악담으로 환자의 아들이 약제사를 의심하도록 한 뒤 "너는 그에게 그런 의도가 있는 줄도 모르고 그에게 속아 여기에 와서 진리에 반역하는 엄청난 악업을 저질렀다. 씻을 수 없을 정도로 무거운 카르마를 쌓았다. 틀림없이 지옥에 떨어질 것이다. 너는 집으로 돌려보낼 테니 안심해라. 그러나 조건이 있다. 그것은 네가 그를 살해하는 것이다. 할 수 없다면 너도 여기서 죽이겠다"라며 약제사 살해를 지시한다. 환자의 아들이 잠자코 있자 마쓰모토 치즈오는 다시 약제사가 악업을 쌓고 있다면서 '포아', 즉 살해를 해야 한다고 설득한다.

결국 환자의 아들은 자신의 어머니를 함께 구출하려온 사람을 살해해야 자신이 살아남을 수 있는 상황에 몰렸다. 그는 고민 끝에 약제사를 살해하기로 결심한다. 마지막으로 약제사가 방으로 끌려 들어온다. 마쓰모토 치즈오는 약제사가 저항할 때 최루 스프레이를 사용한 점을 지적하며 살해하기 전에 약제사에게도 최루 스프레이를 사용해야 한다고 주장한다. 약제사의 머리에 비닐 봉투를 씌우고 마쓰모토 치즈오의 지시를 받은 환자의 아들이 약제사의 얼굴을 향해 최루 스프레이를 분사하자, 약제사가 괴로워하며 저항하기 시작한다. 저항하는 약제사를 간부들이 억누른 사이 환자의 아들이 로프를 사용해 약제사의 목을 졸라 살해한다. 시신은 소각했으며 환자의 아들은 실제로 풀어줬다. 마쓰모토 치즈오는 환자의 아들에게 "앞으로는 다시 옴진리교에 입교해 매주 한 번 반드시 도장으로 와라. 네가 이번에 쌓은 카르마는 쉽게는 씻을 수 없는 것이니 열심히 수행해라"라고 말하고는 "너는 이 일을 모른다"라고 입막음을 한 뒤 돌려보낸 것으로 알려졌다.

근대 이후 일본의 강력범죄의 역사를 면밀하게 살펴봐도 사람의 심리를 이렇게까지 악용한 잔악한 범행 사례는 쉽게 찾아보기 어렵다. 옴진리교 사건은 화학무기를 사용한 테러 등이 특히 주목을 받았기에 교단 내부에서 벌어진 살인 사건들은 비교적 주목을 받을 일이 적었지만, 이 범행 하나만으로도 당시의 옴진리교가 얼마나 반사회적 집단이었는지를 증명하기에는 부족함이 없다. 이 사건의 전모가 밝혀진 뒤 일본의 재판소도 범행의 악랄함을 지적하며 관련자들을 엄하게 처벌했다. 사건에 관여한 교단 주요 간부들 중 상당수는 다른 강력범죄도 저질렀기에 일률적으로 판단하긴 어렵지만, 훗날 이 사건으로 4명이 사형을 선고받고 2명이 무기징역을 선고받는다. 직접 약제사를 살해한 환자의 아들은 자신이 살아남기 위한 선택이었다는 점이 고려돼 징역 3년, 집행유예 5년의 판결을 받는다.

과대망상과 피해망상의 격화 | 1994년 2월

1994년 1월 30일에 약제사 린치 살해 사건을 저지르고 약 2주 정도가 지난 뒤인 1994년 2월 중순에 옴진리교는 사린 30kg을 확보한다. 이 시기의 마쓰모토 치즈오는 옴진리교의 교세를 확장시킨 원동력이자 동시에 파멸의 원인을 제공한 두 가지 특성인 '과대망상'과 '피해망상'이 매우 심각해져 있었다.

1994년 2월 22일부터 며칠간 마쓰모토 치즈오는 교단 주요 간부와 출가신자 등 약 80명을 이끌고 중국을 여행한다. 마쓰모토 치즈오는 예전부터 자신의 전생은 중국을 종교적으로도 정치적으로도 통일한 명나라의 주원장이었다고 공언해왔다. 마쓰모토 치즈오는 이 여행은 자신의 전생을 되돌아보는 여행이라고 주장하며 주원장의 유적지 등을 순회했다. 그리고 이 여행 기간 동안 한 호텔에서 신자들을 한곳에 모아 설법을 한 자리에서 "1997년, 나는 일본의 왕이 된다. 2003년까지 세계의 대부분은 옴진리교의 세력에 들어온다. 진리의 적이 되는 자들은 가능한 빨리 죽여야 한다"고 밝힌다. 무력을 통해 국가 권력을 전복하고 일본에 옴진리교 국가를 건설한 뒤 자신은 그 국가의 왕이 될 것이라는 의도를 신자들 앞에서 천명한 것이다. 여기까지는 과대망상으로 분류할 수 있다.

문제는 그다음이었다. 마쓰모토 치즈오는 중국 여행을 마치고 일본으로 귀국한 직후인 1994년 2월 27일경에 도쿄의 교단 시설에서 중국 여행에 동행한 간부들에게 "나와 교단이 독가스 공격을 받고 있다. 이대로 있으면 살해당하게 되니 호텔로 피난하겠다"라고 주장한 뒤 실제로 도쿄의 한 호텔로 이동한다. 그러고는 함께 호텔로 이동한 간부들에게 "이대로 있으면 진리의 뿌리가 끊겨버린다. 도쿄에 사린 70톤을 살포하는 수밖에 없다"고 주장한다. 이어서 간부들에게 사린으로 파멸된 일본을 재건한 뒤 지배하려면 옴진리교가 살아남기 위해서라도 식량 상황 등을 조사해야 한다는 취지의 발언도 한다. 또한 사린 플랜트 설계 담당자를 호텔로 불러 설계를 서두르라고 지시한다.

"나와 교단이 독가스 공격을 받고 있다", "이대로 있으면 진리의 뿌리가 끊겨버린다"와 같은 발언은 옴진리교의 반사회적 범행과 테러를 내부적으로 지탱한 중요한 요소인 '피해망상'의 한 단면을 보여주는 사례이다. 이 시기의 마쓰모토 치즈오는 옴진리교가 일본의 수사기관의 적법한 수사를 받는 것을 그리스도가 약 2,000년 전에 탄압을 받은 것에 비유할 정도로 '탄압을 극복하고 승리하는 옴진리교'라는 서사구조에 심취해 있었다. 옴진리교가 예언에 등장하는 구세주의 집단이라는 서사가 완성되기 위해서는, 옴진리교는 우선 탄압과 박해를 받은 뒤 그것을 무력으로 극복해야 한다. 그 '탄압과 박해'를 상상해낸 결과 중 하나가 이 시기를 전후해 마쓰모토 치즈오가 반복해서 주장하는 '옴진리교에 대한 독가스 공격'이었던 것이다.

마쓰모토 치즈오는 1944년 3월 11일, 일반 신자를 대상으로 한 설법에서 일본의 국가기관이 옴진리교를 대상으로 신경가스를 살포해왔다고 주장하면서 "옴진리교는 이대로 있으면 존속하지 않을 가능성이 있다. 옴진리교가 존속하지 않게 되면 이 지구는, 그리고 이 일본은 완전한 파멸의 시기를 곧 맞이하게 될 것이다. 나의 제자들과 신도들은 이제 일어서야 한다. 여러분 주변의 어둠으로 가득 찬 많은 영혼을 진리로 끌어들여, 이 일본을, 이 지구를 지켜야 한다는 것을 엄중하게 이해해주길 바란다. 자, 여러분도 자기 자신의 윤회를 걸고 일어서주길 바란다"라고 강조한다. 마쓰모토 치즈오는 이날의 설법과 동일한 취지의 발언을 3월 한 달 동안 일본 전국 각지에서 반복한 것으로 알려져 있다. 3월 중순에는 오키나와의 한 호텔에서 간부들에게 "이제 앞으로는 테러밖에 남지 않았다"고 발언하기도 한다. 이미 마쓰모토 치즈오는 '과대망상'과 '피해망상'이라는 두 개의 망상을 원동력으로 삼아 옴진리교 교단을 국가 전복을 위한 테러로 끊임없이 몰아가고 있었다.

다키모토 다로 변호사 사린 습격 사건 | 1994년 5월 9일

다키모토 다로 변호사는 사카모토 쓰쓰미 변호사 일가가 '실종'된 1989년 11월에 옴진리교 피해 대책 변호단에 들어간 인물로, 1990년부터 옴진리교의 활동으로 피해를 입은 사람들을 보호하기 위해 적극적으로 활동하기 시작한다. 특히 후지산 부근의 옴진리교 교단 시설과 관련된 분쟁을 담당하게 되면서 옴진리교를 상대로 한 민사소송 등의 대리인이 되기도 했다.

다키모토 다로 변호사의 활동 가운데 특히 주목할 만한 지점은 신자들의 옴진리교 탈퇴 지원이다. 그는 1993년 7월경부터 옴진리교 신자의 가족들의 의뢰를 받아 재가신자의 출가를 막고 옴진리교를 탈퇴하도록 유도하는 카운슬링 활동을 펼친다. 1994년 5월까지 12명가량의 신자가 그의 카운슬링을 받았고 이들 거의 전원이 옴진리교를 탈퇴했다. 특히 다키모토 다로 변호사는 이 카운슬링에서 옴진리교 교단의 실태와 교리의 모순점을 지적한 뒤 자신의 '공중부양' 사진을 보여준 것으로 잘 알려져 있다. 1985년 마쓰모토 치즈오가 세간의 주목을 받은 계기가 된 '공중부양' 사진을 거의 동일하게 연출한 사진으로, 다키모토 다로 변호사는 본인이 가부좌를 틀고 공중에 점프한 순간을 사진으로 촬영해 신자들에게 보여주며 마쓰모토 치즈오의 공중부양이나 최종해탈과 같은 주장이 사실이 아님을 알리려고 노력했다. 2017년 현재는 공중부양 사진은 인터넷 검색으로 얼마든지 얻을 수 있고 많은 여행자들이 유명한 관광지에서 한 번은 찍어보는 흔한 연출 사진이 되었지만, 1994년 당시에는 변호사가 직접 이런 사진을 촬영해 신흥종교 신자들에게 보여주는 것만으로도 그들의 믿음에 금이 가도록 할 수 있었던 것이다. 다키모토 다로 변호사는 옴진리교 탈퇴를 결심한 신자들의 대리인이 돼 교단을 상대로 상세한 탈퇴 통지서를 내용증명우편으로 송부하거나 그동안 신자들이 교단에 지불한 금액 중 일부의 반환을 청구하기도 했다.

1994년 5월 초순, 마쓰모토 치즈오는 다키모토 다로 변호사를 살해하기로 결심한다. 옴진리교는 당시 출가신자 3만 명 달성을 목표로 신자 확보에 열을 올리고 있었던 만큼 재가신자의 출가를 저지하고 심지어 옴진리교의 탈퇴까지 지원하는 다키모토 다로 변호사의 활동은 간과하기 힘들었을 것이다. 마쓰모토 치즈오의 '공중부양' 사진을 그가 정면으로 반박한 점도 옴진리교 교단의 증오를 사는 데 영향을 미쳤던 것으로 보인다.

마쓰모토 치즈오는 1994년 5월 7일에 교단 주요 간부들에게 다키모토 다로 변호사의 살해를 지시한다. 옴진리교 측은 이미 그가 이틀 뒤인 1994년 5월 9일에 옴진리교를 상대로 한 재판에 상대측 변호사로 출정하기 위해 재판소로 올 예정이며 항상 자신의 승용차를 운전해 재판소로 온다는 사실을 파악하고 있었다. 마쓰모토 치즈오는 다키모토 다로 변호사의 차량에 사린을 살포하는 방법으로 습격할 것을 지시한다.

이 사건은 옴진리교가 사린가스라는 화학무기를 운용하는 과정에서 '경험'이 축적되었음을 보여줬다는 점에서 주목할 만한 사건이었다. 차량 외부에 사린을 뿌리면 운전 중인 차량 내부로 사린이 유입된다는 사실은 다름 아닌 옴진리교 교단 자신들이 창가학회 명예회장 습격 미수 사건에서 간부 한 명의 생명을 위험에 빠트리며 체득한 지식이었다. 그리고 이 지식을 고작 반년 뒤에 제거 대상을 습격할 때 응용한 것이다.

막대한 인원이 오랜 기간 꾸준하게 훈련을 반복하고 방대한 규모의 예산을 지원받는 각 국가의 정규군도 새로운 무기 체계를 도입해 안정적으로 운용하기 위해서는 일정 기간의 연구와 훈련이 필요하다. 옴진리교는 거듭되는 테러와 테러 미수 사건으로 사린을 '운용'하기 위한 경험을 조금씩 쌓아가고 있었던 것이다.

마쓰모토 치즈오는 테러에 앞서 사린 대신 암모니아를 사용해 실제로 일반 승용차 외부에 액체를 떨어뜨려 기화시키면 공기 순환 기관을 통해 차량 내부로 흘러 들어가는지 실험해볼 것을 지시했다. 간부들은 다키모토 다로 변호사의 차량과 동일한 기종의 차량을 입수해 실제로 후지산 부근의 옴진리교 시설에서 암모니아를 사용한 실험에 성공한다. 또한 습격 실행범들은 미리 재판소의 주차장 주변을 답사하기도 한다.

습격 계획을 짠 간부들은 옴진리교가 동원할 수 있는 모든 자원을 매우 효율적으로 활용했다. 교단 소속 의사를 범행 장소가 된 지방재판소 인근에 대기시켰고 실행범들에게는 범행 2시간 전에 복용할 예방약과 사린에 중독됐을 경우 사용할 치료제를 지급했다. 주차장에 주차된 차에 다가가 자연스럽게 사린을 뿌리기 위해 실제 자동차와 물을 사용해 살포 연습도 했고 실행범들을 범행 현장으로 이송하기 위해 두 대의 차량이 동원됐다. 이 두 대의 차량은 의심을 받지 않기 위해 범행 장소와 가까운 지역의 번호판이 부착된 차량을 선발했는데 두 대 모두 옴진리교에 입교한 신자들이 '전 재산'을 교단에 기부하는 과정에서 함께 기부한 차량들이었다. 본인이 종교단체에 기부한 차량이 살인 미수 사건에 악용되리라고 예상한 신자는 아마도 없었을 테지만, 누차 얘기하듯 때론 현실은 소설보다 기이한 것이었다.

1994년 5월 9일 오후 1시 15분경, 마쓰모토 치즈오의 지시를 받은 실행범들이 다키모토 다로 변호사의 차량에 사린을 살포한다. 이때 사용한 사린은 당시 옴진리교가 보유하고 있던 푸른색을 띤 사린이 포함된 용액 가운데 30~40cc였다. 다키모토 다로 변호사는 재판을 마치고 오후 1시 30분경에 주차장으로 돌아와 자신의 차량에 탑승해 운전을 시작했으며 운전 도중 사린 중독 증상을 보이기 시작한다. 운전 중이었던 만큼 사린 중독으로 인한 사망뿐만 아니라 일시적인 운동능력 저하로 교통사고의 위험까지도 있었다. 그러나 다키모토 다로 변호사는 다행히도 외부의 공기가 차량 내부로 들어오지 않도록 설정해둔 덕에 사린 유입량이 적어 상해를 입는 정도에 그쳤으며 자신이 사린 습격을 받았다는 사실조차 오랫동안 인지하지 못한다. 훗날 옴진리교의 여러 강력범죄가 드러나는 과정에서 이 사건도 발각돼 수사가 진행됐으며 다키모토 다로 변호사의 차량에서 사린 부생성물이 검출되면서 사건의 전모가 밝혀진다.

자동소총 제조 사건 | 1994년 6월

마쓰모토 치즈오는 1993년 2월 초순부터 대량 살상 무기뿐만 아니라 일반적인 무기를 생산하는 것에도 관심을 보였으며 관련 정보를 습득하기 위해 옴진리교 러시아 지부를 발판으로 삼아 러시아를 적극적으로 활용할 것을 지시했다.

당시 러시아는 소련 붕괴라는 역사적 격동기를 관통하고 있었다. 많은 러시아인들이 의지할 사상도 삶의 규범도 잃고 정신적으로 표류하고 있었으며, 그런 러시아인 가운데서도 특히 청년층 일부에게 일본에서 건너온 새로운 종교인 옴진리교는 큰 인기를 끌었다. 불교 등 인도를 발상지로 삼는 종교에 기반을 두고 있으며 현세의 고통과 죽음에 대한 공포를 집요하게 자극하는 옴진리교의 교리는 문화권이 다른 러시아의 청년들에게 매우 신선하고 또 호소력 있는 이야기로 들렸던 것이다. 한때 러시아에는 일본보다 많은 수의 옴진리교 신자가 있었던 것으로 알려져 있다.

옴진리교는 또한 교단의 자금력을 적극적으로 활용해 러시아 고위층과도 긴밀한 관계를 맺는다. 이를 바탕으로 교단 간부들이 러시아의 군사시설을 견학하거나 대학이나 연구소 등지에서 무기에 관한 강연을 듣기도 한다. 그리고 1993년 2월 11일부터 28일 사이에 러시아를 방문한 옴진리교 간부 중 일부는 AK-74 자동소총 한 정을 입수한 뒤 분해해서 한눈에도 총의 부품으로 보이는 것을 제외한 일부 부품과 총탄 10발가량을 일본으로 가져오는 데 성공한다. 이후 옴진리교 내부에서 AK-74를 모방한 자동소총을 제작하기 위한 연구가 시작된다.

마쓰모토 치즈오는 그 뒤 1994년 2월에 지바 시의 한 호텔에서 간부들을 모아 "AK-74 1,000자루를 1, 2개월 안에 만들 수 없는가?"라며 자동소총 제작을 서두를 것을 지시한다. 물론 이는 당시 옴진리교의 기술력을 훨씬 뛰어넘은 지시였고, 다시 말해 마쓰모토 치즈오가 과대망상으로 인해 허황된 지시를 내렸거나 옴진리교의 자동소총 개발 상황을 정확하게 파악하지 못하고 있었다는 의미이기도 하다. 이후 마쓰모토 치즈오는 좀 더 진지하게 자동소총 개발에 관여하기 시작하고, 1994년 3월부터 주기적으로 자동소총 제작에 관여하는 신자를 불러 진척 상황을 파악해 세부적인 지시를 내리기도 한다. 1994년 4월에는 "무조건 서둘러 한 정을 만들어라"며 수천만 엔에 달하는 장비까지 조달해주기도 했다.

결국 옴진리교는 1994년 6월 하순부터 1995년 3월 21일까지 실제로 후지산 인근의 교단 시설에서 자동소총 제조를 본격적으로 시도한다. 1994년 12월 하순에서 1995년 1월 1일 사이에 완성품 소총 한 정을 만들어내는 등 일정한 성과를 거두기도 하나, 당초 목표로 삼았던 1,000정 단위의 소총을 제작해 교단이 무장을 갖추는 데는 실패한다. 지하철 사린 사건 이후 옴진리교 교단 시설이 일제히 강제수사를 받으면서 소총 제조 계획도 미완성 단계에서 발각됐기 때문이다.

개인화기인 자동소총은 화학무기나 생물무기와 같이 일방적인 대량살상을 목적으로 사용하기는 힘든 무기다. 그러나 만약 옴진리교가 실제로 네 자릿수의 신자를 소총으로 무장시켜 일종의 봉기를 일으켰다면 일본 사회가 겪는 피해는 실로 막심했을 것이다. 한편으로는 인구 밀집 지역에 살포하는 것만으로도 목표를 타격할 수 있는 화학무기나 생물무기와는 달리 자동소총은 사용자의 사격술 훈련이 필요한 무기이기도 하다. 마쓰모토 치즈오는 1994년 4월 6일경에 신자 약 10명을 러시아로 보내 며칠 동안 군사 시설에서 자동소총을 사용한 사격 훈련을 받도록 지시한다.

이 '러시아 군사 훈련'에 관해서는 몇 가지 후일담이 있다. 우선 마쓰모토 치즈오 본인이 이들의 훈련 영상을 보고 격노한 것으로 알려져 있다. '훈련'에서 돌아온 신자들의 태도와 훈련 영상에서 훈련에 대한 열의가 느껴지지 않았다는 것이 이유였다. 러시아 현지에서 훈련을 참관한 옴진리교의 한 주요 간부도 이것은 훈련이라기보다는 외국인을 대상으로 한 사격 체험 투어에 가까웠다고 주장했을 정도다. 만약 마쓰모토 치즈오가 원했던 모습이 아마겟돈을 대비해 전쟁 영화에나 나올 법한 강렬한 눈빛과 불굴의 전의로 온 몸을 던져 군사훈련을 받는 신자들이 찍힌 훈련 영상이었다면, 이 영상에 크게 분노하고 신자들을 질타했을 법도 하다.

마쓰모토 치즈오의 분노는 한 가지 중요한 정보를 전달해준다. 인류 최종 전쟁(아마겟돈)이 곧 다가올 것이며 옴진리교는 이 전쟁에서 무력으로 승리할 것이라는 교주의 망상이 정작 그 '전쟁'을 수행해야 할 일선 신자들에게는 제대로 침투하지 않았다는 것이다. 교단이 고르고 골라 러시아로 군사 훈련까지 보낸 신자들의 태도가 이 수준이었다는 것은 교단 내부의 주요 간부와 일선 신자 사이에 적어도 무장투쟁에 관해서는 온도차가 있었음을 추정할 수 있게 한다. 결국 마쓰모토 치즈오는 자신과 망상을 공유하는 주요 간부 및 일부 열성 신자를 중심으로 소수의 인원만을 동원한 테러를 반복했고, 이런 소수의 인원만을 투입하는 테러 방식은 지하철 사린 사건까지 이어진다.

마쓰모토 사린 사건 | 1994년 6월 27일

1994년 6월 26일 밤, 도쿄에 위치한 옴진리교 교단이 운영하는 음식점에서 성청제 출범식이 개최된다. 옴진리교 교단 내부에 일본의 정부 구조를 모방한 외무성, 자치성, 방위청 등의 성청을 설치하고 대신(장관에 해당)과 차관 등을 임명한 이 출범식은 옴진리교의 과대망상을 가장 극명하게 보여준 자리이기도 했다. 100명 정도의 교단 내 대신과 차관이 한자리에 모여 마쓰모토 치즈오에게 결의를 표명하는 모습은 옴진리교를 객관적으로 바라보는 사람들에게는 실소를 금하기 어려운 광경이었겠지만, 당사자들은 상당히 진지하게 이 출범식에 임했던 것으로 보인다. 출범식은 다음날인 6월 27일 새벽까지 이어진다.

6월 27일 아침, 성청제 출범식에 참석했던 간부 중 5명이 후지산 부근의 옴진리교 교단 시설로 복귀한다. 일본 정부를 전복하고 자신들의 국가를 세우기를 희망하는 신흥종교가 도쿄의 음식점에서 대신과 차관을 임명했다는 것은 기괴하긴 하지만 그 자체로는 웃어넘길 수도 있는 일이었다. 또한 간부 중 5명이 교단의 총본부에 해당하는 시설로 돌아간 것도 일견 통상적인 교단 내부의 움직임으로 보였다.

그러나 후지산 부근의 교단 시설에서 대기하고 있던 간부 및 신자 두 명과 합류해 총 7명으로 늘어난 실행범들이 승합차와 사린 분무 장치가 설치된 트럭 등 총 2대의 차량에 나눠 탑승하고 나가노 현 마쓰모토 시로 출발하면서 이들의 행동은 상식과 관용의 범주를 완전히 넘어서게 된다. 총 8명의 사망자와 약 660명의 중경상자를 낸 마쓰모토 사린 사건은 이렇게 시작됐다.

나가노 현 마쓰모토 시는 현재 인구 약 24만 명 규모의 오랜 역사를 지닌 유서 깊은 도시이자 마쓰모토 성 등으로 유명한 관광지이기도 하다. 이 도시가 전쟁 중이 아닌 평상시에 민간인을 대상으로 사린가스를 살포해 다수의 인명을 살상하는 사상 최초의 테러 공격의 대상이 된 것은, 옴진리교의 다른 강력범죄가 대부분 그러하듯 지극히 사소한 대립이 계기가 됐다.

옴진리교와 마쓰모토 시의 대립은 3년 전으로 거슬러 올라간다. 1991년 6월 18일, 옴진리교는 마쓰모토 시로 진출하기 위해 우선 토지를 입수하는 계약을 맺는다. 315㎡ 규모의 부지를 임대차 계약으로 빌리고 492㎡ 규모의 부지는 매입해 총 807㎡의 땅을 확보한 뒤, 이곳에 옴진리교 마쓰모토 지부 도장과 교단이 운영하는 식품공장을 설립한다는 계획이었다. 그러나 계약 과정에서 옴진리교가 직접 토지를 확보하는 것은 힘들 것으로 판단해 교단 관련 회사 명의를 사용하는 등의 편법을 쓴 것이 화근이 됐다.

옴진리교의 진출 소식을 알게 된 지역 주민들은 대대적인 반대 운동을 벌인다. 당시 이미 옴진리교는 미성년자 신자의 취학 문제나 국토이용계획법 위반 사건 등으로 사회적으로 빈축을 사고 있었기에 주민들 입장에선 당연한 반응이었다. 결국 옴진리교가 진출하려 한 땅을 빌려준 지주가 임대차 계약 당시 옴진리교가 교단 진출 의도를 숨기고 계약을 맺은 것을 문제 삼아 10월 19일에 계약 취소를 통보한다.

양측의 대립은 1991년 12월 초순에 서로가 나가노 지방재판소 마쓰모토 지부에서 재판을 일으키면서 소송전의 형태로 발전한다. 1992년 1월 17일, 마쓰모토 지부가 지주의 손을 들어주면서 옴진리교는 임대차 계약을 통해 확보했던 땅을 사용할 수 없게 된다. 옴진리교는 결국 당초의 계획을 수정해 매입한 땅만을 사용해 교단의 도장을 건축하기로 결정한다.

1992년 4월 3일, 지주는 마쓰모토 지부를 상대로 옴진리교와 체결한 계약 가운데 토지의 임대차 계약뿐만 아니라 매매 계약도 취소한다고 주장하며 부지 위에 건물을 건설해서는 안 된다는 가처분 명령을 신청한다. 그러나 마쓰모토 지부는 5월 20일에 이번에는 옴진리교의 손을 들어줘 지주의 가처분 명령 신청을 각하했고, 지주는 5월 27일에 옴진리교를 상대로 토지 판매 취소를 주장하며 소송을 제기한다.

이 시점까지의 소송전은 양측의 1승 1패로 무승부에 가까웠다. 나가노 지방재판소 마쓰모토 지부는 옴진리교의 여러 활동이 사회적으로 물의를 일으키고 있는 점을 감안해 지주와 지역 주민들의 우려에도 일리가 있다고 판단한 듯 보이지만 매매 계약에 관한 판단에서 볼 수 있듯 옴진리교 교단의 권리를 일방적으로 무시하거나 경시한 것도 아니었다.

그러나 피해망상과 과대망상이라는 두 개의 바퀴 위에 올라타 파멸을 향해 끊임없이 질주하던 당시의 옴진리교는 이런 상황조차도 납득할 수 없을 만큼 정신적으로 피폐해져 있었다. 1992년 12월 18일, 소송이 진행 중인 가운데 완성된 옴진리교 마쓰모토 지부의 개설식에서 옴진리교 교주 마쓰모토 치즈오는 결과적으로 지부 건물의 규모를 축소시킨 지주, 옴진리교 반대파 지역 주민, 그리고 나가노 지방재판소 마쓰모토 지부에 대한 반감을 드러내는 설법을 한다.

"현대는 그야말로 세기말이다. 세기말이라는 말의 의미는 1990년대를 맞이했다는 의미가 아니다. 예를 들어 노스트라다무스의 예언시 가운데 이런 시가 있다. '사법관이 타락하고 종교가가 타락한다.' 이 '사법관이 타락하고'라는 것은 예를 들어 재판이 옳거나 그르다는 것을 제대로 판정할 수 없게 되고 사회에 영합해 강한 자에게 굴종하는 시대, 그와 동시에 종교가 원래 갖고 있는 종교의 특성인 사람들을 진정한 고뇌에서 해방시킨다는 역할을 달성하지 못한다는 의미이다. 실로 현대가 그런 시대이다. 그리고 이것은 지금이 그 시대이며 그리고 그 성취는 무엇을 의미하느냐면 우리들의 가까운 미래에 거대한 심판이 다가올 것을 예언하고 있다. 이 마쓰모토 도장은 처음에는 이 도장의 약 3배 정도의 크기로 만들 예정이었다. 그러나 지주, 그리고 이와 관련된 부동산 회사, 그리고 재판소가 한편이 되어 아무렇지 않게 거짓말을 했고, 그 때문에 지금 크기의 도장이 완성됐다. 또한 물도 마찬가지여서 마쓰모토 시는 이 마쓰모토 도장에 상수도, 즉 마시는 물을 끌어오는 것도 허가하지 않았고 또한 하수도도 사회적인 압력에 굴복해 겨우 설치를 눈감아줬으나 사실은 통상적으로 허가를 한 것은 아니다. 그러나 이런 현상은 다른 관점에서 보면 정말로 감사한 일이다. 왜냐하면 예를 들어 어떤 화학반응을 일으킬 때 그 화학반응을 일으키는 경우에는 두 가지 조건이 필요하다. 하나는 열이고 또 하나는 압력이다. 또한 외적인 조건으로는 촉매라고 하는 것이 필요하다. 이 세 가지를 각각 검토하면 우선 촉매는 구루 또는 진리의 가르침이라는 것이 그 역할을 하고, 열은 그 안에서 생활하고 있는, 즉 진리를 실천하고 있는 사람들이 크게 공덕을 쌓는 것, 그리고 외적 압력이라고 하는 것은 말할 필요도 없이 사회의 부당한 압력이다. 이 압력, 열, 촉매라는 세 가지 힘으로 통상적으로는 상상할 수 없는 화학반응이 일어나 새로운 물질이 생성된다. 실로 이것은 우리들이 이 타락한 인간 사회를 떠나고, 탈출하고, 해탈하고, 깨달음을 얻는 과정이다. 그런 의미에서 이 사회적인 압력이라는 것은 수행자의 눈으로 보면 매우 감사한 것이라고 할 수 있다. 그러나 이것은 수행자의 눈으로 본 내용일 뿐이며 이것을 만약 반대로 그 압력을 가하고 있는 쪽에서 볼 경우, 어떤 현상이 일어날지를 생각하면 나는 공포로 몸이 움츠러들 지경이다."

315㎡ 규모의 토지의 임대차 계약이 취소된 것에 앙심을 품은 결과로 나온 발언이라고는 믿기 어려울 만큼 과격하고 황당하다. 그러나 옴진리교는 바로 그 황당할 정도로 과격한 폭력성을 뒷받침할 교리를 이미 교단 내부에서 공고히 다지고 있었다. 옴진리교의 계획을 방해하는 세력은 옴진리교의 공격을 받는다. 그 공격을 내부적으로 정당화할 교리는 얼마든지 있다. 상황이 여기까지 오면 남은 것은 공격 시기가 언제냐는 문제뿐이다.

또한 이 설법은 옴진리교가 '예언'이란 개념을 어떻게 악용했는지를 보여주는 중요한 사례이기도 하다. 옴진리교는 아마겟돈의 도래를 예언했지만 사실은 아마겟돈이 언젠가 발생하는 것이 아니라 자신들이 아마겟돈을 일으켜 직접 그 예언을 실행하려 했다. 마쓰모토 시에 큰 환란이 닥친다는 예언을 했으니, 자신들이 실제로 환란을 일으키면 예언은 성사되는 것이다.

1994년 5월 10일, 나가노 지방재판소 마쓰모토 지부는 재판 심리를 종결하고 7월 19일에 판결을 내리기로 결정한다. 옴진리교 교단 변호사는 마쓰모토 치즈오에게 재판 경과를 설명하면서 이 재판에서 교단이 반드시 승리한다고 장담할 수는 없다고 보고한다.

마쓰모토 치즈오는 재판 상황에 대한 보고를 받고 1994년 6월경에 교단 주요 간부와 상의한 끝에 마쓰모토 지부를 사린가스로 공격하기로 결심한다. 당시 옴진리교는 도쿄에 70톤의 사린을 뿌려 수도를 붕괴시키고 국가 권력을 전복해 일본을 옴진리교 국가로 만들고 마쓰모토 치즈오가 왕으로 즉위한다는 생각을 이미 구체화하고 있었다. 이를 위해서는 옴진리교가 만들어낸 사린의 살상력을 확인하고, 분무 장치를 통한 분무가 효과가 있는지를 확인하며, 또한 사린 공격을 실행하는 옴진리교 신자들을 보호할 보호장비와 치료약 등의 성능도 확인해야 했다. 옴진리교는 이미 몇 번의 사린 공격을 통해 시행착오를 겪으며 이러한 사항에 대한 경험을 조금씩 쌓아왔으나 아직 사린을 사용해 실제로 인명을 살상하는 수준의 테러에는 성공하지 못한 상태였다. 마쓰모토 치즈오는 교단의 계획을 축소시키고 방해했다는 이유로 지역 주민과 지주와 마쓰모토 지부의 재판관들을 사린의 공격력을 측정하는 실험 대상으로 삼기로 결정한 것이다.

6월 20일, 마쓰모토 치즈오는 교단 주요 간부 세 명에게 "옴진리교 재판을 하고 있는 마쓰모토의 재판소에 사린을 뿌려 사린이 실제로 효과가 있는지 확인해봐라"라고 지시한다. 간부들은 즉시 2톤 트럭을 개조해 사린 분무 장치가 설치된 트럭 제조에 돌입했다. 또한 실행범들을 보호하기 위한 방독면과 같은 보호장비를 마련해 미리 성능을 시험하고 사린 중독 예방약, 치료제 등을 조달하기 시작했다.

6월 25일, 옴진리교는 나가노 지방재판소 마쓰모토 지부 주변의 사전 답사를 완료하고 세부적인 살포 계획도 마련한다. 여기에는 옴진리교가 당시 보유하고 있던 푸른색을 띤 사린이 범행에 사용된다.

1994년 6월 27일, 실행범 7명이 나눠 탑승한 승합차와 사린 분무 장치가 설치된 트럭이 마쓰모토 시에 도착한다. 원래 이들은 낮 시간에 마쓰모토 지부 앞에서 사린을 살포할 생각이었으나 출발이 늦어지면서 마쓰모토 시에 접근했을 시각에는 이미 재판소는 문을 닫은 상태였다. 실행범들은 밤 시간대에 재판관 숙사를 노려 사린을 살포하기로 계획을 변경하고 공중전화를 통해 마쓰모토 치즈오의 허가를 받은 뒤 재판관 숙사에서 조금 떨어진 한적한 주택가의 주차장으로 이동한다. 이날 오후 10시에서 11시 사이의 마쓰모토 시의 기온은 약 20~21℃, 비는 내리지 않았으며 상대 습도는 90%, 풍속 3.2㎧ 또는 0.5㎧의 북서풍 혹은 남서풍이 불고 있었다.

오후 10시 30분경, 이미 예방약을 복용했고 방독 산소마스크도 착용한 7명의 실행범들이 사린을 분무하기 시작했다. 당초 옴진리교는 사린 분무 도중에 실행범들이 경비원 등에게 발각되면 물리력으로 이들을 제압할 목적으로 비교적 많은 인원을 동원한 것이었으나 사건 당일 이들의 범행을 눈치챈 사람은 없었다. 분무된 사린은 바람을 타고 이동하면서 주차장 주변의 공동주택 실내 등으로 스며들었다. 곧이어 하루 일과를 끝내고 자신의 집에서 편안하게 쉬고 있던 사람들이 하나둘 쓰러지기 시작한다.

사린이 분무된 주차장 인근 공동주택 실내에 있던 19세, 26세, 29세, 35세, 53세의 희생자 5명이 6월 28일 심야 0시 15분경에 각각 사린을 흡입한 장소에서 사망한다. 45세의 희생자가 병원으로 이송됐으나 2시 19분경에 사망했고, 23세의 희생자 역시 병원으로 이송됐으나 4시 20분경에 사망한다. 사린 분무 이후 약 6시간 안에 7명이 사망한 것이다. 이외에 약 660명이 중경상을 입었으며, 사건 발생 이후 14년이 지난 2008년 8월 5일에 사건 이후 의식을 회복하지 못하고 있던 중상자 1명이 사망하면서 현재까지 마쓰모토 사린 사건으로 인한 사망자는 모두 8명으로 늘어났다.

피해 상황이 파악된 이후 한동안 이 사건은 '마쓰모토 7명 독가스 의문 사 사건' 등의 명칭으로 언론을 통해 보도되기 시작한다. 일본의 경찰도 언론도 이 사건의 전모를 제대로 파악하지 못하고 있었다는 의미였지만, 이는 경찰이나 언론이 무능했다기보다는 옴진리교의 범행이 지나치게 상 식 밖이었던 결과라고 할 수 있을 것이다.

진짜 문제는 사건 직후에 발생한다. 일본 경찰은 이 사건을 최초로 신고 한 남성의 집을 사건 발생 다음날인 6월 28일에 압수수색한다. 그리고 공 교롭게도 이 남성의 집에서 농약류와 같은 약품이 발견되면서 경찰은 다 른 결정적인 증거도 없이 첫 신고자가 사건에 관여했을 가능성을 의심하 기 시작한 것이다. 이 수사 내용은 언론에 유출됐고 곧이어 각 언론이 자 극적으로 수사 진행 상황을 전하면서 순식간에 첫 신고자를 범인으로 취 급하는 보도가 일본 전국을 뒤덮는다. 정작 경찰은 지극히 당연하게도 추 가적인 증거 확보에 실패했고, 첫 신고자는 지속적으로 경찰의 수사를 받 았지만 체포조차 되지 않았다. 이렇게 무고한 시민에게 혐의만 씌운 채 속 절없이 시간이 흘러가고 있었다.

사건 발생 이후 며칠이 지나서야 각 기관의 조사를 통해 사건에 사용된 독가스의 정체가 사린이었다는 사실이 밝혀진다. 그러나 당시 일본 사회 는 사린이란 물질에 대한 정보나 지식이 압도적으로 부족했다. 소수의 전 문가들은 사린에 대한 지식을 갖고 있었지만 이런 지식이 일선 수사기관 이나 언론에 전달되는 과정에서 오해가 발생하기도 한다. 대표적인 사례 가 사린은 누구나 쉽게 만들 수 있는 물질이라는 오해였다. 핵무기를 비교 대상으로 삼는다면 간단하게 제조할 수 있는 물질이긴 하나 사린도 엄연히 화학무기의 일종이다. 사린을 제조하려면 옴진리교가 구축했던 것과 같은 밀폐된 특수 공간이 있어야 하고 원료 또한 개인이 쉽게 구할 수 있는 것은 아니었다. 그러나 이런 오해가 쌓이고 쌓이면서 수사 방향에 지속적으로 혼선을 주게 되고 결국 마쓰모토 사린 사건의 전모는 지하철 사린 사건 이후 옴진리교가 일망타진된 뒤에야 겨우 밝혀지게 된다.

마쓰모토 사린 사건의 전모가 뒤늦게 밝혀졌다는 것은 무고하게 혐의를 받고 있던 첫 신고자에 대한 사회의 의심이 풀린 것도 그즈음이었다는 말이 된다. 이 첫 신고자는 본인도 사린 살포로 피해를 입은 피해자였으며 2008년에 결국 의식을 회복하지 못하고 8번째 희생자가 된 여성은 이 첫 신고자의 아내였다. 무고한 시민, 게다가 본인과 가족도 피해자인 시민에게 수개월 동안 집요하게 혐의를 씌우고 있었다는 사실은 일본 경찰과 언론에게는 치명적인 오점으로 남는다. 아직도 일본 언론은 이 사건에 대한 추가적인 보도를 할 때 언론사의 반성이 필요하다는 말을 잊지 않을 정도다.

마쓰모토 사린 사건과 관련해서는 아직까지도 해결되지 않은 의문점이 하나 남아 있다. 1994년 9월부터 일본 언론과 경찰 관계자 등에게 투서되기 시작한 의문의 괴문서, '마쓰모토 사린 사건에 관한 한 고찰'이라는 문서를 작성한 것이 누구냐는 의문이다.

여느 사회와 마찬가지로 일본 사회에도 '괴문서'로 분류되는 익명의 투서는 늘 존재한다. 대다수의 수사 기관과 언론은 이런 괴문서를 처리하는 자체적인 절차를 갖고 있기 마련이고, 대부분의 괴문서는 별다른 주목을 받지 못하고 사라져간다.

그러나 '마쓰모토 사린 사건에 관한 한 고찰'이란 괴문서는 여러모로 특이했다. 우선 이 문서는 "사린 사건은, 옴진리교다"라는 문장으로 시작한다. 1994년 9월 시점에서 진범을 파악하고 있었거나 최소한 진범이 누구인지 정확하게 추정하고 있었던 것이다. 또한 이 괴문서는 두 번의 내용 보강을 거쳐 완성되는데, 1995년 초에 유포된 첫 번째 추신에서 사린이 지하철에서 사용될 가능성을 지적한다. 그 추신의 내용은 다음과 같았다.

"어쨌든 간에 마쓰모토 케이스가 어떤 실험적인 요소를 갖고 있다는 점은 부정할 수 없다. 개방된 공간, 오픈 스페이스에서의 결과가 7명 사망, 중경상자 200명 이상. 만약 이것이 닫힌 공간, 클로즈드 스페이스, 예를 들어 만원의 지하철이나 야구 경기가 벌어지고 있는 도쿄돔 등에서 사린이 방출된다면 그 결과가 눈 뜨고 보기 힘든 참상이 되리라는 것은 쉽게 상상할 수 있다."

훗날 한 출판사가 지하철 사린 사건 이후 출간한 괴문서 '마쓰모토 사린 사건에 관한 한 고찰'이 실린 책

이 괴문서가 나돌고 얼마 지나지 않아 지하철 사린 사건이 발생했다는 사실을 생각하면 문서 작성자의 정체를

일본 사회가 궁금해하는 것은 당연한 일이다. 그러나 사건 발생 20년 이상이 지난 지금까지도 이 괴문서의 작성자는 밝혀지지 않았고 지하철 사린 사건 이후 일부 언론이 괴문서 전문을 공개한 뒤부터는 작성자의 정체에 대한 여러 추측만이 여전히 난무하고 있다.

현역 신자 고문 살해 사건 | 1994년 7월 10일

사회 전체를 적으로 돌리고 있는 반사회적 집단은 조직 내부의 질서를 유지하거나 기강을 세운다는 명목으로 내부의 희생자를 선정해 잔악한 범죄를 저지르는 경우가 종종 있다. 이런 유형의 범죄는 주로 스파이 색출이나 조직원의 충성도 확인 등의 구실로 자행되기 마련이다. 집단 외부, 즉 사회를 향해 미처 다 표출하지 못한 폭력성이 내부 구성원에 대해서는 이렇다 할 제어 수단 없이 드러나기 때문에 범행 내용도 지극히 잔혹한 경우가 많다. 폭력 조직을 미화하는 창작물의 영향으로 폭력 조직 등에 대한 환상을 품는 청소년 세대가 등장했을 때 현실을 알고 있는 어른 세대가 가장 먼저 건네는 조언 중 하나도 "폭력 조직의 폭력성이 외부로만 향하리라 생각하는 건 큰 착각이다"라는 것이다. 폭력은 내부의 약자를 향할 때 가장 잔인해진다. 옴진리교도 예외는 아니었다.

옴진리교는 1990년 이후 지속적으로 교단 내부에서 화학무기 및 생물무기 개발을 위한 실험을 하거나 실제로 이들 무기를 제조하고 있었다. 그리고 이 과정에서 교단 시설 등이 조금씩 오염되는 것을 완전히 막아내지는 못했던 것으로 보인다. 교단에서 집단생활을 하고 있던 출가신자를 중심으로 건강에 이상이 생기는 환자가 나오는 것은 당연한 귀결이었다.

마쓰모토 치즈오는 1993년 10월 이후 옴진리교 적대세력이 옴진리교 교단 시설을 독가스로 공격하고 있다는 주장을 설법 등을 통해 지속적으로 제기한다. 옴진리교 교단 입장에서는 일석이조였을 것이다. 교단의 생물무기 및 화학무기 개발 사실을 일반 신자들에게 숨기면서 부작용으로 인한 불만을 최소화할 수 있고, 오히려 그 불만을 외부로 향하게 만들어 교단 내부의 결속력을 강화할 수 있었기 때문이다. 그러나 무작정 외부의 공격을 말로만 강조하는 것은 한계가 있었다. 실제로 외부의 공격을 증명할 수 있는 존재, 즉 희생양이 필요했다.

당시 마쓰모토 치즈오는 교단 주요 간부에게 미란성 독가스로 사용할 수 있는 이페리트를 제조할 것을 지시해둔 상태였다. 머스터드 가스라고도 불리는 이페리트는 제1차 세계대전 중 독일이 개발한 독가스의 일종으로 극미량이 부착돼도 피부와 내장이 헐 정도로 강력한 독성을 갖고 있는 화학무기다.

1994년 7월 8일, 후지산 부근의 옴진리교 교단 내부의 한 목욕탕에서 여성 신자가 열상을 입은 뒤 의식을 잃고 쓰러지는 사건이 발생한다. 마쓰모토 치즈오는 이 목욕탕의 물을 분석하도록 지시해 이페리트 관련 물질이 검출됐다는 보고를 받자 이 사건을 적극적으로 이용하기로 결심한다. 교단 신자들에게 경찰 등 옴진리교를 적대시하는 세력이 교단에 대한 독가스 공격의 일환으로 스파이를 잠입시켜 생활용수에 이페리트를 넣었다고 주장하면 옴진리교의 이페리트 제조 계획도 은폐하면서 동시에 신자들의 국가 권력에 대한 적개심을 자극할 수 있으리라 생각한 것이다.

7월 9일, 옴진리교 교단 내부의 자칭 방위청이 "후지산 교단 시설 주변의 우물물은 매우 위험합니다!! 함부로 마시지 마세요!! 부정확한 정보에 주의합시다!! 허가가 나올 때까지 우물물을 절대로 마시지 마세요!!", "수돗물은 절대로 지시가 있을 때까지 사용하지 마세요!! 만약 물이 나오더라도 위험하니 절대로 사용하지 마세요!! 손이나 냄비가 녹아버립니다!! 또한 화장실 물도 내리지 마세요!!"라고 기재된 서면을 통해 신자들의 물 사용을 금지시킨다. 사건의 내막을 알고 있는 사람이 보기에는 악독하고 유치한 선동에 불과하지만, 교단 내부에서 집단생활을 하고 있던 신자들의 공포를 자극하고 외부 세력에 대한 적개심을 불러일으키기에는 충분했으리라 추측할 수 있다. 신자들은 하루아침에 물 사용을 금지당한 상태에서 교단 간부들은 스파이 색출 지시를 받는다.

지시에 따른 스파이 색출 결과 후지산 부근 옴진리교 교단 시설까지 탱크로리로 생활수를 운반하는 임무를 담당하고 있던 27세의 남성 신자가 스파이로 '지목'됐다. 이 신자가 교단 시설의 저수조에 탱크로리로 옮겨온 물을 넣는 과정에서 이페리트를 집어넣었다는 것이다. 물론 완벽한 거짓말이었지만, 반사회적 집단이 내부의 약자를 대상으로 폭력을 행사할 때 논리적인 이유 따위는 처음부터 필요가 없었다.

스파이 색출을 담당한 간부들은 우선 이 신자를 앞으로 마쓰모토 치즈오의 경호를 맡길 수도 있으니 우선 여러 가지 테스트를 해보겠다는 말로 유인해 교단 시설 내의 한 지하실로 유도한다. 그 자리에서 체력을 검사하겠다며 힌두 스쾃을 하도록 지시한 뒤 300회 정도를 넘어 신자가 힘들어

하는 모습을 보이자, 체력이 좋다는 것은 알겠으니 정신면을 검사하겠다며 이 신자를 의자에 묶는다. 그 뒤 간부들은 본색을 드러내 갖은 잔혹한 방법으로 신자를 고문하기 시작한다.

　무고하게 고문을 당한 신자는 끝까지 결백을 주장했지만, 처음부터 그가 결백한지 아닌지는 마쓰모토 치즈오 이하 교단 간부들의 관심사가 아니었다. 고문이 이어지자 신자는 한 고위 간부에게 "당신은 사람의 마음을 읽을 수 있으니 제 마음을 읽어보세요. 그러면 제가 독을 넣지 않았다는 걸 아실 것입니다"라고 몇 번이고 말했으나 고문은 멈추지 않았다. 결국 신자는 의식을 잃었고, 간부들은 마쓰모토 치즈오에게 이 신자가 '자백'을 하지 않는다고 보고한다. 마쓰모토 치즈오는 당초 계획대로 이 신자가 스파이였음을 적어도 교단의 주요 간부들에게는 믿게 할 필요가 있었으며, 이제 와서 살려두면 이미 고문을 당한 신자가 어떤 반응을 보일지도 알 수 없어 훗날 옴진리교의 화근이 될 것이라 판단한다. 마쓰모토 치즈오는 결국 신자를 살해할 것을 지시하고, 이 지시대로 교단 간부가 이 신자의 목을 졸라 살해한 뒤 시신은 소각한다.

　고문을 당하던 신자의 호소를 통해서도 유추할 수 있듯이, 이 신자는 마지막 순간까지 옴진리교의 교리를 신봉했던 것으로 보인다. 사람의 마음을 읽는 초능력. 수행을 통해 그 초능력을 손에 넣은 존경받는 교단 간부. 옴진리교가 1980년대의 오컬트 붐에 기반을 둔 신흥종교였다는 사실을 가장 처참한 형태로 확인할 수 있는 사건이었으나, 그 결과를 27세에 불과했던 한 청년이 모두 부담한다는 것은 지나치게 가혹했다. 훗날 마쓰모토 치즈오를 비롯해 이 사건에 관여한 4명 가운데 2명은 사형, 2명은 무기징역을 언도받는다.

저널리스트 포스겐 습격 사건 | 1994년 9월 20일

저널리스트 에가와 쇼코는 사카모토 쓰쓰미 변호사 일가 '실종' 사건이 발생한 이후에도 각종 언론 활동을 통해 옴진리교에 대한 추궁을 멈추지 않았다. 옴진리교 입장에서는 다른 강력범죄는 아직 수사기관에 발각조차 되지 않았으니 안심할 수 있으나 사카모토 쓰쓰미 변호사는 교단과 극단적으로 대립하던 와중에 일가가 돌연 '실종'된 만큼 옴진리교가 사건에 관여했을 것이라는 사회 전반의 합리적인 의심을 완전히 지우기는 힘들었다. 그런 가운데 에가와 쇼코는 TV 출연 등의 각종 활동을 통해 옴진리교를 집요하게 추궁하고 있었다. 위기감을 느낀 마쓰모토 치즈오는 교단 주요 간부들에게 화학무기인 포스겐을 사용해 에가와 쇼코를 살해할 것을 지시한다.

포스겐은 화학공업 분야에서 폭넓게 사용되는 중요한 화합물로 1812년에 처음 합성된 것으로 알려져 있다. 독성이 매우 강해 화학무기로도 사용할 수 있으며 실제로 제1차 세계대전 이후 전장에서 독가스로 사용돼 많은 인명을 앗아갔다. 옴진리교는 1994년 당시 일정량의 포스겐을 확보하고 있었던 것으로 보인다.

1994년 9월 20일 새벽, 마쓰모토 치즈오의 지시를 받은 간부들이 에가와 쇼코의 자택 우편함에 호스를 집어넣고 이 호스를 통해 포스겐을 분무하기 시작한다. 그러나 분무 시작 직후에 이상한 소리가 난다는 사실을 깨달은 에가와 쇼코가 전등을 켜자 범행 발각을 두려워한 실행범들이 도주한 덕에 소량의 포스겐이 살포되는 데 그쳤다. 에가와 쇼코는 전치 약 2주의 상해를 입었으나 다행히 생명에는 지장이 없었다.

이 사건의 자세한 내막은 옴진리교의 다른 강력범죄와 마찬가지로 오랜 기간 동안 어둠 속에 묻혀 있다가 지하철 사린 사건 이후 옴진리교 교단이 일망타진된 뒤에야 밝혀진다. 그리고 이 사건과 관련된 가장 놀라운 일은 이 시점에서 벌어진다. 일본의 수사기관은 신중한 검토 끝에 이 사건의 기소를 유예한다.

만약 2017년의 한국이나 일본에서 한 신흥종교 집단이 화학무기인 포스겐을 만들어 자신들을 비판하는 저널리스트의 자택에 살포해 그 저널리스트가 전치 2주의 상해를 입었다면 적어도 5일은 각 언론사가 톱뉴스로 다룰 정도의 거대한 사건이었을 것이다. 그러나 이 사건은 기소조차 되지 않았다. 이유는 간단했다. '이런' 사건까지 모두 수사하고 기소할 여력이 없었기 때문이다.

옴진리교는 너무나도 오랜 기간 동안 다양한 강력범죄를 일본 전국 각지에서 벌여왔기 때문에 모든 사건을 법정에서 치밀하게 처단하기란 물리적으로 불가능했다. 특히 마쓰모토 치즈오는 재판에 지극히 비협조적이었으며 거의 모든 증거에 대해 일일이 법정에서 다툴 것을 요구해 재판을 지연시키는 전략을 펼쳤다. 만약 이 저널리스트 포스겐 습격 사건 수준의 사건도 모두 법정에서 다루기로 결정했다면, 이 책이 출간되는 현재까지 마쓰모토 치즈오 본인에 대한 재판이 진행되고 있었을 가능성도 있을 정도다.

일본의 수사기관과 사법기관은 이 문제를 타파하기 위해 고육지책을 쓸 수밖에 없었다. 마쓰모토 치즈오와 교단의 주요 간부들에게 사형 혹은 무기징역 수준의 강력한 처벌을 내릴 수 있는 범죄, 그 가운데서도 피해자를 특정할 수 있어 재판에서 옴진리교 교단 측이 지연 전략을 펼치기도 힘든 한도 내의 사실에 대해서만 재판을 진행한 것이다. 마쓰모토 사린 사건의 경우 사건 직후에 사망한 7명의 사망자 이외에도 사린으로 인해 부상을 입은 사람은 수백 명에 달했으나 마쓰모토 치즈오의 재판에서는 사망자 7명과 부상자 4명만이 피해자 명단에 이름을 올렸다. 옴진리교의 사린 살포로 인해 부상을 입었다는 것을 옴진리교 교단 측도 부정할 수 없는 최소한의 인원만을 판결문에 기입하는 형식으로 교단 측의 소송 지연 전략을 돌파한 것이다. 이런 수단까지 동원했음에도 불구하고 마쓰모토 치즈오의 사형이 확정되기까지 10년 이상의 세월이 걸렸다.

일본의 수사기관과 사법기관은 타당한 판단을 내렸다고 볼 수 있다. 그러나 그 대가로 옴진리교가 자행한 사건 가운데 일부는 재판을 통해 사건의 전모를 모두 밝힌다는 절차는 거치지 못했다. 특히 옴진리교가 교단 차원에서 LSD와 각성제를 밀조했다는 의혹이 여러 증언 등을 통해 제기됐으나 마쓰모토 치즈오의 재판에서는 이 문제는 다루지 못했고 다른 공범들에 대해서만 재판이 진행됐다. LSD와 각성제 밀조는 옴진리교의 자금원 중 하나였을 가능성이 있는 만큼 사건 전체를 조망하는 데 중요한 요소였을 것으로 보이나, 이에 관한 진상이 철저히 규명되지 못한 것은 안타까운 일이다.

주차장 경영자 VX 습격 사건 | 1994년 12월 2일

마쓰모토 사린 사건 이후 현장에서 사린이 검출됐다는 보도가 나오자 옴진리교 교단은 범행 발각을 피하기 위해 한동안 사린 사용을 자제한다. 그러나 테러 행각 자체를 중단한 것은 아니었기에 사린을 대체할 다른 화학무기를 검토하기 시작한다. 이때 마쓰모토 치즈오가 떠올린 것이 화학무기의 일종인 VX이다. 마쓰모토 치즈오는 1994년 8월경에 교단의 주요 간부에게 1㎏을 목표로 VX를 제조할 것을 지시한다. 옴진리교는 우선 1994년 9월 초순에 VX 20g을 확보한다.

VX는 1950년대에 영국과 미국에서 개발된 화학무기로 살상력이 매우 강력한 신경제의 일종이다. 휘발성은 낮으나 독성은 사린의 100배 이상으로 피부에 부착될 경우 침투력이 높으며 이 경우 반수치사량은 사람 1명당 15㎎으로 알려져 있다. 옴진리교는 이 VX를 사용해 민간인을 대상으로 테러를 자행하기 시작한다.

1994년 8월 중순, 옴진리교의 교단 시설에서 공동생활을 하던 한 출가 신자가 가족과 함께 교단 시설을 탈출해 도쿄로 피신한다. 이 신자는 1993년경에 가족과 함께 옴진리교에 입교해 1994년 8월에 역시 가족과 함께 출가했었다. 그 과정에서 약 수천만 엔의 금품을 옴진리교에 기부하는 등 막대한 금전적인 피해를 입었으나 옴진리교의 교리에 한창 빠졌을 때는 자신이 피해를 보고 있다는 사실도 깨닫지 못하고 있었다.

이 신자는 가족이 모두 출가신자가 된 뒤 자신의 딸에게 교단 간부가 기괴한 수행을 강압적으로 지시한 것을 계기로 미망에서 깨어나게 된다. 사회에 해악을 끼치는 신흥종교에 빠져 있던 사람들 중 일부는 어떤 일을 계기로 문득 자신이 처한 상황을 객관적으로 바라본 뒤 순식간에 상식의 세계로 돌아오는 경우가 있다. 그리고 그 깨달음 직후에 그들을 엄습하는 것은 "내가 이런 것에 속고 있었단 말인가"라는 깊은 후회다. 그러나 이 신자와 가족들은 현명하게도 후회의 감정에 침몰해 있는 대신 현재 상황에서 최선의 선택을 하기로 결정한다. 가족 전원이 교단 시설을 탈출해 도쿄로 피신한 것이 그 첫 걸음이었다.

이 전(前) 신자는 자신과 친분이 있던 당시 82세의 한 주차장 경영자에게 우선 몸을 의탁하기로 한다. 도쿄에 거주하고 있던 이 주차장 경영자는 전 신자와 20년 이상 친분을 쌓고 있었으며 전 신자가 미용실을 개업할 때 보증을 설 정도로 가까운 사이였다. 한편 옴진리교는 자신들이 확보하고 있던 신자를 빼앗겼을 때 신흥종교가 통상적으로 보이는 반응을 보인다. 교단의 신자를 주차장 경영자에게 보내 탈출한 신자들을 "돌려달라"고 요청한 것이다. 주차장 경영자는 물론 요청을 거절하고 옴진리교 신자들을 돌려보낸다.

전 신자는 신변이 일단 안정되자 자신의 가족이 옴진리교에 기부한 수천만 엔에 달하는 재산에 생각이 미친다. 돈을 돌려받으려면 우선 소송을 시작해야 하는데, 전 재산을 기부하고 출가했던 전 신자에게는 그 비용이 있을 리가 만무했다. '전 재산'을 교단에 기부하게 만드는 교리가 사회에 해악을 끼치는 신흥종교의 입장에선 이중의 보험이 된다는 사실을 이를 통해 알 수 있다. 교단에서 마음이 떠나는 신자가 발생해도 그 신자는 당장 운신할 돈도 없기 때문에 교단을 상대로 소송을 하거나 교단의 악행을 고발하기도 힘든 입장에 처하게 되는 것이다. 그렇기 때문에 설사 잘못된 신흥종교의 교리에 빠지더라도 최후의 자산은 확보해둘 정도의 수완이 남아 있는 사람이 신흥종교에서 벗어나기도 쉽고 벗어난 뒤에 자신의 권리를 회복할 확률도 높다.

이 전 신자의 경우에는 그런 수완 대신 의지할 좋은 친구가 있었던 것이 불행 중 다행이라 할 수 있는 사례였다. 주차장 경영자는 전 신자와 그 가족이 교단을 상대로 소송을 제기할 수 있도록 변호사를 소개시켜주고 변호사 비용과 전 신자의 가족이 생활할 집을 빌리는 데 필요한 비용을 빌려주는 등 물심양면으로 이들 가족을 돕기 위해 노력한다. 결국 전 신자는 주차장 경영자의 도움 아래 11월 4일에 도쿄 지방재판소에서 옴진리교 교단을 피고로 삼아 자신들이 기부한 금액의 반환을 청구하는 소송을 제기한다.

마쓰모토 치즈오는 교단을 상대로 소송이 제기된 사실을 보고받고 우선 신자들에게 주차장 경영자와 전 신자의 생활을 염탐하도록 지시한다. 신자들은 지시에 따라 도쿄에 위치한 주차장 경영자의 집과 전 신자의 거처

등을 염탐한 뒤 주차장 경영자가 아침저녁으로 산책을 하며 전 신자는 주차장 경영자와 가까운 곳에 거처를 마련해 주차장 경영자의 집을 가끔 출입하곤 한다는 사실을 보고한다. 이 보고를 받은 마쓰모토 치즈오는 전 신자가 소송을 제기하도록 만든 것은 주차장 경영자이며 이 주차장 경영자가 사라지면 전 신자 가족은 교단으로 돌아올 것으로 생각하고 주차장 경영자를 살해하기로 결심한다.

11월 하순, 마쓰모토 치즈오는 교단 간부에게 VX 100g을 긴급히 제조할 것을 지시한다. 지시를 받은 간부는 VX 제조에 착수하나 제조 과정에서 실수를 하는 바람에 VX가 아닌 독성이 없는 VX염산염을 제조하고 만다. 그러나 마쓰모토 치즈오는 VX를 확보했다고 여기고 11월 26일 아침에 교단 주요 간부들에게 주차장 경영자를 살해할 것을 지시한다.

이 시기, 즉 1994년 하반기쯤이 되면 옴진리교의 교주 마쓰모토 치즈오와 그가 내리는 각종 불법 활동에 관한 지시를 따르는 교단 주요 간부의 행동에서 확고한 패턴을 읽어낼 수 있다. 누군가가 옴진리교의 활동을 방해하고 있다는 것과 같은 지극히 사소한 이유로 마쓰모토 치즈오가 살인을 결심한다. 마쓰모토 치즈오가 살인을 결심하면 이것을 옴진리교 교단 내부에서 자신들의 교리를 통해 정당화한다. 범행 대상은 옴진리교의 활동을 방해하는 악업을 쌓고 있으며, 교단 간부 등의 신자가 마쓰모토 치즈오의 지시를 받아 그 범행 대상을 살해하는 것은 상대방을 구제하면서 동시에 자신의 공덕을 쌓는 일이라는 공감대가 형성된다. 교단 주요 간부 등의 실행범들이 마쓰모토 치즈오의 지시에 따라 실제로 살인 행각을 벌인다. 이 일련의 과정을 당사자들은 아무런 주저도 없이 반복하고 있었다.

마쓰모토 치즈오는 "주차장 경영자는 악업을 쌓고 있다. 전 신자의 기부금 반환 청구는 모두 주차장 경영자가 뒤에서 조종한 것이다. 주차장 경영자에게 VX를 뿌려 포아시켜라. 그러면 전 신자 가족은 잘못에 눈을 뜨고 옴진리교로 돌아올 것이다. 이것은 VX의 실험이기도 하다. 주차장 경영자에게 VX를 뿌려 효과를 확인해라"라고 발언한 것을 확인된다. 이후 자세한 살포 방법과 역할 분담 등도 지시한 것으로 알려졌다.

교단 간부들은 11월 28일 아침에 마쓰모토 치즈오의 지시대로 주차장 경영자에 대한 습격을 시도한다. 실행범 중 한 명이 쓰레기를 버리러 나온 주차장 경영자에게 말을 걸어 주의를 끈 뒤 다른 실행범이 주사기에 든 VX염산염을 주차장 경영자의 목덜미 부근에 뿌린 것이다. 이들은 습격에 성공했다고 생각하고 마쓰모토 치즈오에게도 그렇게 보고하나, 다음날 주차장 경영자가 평소와 다름없이 생활하고 있는 것을 파악하고 습격이 실패했음을 깨닫게 된다.

실패 원인을 파악한 결과, 테러에 사용된 것이 독성이 없는 VX염산염이었다는 사실을 알게 된 마쓰모토 치즈오는 다시 교단 간부에게 VX 50g을 제조할 것을 지시하고, 지시를 받은 간부도 이번에는 VX 50g을 포함한 200cc 이상의 VX 용액을 제조하는 데 성공한다. 12월 1일, 마쓰모토 치즈오는 재차 VX를 사용해 주차장 경영자를 습격할 것을 지시한다.

12월 2일 아침, 6명의 실행범이 승합차 2대에 나눠 탑승해 주차장 경영자의 자택 근처까지 접근한다. 그 뒤 첫 번째 습격 시도와 마찬가지로 한 명이 주차장 경영자에게 말을 걸어 주의를 끈 뒤, 다른 한 명이 뒤에서 접근해 주사기에 들어 있는 VX 용액을 목덜미 부근에 살포한다. 주차장 경영자는 VX 중독 증상을 보여 병원으로 이송됐고 61일간의 치료 끝에 겨우 목숨을 건진다.

당시 주차장 경영자를 치료한 의료진은 VX가 사용된 사실을 눈치채지 못했으나, 이것 또한 의료진의 무능이 원인이라기보다는 옴진리교의 범행이 지나치게 상식을 벗어났던 결과라고 할 수 있을 것이다. 도쿄에 거주하는 82세의 주차장 경영자가 아침에 쓰레기를 버리기 위해 집 밖으로 잠시 나갔다가 쓰러졌는데 VX를 사용한 화학 테러의 가능성을 검토할 의사는 거의 없을 것이기 때문이다. 결국 이 사건도 옴진리교가 일망타진당한 뒤에야 전모가 파악된다.

회사원 VX 살해 사건 | 1994년 12월 12일

VX를 사용한 옴진리교의 두 번째 습격 사건은 오사카에서 발생했다. 1994년 당시 한 식품판매 회사에 근무하며 유도 2단의 실력을 갖추고 유도 도장에 다니고 있던 28세의 청년이 범행 대상이었다. 이 회사원은 당시 일본 시대상의 일부분을 반영하듯 초능력에 관심을 갖고 있었으며 이것이 계기가 돼 옴진리교가 개최한 행사에 참여한 적이 있었다. 이 행사는 옴진리교가 신자 확보를 위해 개최한 것으로 '미스터리 투어'라는 명목 아래 후지산 부근의 교단 시설에 참가자들을 모아 환각제의 일종인 LSD를 사용해

'신비한 체험'을 하게 해주는 행사였다. 당시 옴진리교는 신자들의 '수행'에서도 때때로 LSD를 활용해 마치 신자들이 옴진리교의 수행을 통해 신비한 체험을 한 듯한 착각을 일으키도록 유도했던 것으로 추정되고 있다. 이 환각제를 사용한 트릭을 신자 확보에도 악용한 것이다. 그러나 이 회사원은 이 행사에 참가했던 것을 제외하면 옴진리교와 직접적인 연관은 없었던 것으로 보인다.

1994년 11월에서 12월 사이, 옴진리교는 오사카 지부의 한 재가신자가 다른 신자들을 옴진리교에서 벗어나게 해 자신의 세력을 구축하려 한다는 정보를 입수하고 조사를 진행한다. 그리고 조사 과정에서 문제의 재가신자와 관계가 있는 인물로 사건의 희생자가 된 회사원이 지목된다. 마쓰모토 치즈오는 이런 정보만으로 회사원이 재가신자를 배후에서 조종하는 스파이라고 규정하고 VX를 사용해 회사원을 살해하기로 결심한다.

물론 마쓰모토 치즈오는 이 회사원을 살해하고 싶어서 살해한다고는 말하지 않았다. 12월 8일에서 9일로 넘어가는 시각에 주요 간부들을 자신의 방으로 부른 마쓰모토 치즈오는 "그 재가신자는 악업을 쌓고 있다. 교단의 분열을 시도했다. 이 재가신자를 조종하고 있는 것은 오사카의 유도가로 옴진리교의 행사에 참가한 적이 있는 회사원이다. 조사 결과 이 회사원은 공안 경찰의 스파이임이 틀림없다. VX를 한 방울 회사원에게 뿌려 포아시켜라"라고 지시한다. 이 지시의 타당성에 의심을 품지 않은, 주차장 경영자 습격 사건의 실행범 6명이 이번에도 실행범으로 선발됐다.

이 시기의 옴진리교 주요 간부들은 반복되는 범행으로 경험을 쌓은 결과 신흥종교 단체의 일원이라고는 믿기 어려울 정도로 신속하고 냉혹하게 습격 사건을 저지르고 있었다. 12월 11일에는 이미 실행범 중 일부가 오사카로 이동해 시내의 한 호텔을 거점으로 확보하고 회사원의 자택과 근무하는 회사 등을 사전답사해 정보를 모으기 시작한다. 이 시점까지는 상급 간부 2명만이 범행의 구체적인 목적을 알고 있었으나 호텔의 한 방에 6명의 실행범이 모두 모인 12월 12일 오전 5시경에 나머지 4명에게도 상급 간부의 입을 통해 마쓰모토 치즈오의 지시가 전달된다. 이 자리에서 회사원의 출근 루트를 예상해 집을 나온 회사원이 역을 향해 걸어가는 도중을 노려 습격하며, 두 명의 실행범이 조깅을 가장해 접근한 다음, 한 명이 주의를 끌고 다른 한 명이 VX를 살포한다는 구체적인 계획이 수립된다. 범행에 사용할 VX 용액이 들어간 주사기 외에 자신들이 VX에 중독됐을 경우를 대비한 치료장비까지 확보해놓는다. 실행범들은 직접 습격을 실행하는 살포 담당자 2명 이외에 이동용 승합차 운전자, 이동 루트 주변의 건물 옥상에서 회사원의 이동을 확인한 뒤 회사원을 미행해서 살포 담당자들의 범행이 성공했는지를 확인하는 감시 담당자들, 실행범 가운데 중독자가 발생할 경우의 치료 담당자로 역할을 분담해 범행에 착수한다.

12월 12일 오전 7시경, 회사원이 출근을 위해 집을 나선 것을 감시 담당자들이 확인해 무선으로 다른 실행범들에게 연락한다. 살포 담당자들은 이 회사원이 이용할 것으로 예상한 길 위에 승합차를 세워 두고 대기하고 있었다. 곧 감시 담당자들이 전달한 정보와 동일한 복장의 회사원이 나타나자 살포 담당자들은 승합차에서 내려 조깅을 가장해 회사원에게 접근한 뒤, 계획대로 한 명이 주의를 끌고 다른 한 명이 목덜미 부근에 VX를 살포한다. 이 회사원은 병원으로 이송되나 12월 22일 오후 1시 56분경에 VX 중독으로 병원에서 사망한다. 옴진리교 VX 습격 사건의 첫 희생자였다.

범행 내용의 잔악성도 잔악성이지만 불과 몇 년 전까지 평범한 사회 구성원이었던 옴진리교 간부들이 1994년 12월에는 살인 지령을 받고 고작 3~4일만에 이렇게까지 신속하고 정확하게 살인을 자행하는 범죄자 집단으로 변모해 있었다는 사실은 훗날 일본 사회에 적지 않은 충격을 준다. 그러나 그 충격에서 벗어나 재발 방지를 위한 교훈을 얻기까지, 아직 일본 사회는 더 많은 일을 겪어야 했다.

1994년 12월, 옴진리교가 후지산 부근의 교단 시설 내부에서 오랫동안 건설해온 사린 플랜트가 거의 완성 단계에 접어든다. 그리고 1995년 1월 1일에는 자동소총 1정이 완성된다.

옴진리교의 광기는 극에 달하고 있었다.

CHAPTER 6

파   멸

〈요미우리 신문〉의 특종 보도 | 1995년 1월 1일

1995년 1월 1일은 일요일이었다. 세계무역기구(WTO)가 이날 출범했고, 오스트리아·핀란드·스웨덴이 유럽연합에 가입한 날이기도 했다. 일본은 새해맞이를 매우 중시하는 나라이며 1월 1일부터 1월 3일까지는 사실상 사회적인 업무 활동은 대부분 중단하고 가족 등과 함께 여유로운 시간을 보내곤 한다. 이 새해를 여는 1월 1일의 평화로워야 할 아침에 각 가정으로 배달된 한 조간신문의 1면이 일본 사회를 큰 충격으로 몰아넣는다. 일본에서 가장 많은 판매부수를 자랑하는 〈요미우리 신문〉이 옴진리교의 후지산 부근 시설 주변에서 사린 잔류물이 검출됐다는 특종을 보도한 것이다.

100년이 넘는 〈요미우리 신문〉의 역사를 되돌아봐도 몇 손가락 안에 꼽히는 특종이었다. 신문은 옴진리교 시설 인근에서 채취한 토양에서 사린의 잔류물인 유기인 화합물이 검출됐으며 이 사실을 파악한 경찰이 전국적으로 사린 제조에 필요한 약품의 구입 경로 등을 수사하고 있다고 전했다.

현재의 일본 사회 구성원에게 '사린'이란 단어를 들으면 무엇이 연상되느냐고 묻는다면 대부분의 사람이 '옴진리교'라고 대답할 것이다. 지하철 사린 사건 이후의 일본 사회는 옴진리교와 사린이란 단어를 따로 분리해 생각하는 것이 오히려 더 힘들어져버렸다. 그러나 1995년 1월 1일 이전은 지금과 상황이 달랐다. 마쓰모토 사린 사건은 여전히 '의문사'의 영역에 속해 있었으며, 경찰과 언론의 잘못된 유도에 따라 많은 사회 구성원들이 무고한 사람을 용의자로 지목하고 있었다. 옴진리교는 신자의 가족들 혹은 교단이 진출한 지역의 주민들에게는 걱정거리이자 불쾌한 존재였지만 TV를 통해서만 그들을 접하는 많은 사회 구성원들은 그저 기괴하고 기발한 활동을 반복하는 상당히 특이한 신흥종교 정도로 생각하고 있었다.

〈요미우리 신문〉의 특종을 통해 일본 사회는 드디어 옴진리교라는 신흥종교 집단과 사린이란 화학무기를 연결해서 생각할 수 있게 되었다. 마쓰모토 사린 사건으로 당시 이미 7명의 사망자가 발생했던 만큼 경찰이 언제 옴진리교 교단 시설에 대한 강제수사를 시작해도 이상할 것이 없어졌다. 옴진리교는 최악의 위기를 맞이했다.

〈요미우리 신문〉 특종 보도 후 마쓰모토 치즈오는 우선 거의 완성 단계에 접어들었던 사린 플랜트의 건설을 중단하고 일부를 해체해 시바신을 모신 신전처럼 꾸밀 것을 지시한다. 또한 이미 옴진리교가 보유하고 있던 푸른색을 띠는 사린은 중화처리를 한 뒤 버려버리고 사린 제조와 관련한 설비들도 해체한다. 이 과정에서 급하게 중화처리를 하던 담당자가 사린 중독 증상을 보여 담당자를 교체하는 일도 발생했다.

은폐 작업은 물리적인 대응에서 끝나지 않았다. 사린 플랜트를 신전처럼 꾸미는 작업을 일단락한 뒤 일본의 한 저명한 종교학자가 잡지사의 독점 취재 형식으로 옴진리교 교단 시설을 방문한다. 이 학자는 옴진리교 교단 측의 안내를 받으며 시설을 둘러보고 옴진리교 간부 등과 대담을 한 뒤 자신의 취재 내용을 발표하는데, 시바신의 신전처럼 외장을 꾸며둔 사린 플랜트에 대해 매우 신성한 종교 시설이라는 인상을 받았다고 주장하고, 옴진리교가 지난 4년간 더욱 종교집단다운 집단으로 발전해왔다고 평가하는 등 옴진리교를 옹호하는 발언을 다수 남긴다. 결과적으로 이 발언은 학자의 사회적 책임을 등한시한 경솔한 발언이 되고 말았으나 옴진리교는 이 발언을 대외 선전활동에 적극적으로 활용한다.

옴진리교 교단이 보유하고 있던 사린은 중화처리를 거쳐 모두 폐기됐다. 그러나 이 과정에서 사린 중독 증상을 보인 담당자를 대신해 새롭게 중화처리를 맡게 된 한 간부가 사린의 직전 단계인 물질, 즉 사린의 원료가 되는 물질을 폐기하지 않고 교단 시설 내부에 몰래 보관한다. 이 물질을 만들기 위해서는 많은 시간과 노력이 필요한데 옴진리교가 스스로 사린 제조 시설을 해체한 이상 이 물질을 다시 제조하는 것은 힘들지도 모르며 결과적으로 사린을 다시 만들 수 없게 될지도 모른다고 생각했기 때문이라고 한다. 이 간부는 자신이 사린의 원료가 되는 물질을 숨겨둔 사실을 다른 두 명의 간부에게만 알린다.

옴진리교 피해자 모임 회장 VX 습격 사건 | 1995년 1월 4일
옴진리교 피해자 모임 회장과 옴진리교의 악연의 시작은 1987년으로 거슬러 올라간다. 당시 학생이었던 회장의 장남이 옴진리교에 빠져들기 시작한 것이다. 장남은 옴진리교 교단에 차용증을 써주고 20만 엔의 돈을 빌려 이 돈을 집중 수행 비용으로 쓰거나 학교도 제대로 가지 않고 새벽에 외출하는 등의 행동을 보이기 시작했다. 옴진리교 교리의 영향이었던 듯 식사량도 줄기 시작한다.

그러던 장남이 어느 날 가족의 인연을 끊고 출가하고 싶다며 120만 엔을 생전증여해달라고 무릎을 꿇고 부탁하기까지 한다. 사회에 해악을 끼치는 종류의 신흥종교에 빠진 자녀가 부모에게 이런 행동을 보일 때는 대체로 교단 측의 구체적인 '조언'을 들은 상태인 경우가 많다. 훗날 옴진리교 피해자 모임 회장이 되는 이 남성은 이때부터 상황의 심각성을 깨닫고 마쓰모토 치즈오에 대한 정보를 모으거나 설법회에 출석해 마쓰모토 치즈오에게 의문점을 지적하는 등의 활동을 시작한다.

1989년에 결국 장남이 가출하듯 출가를 단행하자, 그는 자녀를 옴진리교에 빼앗겨 고통받고 있는 부모들의 연락망을 구성해 의견을 모으기 시작했으며, 같은 해에 사카모토 쓰쓰미 변호사를 소개받고 그의 제안대로 피해자 모임을 결성해 회장에 취임한다. 다행히 회장의 장남은 1990년 1월경에 옴진리교와 관계를 끊었으나 아들이 돌아온 뒤에도 회장은 옴진리교에 빠진 피해자들을 돕는 활동을 멈추지 않았다. 1993년 7월경부터는 다키모토 다로 변호사와 함께 신자들을 대상으로 출가를 포기하게 하고 최종적으로 옴진리교를 벗어나도록 하는 카운슬링 활동에도 참가한다. 1994년 12월까지 카운슬링을 받은 재가신자 약 30명 가운데 25명 정도가 옴진리교를 탈퇴한 것으로 파악되고 있다.

마쓰모토 치즈오는 오랜 기간 동안 자신의 활동을 방해해온 피해자 모임 회장을 강하게 적대시하고 있었다. 그러던 중, 1994년 12월에 다시 두 건의 보고를 접한다. 피해자 모임 회장의 장남 등이 옴진리교 마쓰모토 지부의 신자를 대상으로 옴진리교를 탈퇴하도록 유도하는 활동을 하고 있다는 보고와, 출가를 고려하고 있던 한 신자를 친척이 집으로 끌고 간 사실을 알고 다른 신자들이 그 신자를 찾아가니 그곳에 피해자 모임 회장도 있었다는 보고였다. 이 보고를 들은 마쓰모토 치즈오는 피해자 모임 회장 혹은 그 장남을 살해하기로 결심한다.

1994년 12월 30일 낮, 마쓰모토 치즈오는 교단의 주요 간부에게 "어떤 수단을 써도 좋으니 피해자 모임 회장에게 VX를 뿌려라. 돈은 얼마든지 써도 좋다. VX를 살포하는 데 필요하다면 집을 빌려도 좋다. 장남 쪽이 행동력이 있으니까 회장에게 뿌릴 수 없다면 장남을 노려도 좋다"라는 지시를 내린다. 여기까지는 옴진리교 내부에서 몇 번이고 반복됐던 살인 지령이었다. 그리고 이 살인 지령에 이어 마쓰모토 치즈오는 놀라운 발언을 남긴다.

"100명 정도 변사체로 발견되면 교단을 비난하는 사람은 없어질 것이다. 1주일에 1명 정도를 목표로 하자"

1994년 말 전후의 마쓰모토 치즈오의 심리 상태, 혹은 그가 이끄는 옴진리교의 흉포함을 여실히 드러내는 발언이다. 한편으론 마쓰모토 치즈오의

'과대망상'의 한 단면이기도 하다. 일본 수준으로 치안을 유지하고 있는 사회에서 특정 집단이 비판을 틀어막을 목적으로 살인을 반복하면 사회는 그 집단을 두려워하는 것이 아니라 사회가 동원할 수 있는 모든 자원을 투입해 그 집단을 소멸시킨다. 일본과 같은 규모를 갖춘 국가를 '공포로 억압'하기란 불가능하다. 마쓰모토 치즈오는 이런 간단한 이치도 깨닫지 못했던 것이다.

그러나 여전히 마쓰모토 치즈오의 과대망상을 신앙의 대상으로 삼고 있던 옴진리교의 주요 간부들은 이번에도 성실하게 지시를 이행했다. 지시를 받은 직후부터 실행범들이 피해자 모임 회장이 거주하는 도쿄로 이동해 염탐과 감시를 이어나갔으며, 결국 해가 바뀐 1995년 1월 4일 오전 10시 30분경, 연하장을 우체통에 넣기 위해 외출한 피해자 모임 회장에게 실행범 두 명이 접근해 목 뒷덜미에 VX를 뿌린다. 피해자 모임 회장은 병원으로 이송돼 69일간의 치료 끝에 겨우 목숨을 건진다.

이 사건은 1994년 12월 30일에 마쓰모토 치즈오가 살인 지령을 내리고 1995년 1월 4일에 실행범들이 범행을 저지른 사건으로, 지시로부터 실행 사이에 〈요미우리 신문〉의 특종 보도가 나왔다는 점에서 특기할 만한 사건이다. 옴진리교는 1995년 1월 1일의 특종 보도 이후 옴진리교와 사린의 관계를 부인하기 위해 동분서주하지만 이미 내려둔 살인 지령은 중단시키지 않았다. 다시 말해, 〈요미우리 신문〉의 특종은 옴진리교의 모든 불법 활동을 즉시 중단시키지는 못한 셈이다. 옴진리교의 폭주는 여전히 멈추지 않고 있었다.

한신 아와지 대지진 | 1995년 1월 17일

1995년 1월 17일 오전 5시 46분, 일본 고베 현 남부에서 지진 규모 7.3의 거대한 지진이 발생한다. 한국에서는 고베 대지진이라는 이름으로 널리 알려진 이 지진은 일본에서는 일반적으로 '한신 아와지 대지진'이라는 명칭으로 불린다. 이 대지진으로 6,434명이 사망하고 3명이 행방불명됐으며 43,792명이 부상을 입었다. 주거용 건물 104,906동이 완전히 파괴되고 144,274동이 반파됐으며 7,132동이 화마에 휩싸였다. 지진 발생 시각이 새벽이어서 아침 식사 준비를 위해 가스를 사용하고 있던 가정이 많았던 만큼 화재 피해도 컸으며 건물 내부, 특히 자택에서 생활하고 있던 많은 시민들이 희생됐다.

1990년대에 일본이 경험한 가장 강력한 지진이 일본 사회를 덮치자 일본의 행정력은 지진 재해 복구에 총동원된다. 이 행정력에는 경찰 조직의 인적 물적 자원도 당연히 포함됐다. 대지진 발생 직후의 일본에서 재난 극복보다 중요한 업무는 없었기 때문이다.

그리고 이 사실은 마쓰모토 치즈오와 옴진리교에게 잘못된 메시지를 주고 만다. 1995년 1월 1일의 〈요미우리 신문〉 특종으로 '사린'과 '옴진리교'라는 두 단어 사이에 연결고리가 생기면서 경찰이 옴진리교의 교단 시설을 강제수사하리라는 예상이 당연히 제기됐다. 옴진리교도 그렇게 판단했기에 사린 플랜트 위장 공작까지 벌인 것이다. 그러나 특종 보도 이후 약 2주가 지난 시점에 국가 재난 사태가 발생하자 옴진리교 측은 '수사가 느려지고 있다'는 느낌을 받게 된다. 일본의 경찰 조직 가운데 상당수가 재해 대

한신 아와지 대지진

책에 투입됐을 것이니 이 판단은 타당했다고도 볼 수 있고, 혹은 일본 경찰은 수사는 수사대로 진행하고 있었는데 옴진리교가 상황을 무조건 자신들에게 긍정적으로 이해하려 한 결과일 수도 있다.

　중요한 것은 마쓰모토 치즈오와 옴진리교의 주요 간부들이 '미증유의 재난이 발생하면 일본의 수사기관은 옴진리교 관련 사건에 관심을 가질 수 없게 된다'는 판단을 공유했다는 사실이다. 그리고 이 판단은 두 달 뒤 끔찍한 비극으로 이어진다.

공증사무소 사무장 감금 치사 사건 | 1995년 2월 28일~3월 1일

1993년 10월, 도쿄에 거주하는 한 여성이 요가 교실에서 만난 요가 지도자의 권유를 받고 건강을 위해 요가 수행을 본격적으로 시작하기로 결심한다. 문제는 이 요가 지도자가 옴진리교 신자였으며 '수행'을 위해 여성이 출입하기 시작한 곳이 도쿄에 위치한 옴진리교 도쿄 총본부 도장이었다는 것이다. 이 여성은 결국 옴진리교에 입교해 우선 재가신자가 된다.

　이 신자는 도쿄에 토지와 건물을 소유하고 있었다. 건물 1층에는 공증사무소가 있었고 신자의 오빠가 그 공증사무소에서 사무장으로 근무하고 있었으며 신자는 2층에 거주하고 있었다. 옴진리교는 신자의 재산을 노리고 교단에 대한 기부와 출가를 강권하기 시작한다. 그 결과 1995년 1월 20일경까지 이 신자는 약 6천만 엔을 옴진리교에 기부했으며 이 가운데 4천만엔은 1월 20일에 직접 마쓰모토 치즈오에게 전달한 것으로 알려져 있다. 돈을 받으면서 마쓰모토 치즈오는 서둘러 출가하라고 권유했다. 이 신자가 출가하면 도쿄의 토지와 건물 등 전 재산이 옴진리교의 손아귀에 들어올 것이었으니 마쓰모토 치즈오 입장에선 놓칠 수 없는 기회였을 것이다.

　옴진리교의 '강권'은 점점 수위가 높아졌다. 마쓰모토 치즈오가 직접 출가를 권유했다는 점, 신자가 보유한 재산이 상당한 규모였다는 점에서 교단 간부들이 출가와 전 재산 기부를 승낙하도록 서두른 것은 어찌 보면 당연한 일이었다. 이 과정에서 이 신자에게 수행 명목으로 약물을 사용한 정황도 포착됐다. 결국 이 신자는 1995년 2월 중순경에 출가를 승낙한다. 승낙을 이끌어낸 교단 간부들은 출가 전 신자 자격으로 이 신자를 옴진리교 도쿄 총본부 도장에 머물게 하며 꾸준히 전 재산 기부를 종용한다.

　이 시점에서 신자는 드디어 내면에서 들려오는 상식의 목소리에 귀 기울인다. 오빠와 가족 등에게 돌아갈 재산인 토지와 건물을 옴진리교의 손에 넘길 수는 없다고 생각한 것이다.

2월 24일, 이 신자는 친구를 옴진리교에 입교시키기 위해 외출하겠다는 핑계를 대고 도쿄 총본부 도장을 나서 오빠의 집과 친구의 집을 전전하며 행방을 감춘다. 그사이 오빠 및 친구 등과 상담을 한 뒤 2월 28일 오후 5시경에 도쿄 총본부에 전화를 걸어 출가를 그만두겠다는 뜻을 밝힌다. 그러나 이 신자는 자신이 어떤 집단에 발을 들여놓았던 것인지 아직 깨닫지 못하고 있었다.

신자가 도장을 나간 지 이틀이 지난 2월 26일, 옴진리교는 이미 이상을 감지하고 행동을 개시한 상태였다. 신자가 돌아오지 않자 예전부터 토지와 건물을 오빠와 친척들에게 줄 생각이었다고 발언한 사실을 기억해내고 간부와 신자들을 동원해 신자의 오빠인 공증사무소 사무장을 감시하기 시작한 것이다. 2월 27일 낮, 교단의 지시를 받은 한 신자가 직접 공증사무소에 찾아가 이들이 찾고 있던 여성 신자가 어디 있는지 묻기까지 한다. 이때 사무소에 출근해 있던 사무장이 나서 자신이 그 여성의 오빠이며 여성은 한동안 집으로 돌아오지 않았다고 응답하고 신자를 돌려보낸다. 그러나 오빠의 태도가 수상하다고 느낀 신자가 간부들에게 이 사실을 보고하자 간부들은 오빠가 여성 신자를 어딘가에 감금하고 있을 가능성이 높다고 판단하고 2월 27일에서 28일로 넘어가는 심야에 마쓰모토 치즈오에게 지금까지의 상황을 설명한 뒤 사무장을 납치해 여성 신자가 어디에 있는지 심문하는 방법도 있다고 보고한다.

이날은 마쓰모토 치즈오가 교단의 각 지부장 등 수십 명을 모아 신자 대응 책임자 회의를 개최한 날이었다. 회의가 끝난 직후 간부들이 여성 신자와 사무장에 대해 보고하자 마쓰모토 치즈오는 거액의 기부를 받을 수 있다고 생각했던 신자의 출가가 제대로 진행되지 않았다는 사실에 크게 화를 내고 간부들을 질책하기 시작한다. 그리고 이 자리에서 "그렇게 악업을 쌓고 있다면 포아하는 수밖에 없지 않나"라고 발언한다. 이 사태가 단순히 사무장을 납치해 신자의 위치를 듣는 것으로 끝나는 것이 아니라 사무장을 살해해야 할 정도의 일이라는 판단을 밝힌 것이었다. 그러나 문제는 그 자리에는 지금까지 옴진리교 교단 주요 간부들의 강력범죄에 관여하지 않았던 신자들도 함께 있었다는 것이다. 한 간부가 마쓰모토 치즈오에게 귓속말로 그 사실을 전하자 '포아'라는 용어를 철회하는 듯 "그러면 너희들이 말한 대로 납치하는 수밖에 없지 않나"라고 말한 뒤 다시 '납치'라는 단어도 적절하지 않다고 생각한 듯 웅얼거리며 그 자리를 벗어나 자신의 방으로 들어가버린다. 이어서 주요 간부들이 마쓰모토 치즈오의 방으로 따라 들어가 이후의 대응책을 논의하기 시작한다.

마쓰모토 치즈오의 이 언동은 1995년 2월말 시점까지도 옴진리교 내부에는 옴진리교 교단이 조직적으로 강력범죄를 자행하고 있는 현실을 전혀 모르고 있었던 신자들이 대부분이었다는 사실과, 마쓰모토 치즈오가 적어도 이 시기에는 그렇게 치밀하고 냉철한 성격은 아니었다는 사실을 추정할 수 있는 중요한 증거다. 교단으로 들어올 토지와 재산을 쉽게 손에 넣지 못하자 신자들 앞에서 해서는 안 될 실수를 범할 정도로 이 당시의 마쓰모토 치즈오는 치밀함이 결여되어 있었고 동시에 자신의 흉포함을 제어하지 못하고 있었다.

이후 마쓰모토 치즈오의 방에서 사무장을 납치하라는 구체적인 지시가 내려진다. 실행범들은 지시에 따라 우선 도쿄로 이동해 2월 28일 오전 11시경에 렌트카 사무소에서 두 대의 차량을 빌린다. 그 뒤 사무장을 감시하다 오후 4시 30분경에 사무장이 혼자 공증사무소에서 나오자 차량으로 납치한 뒤 마취약을 투여해 의식을 잃게 만든다. 사무장의 여동생인 여성 신자는 이 사실을 모르고 2월 28일 오후 5시에 옴진리교 도쿄 총본부로 전화를 걸어 출가를 그만두겠다고 밝혔던 것이다.

사무장을 납치한 실행범들은 2월 28일 오후 10시쯤에 후지산 부근의 교단 시설로 돌아온다. 그 뒤 사무장을 한 방에 감금하나 당시 68세였던 사무장은 대량으로 투여된 전신마취약의 부작용으로 인해 3월 1일 오전 11시경에 사망하고 만다. 마쓰모토 치즈오는 훗날 26명을 살해하고 1명을 사망하게 한 혐의로 재판을 받는데, 그 '1명을 사망하게 한' 사건이 바로 이 사건이었다. 다른 사건은 재판을 통해 살인이 인정됐으나, 이 사건만은 감금치사로 분류됐기 때문이다. 사무장의 시신은 교단 내부에서 소각됐다.

공증사무소 사무장 감금 치사 사건은 옴진리교의 몰락을 알리는 결정적인 사건 가운데 하나였다. 렌트카를 사용해 오후 4시 30분경에 도쿄 한 가운데서 사람을 납치한 이 범행은 계획 단계에서부터 위험 요소가 지나치게 많았다. 사건 현장을 목격한 다수의 목격자가 있었으며 교단이 후일 반환한 렌트카에서 교단 관계자의 지문이 나오는 등 옴진리교가 사건에 관여했을 것이라는 정황이 속속 드러나기 시작했다. 경찰은 사건 발생 직후부터 수사에 착수했으며 각 언론사도 수사 상황을 보도하기 시작하면서 옴진리교에 대한 포위망을 좁혀가기 시작한다.

파멸이 다가오고 있었다.

지하철 사린 사건 | 1995년 3월 20일

3월 15일 - 보툴리누스균 살포 미수

경찰이 수사망을 좁혀오자 옴진리교도 대응책을 강구하기 시작한다. 그들은 1월 1일의 〈요미우리 신문〉 특종 보도 이후 금방이라도 교단을 향할 것 같던 수사의 칼날을 1월 17일에 발생한 한신 아와지 대지진으로 회피했다고 생각하고 있었지만, 고작 한 달이 조금 더 지난 시점에서 자신들의 추가적인 범행으로 다시 경찰을 자극하고 만 것이다.

사람이든 집단이든 관성 혹은 타성에서 벗어나기란 쉬운 일이 아니다. 옴진리교는 우선 자신들이 지금까지 해왔던 방식으로 저항을 시도한다. 일본 경시청 청사에서 가까운 지하철 가스미가세키 역에 보툴리누스균 살포용 가방을 설치해 경시청 직원들을 테러한다는 계획을 세우고 3월 15일에 실행에 옮긴 것이다. 그러나 이 테러는 결국 누구도 살상하지 못하고 실패로 끝난다. 현재까지 밝혀진 바로는 옴진리교는 생물무기를 사용한 습격은 거의 모두 실패했던 것으로 보인다. 옴진리교가 실제로 습격에 사용해 인명을 살상하는 데 성공한 경우는 대부분 화학무기였으며, 옴진리교도 이 사실을 파악하고 있었다. 보툴리누스균 살포 시도 실패는 그 경향을 다시 한 번 확인시켜줬다.

3월 16일 - 좁혀지는 수사망

보툴리누스균을 사용한 테러에 실패한 다음날인 3월 16일, 옴진리교는 언론 보도를 통해 공증사무소 사무장 납치 사건에 사용된 렌트카가 압수됐고 이 차량에서 사건 관계자의 지문이 채취됐다는 사실을 파악한다. 경찰의 대규모 강제수사가 언제 시작되어도 이상하지 않은 상황까지 온 것이다. 마쓰모토 치즈오와 주요 간부들은 강제수사에 대비해 소총 부품 등을 숨기거나 사무장 감금 치사 사건에 관여한 신자들에게 '기억을 말소'하기 위한 수행을 지시하는 등 대비책 마련을 위해 동분서주한다.

여기서 옴진리교 사건과 관련해 아직까지 풀리지 않고 있는 의문 중 하나가 등장한다. 실제로 경시청은 3월 22일에 옴진리교 교단 본부를 강제수사하기로 결정한 상태였다. 강제수사 시기는 당연히 기밀 사항이다. 그런데 옴진리교는 마치 경시청의 강제수사 시기를 정확히 파악한 듯 대응책을 세웠고 강제수사보다 한 발 앞서 지하철 사린 사건을 일으켰다. 경찰 내부 정보가 옴진리교에게 어떤 형태로든 전달되고 있었던 것이 아니냐는 의문은 당연히 제기됐지만, 아직까지 정확한 사실 관계는 밝혀지지 않았다.

3월 18일 새벽 2시 - 리무진 모의

마쓰모토 치즈오와 교단 주요 간부 등 약 20명은 3월 18일 자정을 조금 지난 시각에 옴진리교 교단이 운영하는 도쿄 도의 한 음식점에서 회식을 하고 있었다. 새롭게 교단 내부 지위가 상승한 간부들을 축하하기 위한 자리였다. 이 자리에서 마쓰모토 치즈오는 주요 간부들에게 "X 데이가 온다고 하더군"이라고 발언하는 등 경시청의 교단 강제수사를 걱정하고 있다는 심중을 내비친다.

옴진리교 교단은 이미 1990년에 국토이용계획법 위반 사건으로 교단 시설에 대한 대대적인 수색을 받은 경험이 있었다. 마쓰모토 치즈오는 당시의 기억을 떠올리며 강제수사에 대한 불안감을 키우고 있었던 것으로 보인다. 옴진리교는 1995년 3월 당시 1990년과는 비교도 할 수 없을 정도로 많은 범행의 증거를 교단 시설 내에 숨기고 있었던 만큼 강제수사 시작은 교단의 파멸을 의미했다. 그러나 이 자리에서는 이렇다 할 대응책은 나오지 않았다.

회식이 끝나자 마쓰모토 치즈오는 후지산 부근의 교단 본부 돌아가기 위해 자신의 리무진에 탑승한다. 신자들의 수행과 해탈을 강조하며 출가시에 전 재산을 교단에 기부하도록 강요하고 수행을 명목으로 식사도 최소한의 양만을 먹도록 지시한 신흥종교의 교주가 자신은 리무진을 타고 이동하는 이 기괴한 상황을 교단 간부와 신자들은 아무렇지도 않게 받아들이고 있었던 듯하다. 마쓰모토 치즈오는 이 리무진에 교단의 주요 간부들을 태워 함께 후지산 부근의 교단 본부로 이동하면서 강제수사 대응책을 논의하기로 한다. 이들이 리무진에 탑승한 시각은 3월 18일 새벽 2시경으로 알려져 있다.

리무진 차량 안에서 범죄를 모의했다는 의미로 각 수사기관 등이 훗날 '리무진 모의'라고 부르게 되는 이 회의에서 마쓰모토 치즈오는 우선 간부들의 의견을 묻는다. 그러자 한 간부가 예전에 마쓰모토 치즈오가 한신 아와지 대지진이 발생하자 강제수사가 시행되지 않았다고 발언한 적이 있다는 사실을 언급하며, 이와 유사한 수준의 재난이 발생하면 경찰은 옴진리교를 수사할 여력이 없을 것이라는 뜻을 내비친다. 그리고 보툴리누스균 살포가 실패한 원인에 대한 분석을 보고하자 마쓰모토 치즈오는 다른 간부에게 뭔가 갖고 있는 것이 없냐고 묻는다. 그러자 그 간부는 보툴리누스균이 아니라 사린이라면 실패하지 않았을 거라는 의미인지 묻는 발언을 한다. 이에 한신 아와지 대지진을 언급한 간부가 동조하며 지하철에 사린을 살포하면 될 것이라고 제안한다. 마쓰모토 치즈오는 일본의 수도 도쿄의 지하 밀폐 공간을 누비는 지하철 차량 안에 사린을 살포하는 무차별 테러를 일으키면 한신 아와지 대지진에 필적하는 대참사가 발생해 경찰의 강제수사를 회피할 수 있을 것이라고 생각하고 "그러면 패닉이 발생할 지도 모르겠군"이라는 말로 동의를 표시했다고 한다. 그 뒤 마쓰모토 치즈오는 처음 한신 아와지 대지진을 언급한 간부를 총책임자로 임명해 테러를 지시한다.

그 자리에서 사린을 실제로 살포할 실행범들의 인선이 이뤄진다. 총책임자가 4명을 제안하고 마쓰모토 치즈오가 한 명을 추가해 5명이 선발된다. 그리고 마쓰모토 치즈오가 다른 간부에게 "사린을 만들 수 있나"라고 묻자 그 간부는 "조건이 갖춰지면 만들 수 있다고 생각합니다"라고 응답한다. 이어서 은폐 공작에 관한 사항도 논의된다. 옴진리교가 적대세력의 테러 공격을 받아 피해를 입은 것처럼 꾸미면 사회의 동정을 얻을 수 있을 것이라는 안이한 발상 아래 옴진리교에 호의적인 발언을 해온 종교학자의 자택에 폭탄을 설치하고 도쿄 총본부 도장에 화염병을 투척한다는 계획이 제기된 것이다. 마쓰모토 치즈오는 두 가지 제안을 모두 받아들인다. 또한 실제로 도쿄에서 사린 살포를 지휘할 현장책임자도 따로 선정된다.

이 리무진 모의에 대한 수사는 마쓰모토 치즈오를 지하철 사린 사건의 주모자로 처벌하는 과정에서 매우 중요한 역할을 담당한다. 마쓰모토 치즈오는 자신의 손으로는, 적어도 일본의 수사기관이 밝혀낸 바로는 단 한 사람도 살해하지 않았으며, 실행범들과 함께 살해 현장에 있었던 적도 단 한 번밖에 없었다. 모든 살인은 마쓰모토 치즈오의 지시를 받은 교단 간부와 신자들이 실행했고 교단 내부에서 은밀히 이뤄진 살인 지령의 자세한 내막을 확인하기란 쉬운 일이 아니었다. 게다가 마쓰모토 치즈오는 재판에 지극히 불성실한 태도로 임했고 대부분의 범행을 주요 간부와 신자들의 책임으로 돌리는 파렴치한 행동도 서슴지 않았다. 그런 마쓰모토 치즈오의 덜미를 잡은 것이 바로 이 리무진 모의였다.

마쓰모토 치즈오와 교단 주요 간부들을 태운 리무진은 3월 18일 오전 4시경에 후지산 부근의 교단 본부에 도착한다. 일본 현대사를 뒤흔든 끔찍한 범행의 구체적인 계획을 논의하는 데 소요된 시간은 겨우 두 시간 남짓이었다.

3월 18일 오전 8시~9시 – 실행범들의 범행 승낙

리무진 모의를 통해 지하철 사린 사건 총책임자로 지명된 옴진리교 주요 간부는 아침이 밝은 뒤인 3월 18일 오전 8시~9시경에 교단 시설 내부의 자신의 방으로 사린을 직접 살포할 실행범 중 4명을 모은다. 총책임자는

"너희들이 해줬으면 하는 일이 있다. 이건……" 여기까지 말하고 얼굴과 시선을 위쪽으로 향한 뒤 "……에서 나온 거야"라고 말하며 얼굴을 원래 위치로 되돌린다. 총책임자는 이 제스처로 이것이 높은 사람, 즉 마쓰모토 치즈오의 지시임을 암시한다. 이어서 "곧 강제수사가 있을 것이다. 소란을 일으켜서 강제수사의 창끝을 피하기 위해 지하철에 사린을 뿌린다. 싫다면 거절해도 좋다"라고 말한다. 실행범 네 명은 이것이 마쓰모토 치즈오의 뜻임을 알고 지시를 받아들인다.

총책임자는 "3월 20일 월요일의 통근시간대에 맞춰서 결행한다. 대상은 공안 경찰, 검찰, 재판소에서 근무하는 자들이며 이자들은 가스미가세키 역에서 내린다. 실행자들이 각각 가스미가세키로 향하는 다른 노선의 지하철에 탑승해 가스미가세키 역에 가까운 역에서 사린을 살포하고 도망치면 밀폐공간인 지하철 차량 안에 사린이 가득 차 가스미가세키 역에 내릴 사람은 그걸로 죽을 것이다"라고 구체적으로 지시한다. 그리고 사린 살포 방법에 대해서는 마쓰모토 치즈오의 아이디어라면서 음료수 등을 담는 용기에 사린을 넣어 뚜껑을 덮은 다음 살포할 때는 뚜껑을 열어 용기를 바닥에 굴려서 사린을 유출시키는 방법이 있을 거라고 말하고는 다른 좋은 방법이 있는지 생각해두라고 지시한다. 이 자리엔 실행범 중 4명만이 있었지만 총책임자는 실행범이 1명 더 있다는 사실, 마쓰모토 치즈오가 실행범들에게 변장을 지시했다는 사실, 현장책임자가 따로 있다는 사실도 전달한다.

3월 18일 저녁 – 사린 제조 착수

총책임자는 3월 18일 저녁에 실행범 4명과 함께 도쿄의 지하철 탑승자를 위한 가이드 맵을 펼쳐놓고 구체적인 계획을 세운다. 가스미가세키로 향하는 지하철 노선 시간표, 각 지하철역의 대략적인 지도 등을 바탕으로 어느 역에 탑승해 어느 역에서 내릴 것인지, 출구에 가까운 차량은 무엇인지 등을 검토한 결과 히비야 선, 마루노우치 선, 치요다 선의 3개 노선 5개 차량에 승객이 많은 시간대인 3월 20일 월요일 오전 8시에 일제히 사린을 살포한다는 계획이 이 자리에서 결정된다. 또한 도쿄에서 사용할 아지트와 실행범들을 운송할 5대의 차량 및 5명의 운전자도 필요하다는 의견이 나온다. 이후 총책임자는 나머지 1명의 실행범에게 범행 계획을 알리고 이 실행범도 지시를 승낙한다.

〈요미우리 신문〉의 특종 보도로 그해 1월, 옴진리교 교단이 사린을 전량 폐기하는 과정에서 한 간부가 몰래 숨겨뒀던 사린 직전 단계 물질이 사린 제조 담당자의 손에 넘어간 시점도 3월 18일 저녁이었다. 총책임자는 옴진리교 교단이 사린 직전 단계 물질을 은닉하고 있다는 사실을 보고 받아 알고 있었던 두 명의 간부 중 한 명이었으며, 따라서 누구에게 사린 제조를 지시하면 될지도 가장 잘 파악하고 있는 인물이었다. 그는 리무진 모의 이후 사린 직전 단계 물질을 보관하고 있던 간부에게 "가능한 한 빨리 사린을 만들어라. 만들 수 있는 만큼 만들어라. 지하철에서 사린을 사용할 것이다"라고 지시한다.

지시를 받은 간부는 3월 18일 저녁에 실제로 사린을 제조할 담당자에게 사린 직전 단계 물질을 전달한다. 이후 실제로 사린을 제조할 간부들 사이에서 기술적인 논의가 이어진다. 사린 직전 단계 물질을 넘겨받은 제조 담당자는 총책임자의 인도로 3월 18일 밤 11시경에 마쓰모토 치즈오의 방을 방문하기도 하는데, 그 자리에서 마쓰모토 치즈오는 이 담당자에게 "사린을 만들어라"라고 직접 지시를 내린 것으로 파악된다.

3월 19일 오전 11시경 – 실행범 도쿄 도착

지하철 사린 사건 하루 전인 3월 19일 오전 8시경, 후지산 부근의 옴진리교 시설에 모여 있던 실행범들에게 도쿄로 이동하라는 지시가 내려진다. 이 지시에 따라 실행범과 간부 총 7명이 자동차 2대에 나눠 타고 도쿄를 향해 출발해 오전 11시경에 도쿄의 아지트에 도착한다. 이 아지트에서 어느 실행범이 어느 노선의 지하철 차량에 사린을 살포할지가 결정되고 각 노선의 어느 역에서 몇 시에 목표 차량에 탑승한 뒤 사린을 살포한 다음에는 어느 역에서 내릴 것인지도 결정된다.

3월 19일 오후 1시 30분경, 실행범 등은 신주쿠에서 식사를 하고 변장에 사용하기 위한 셔츠와 넥타이, 가발, 안경 등을 구입한다. 그 뒤 이들은 두 그룹으로 나뉘어 지하철 역 주변을 답사하거나 사린을 담을 만한 용기를 찾는 등의 활동을 하면서 시간을 보낸 뒤 오후 7시경에 아지트로 돌아온다.

3월 19일 오후 1시경 – 결의 재확인과 운전 담당자 선발

한편 마쓰모토 치즈오는 자신의 지시가 제대로 이행되고 있는지를 수시로 확인하며 불만과 불안감을 쌓아가고 있었다. 3월 19일 정오 전에 사린 제조 담당자가 총책임자와 함께 자신의 방을 방문하자 마쓰모토 치즈오는 "아직 안 만들었지?"라는 말로 제조 담당자를 질책하며 사린 제조를 서두를 것을 우회적으로 지시한다. 마쓰모토 치즈오의 방을 나온 뒤 총책임자도 제조 담당자에게 "빨리 해라. 오늘 중에 해라"라고 지시하며 사린 제조를 재촉한 것으로 알려져 있다.

3월 19일 오후 1시경, 총책임자와 현장책임자는 운전 담당자를 선발하고 운전 담당자와 실행범의 조합을 묻기 위해 마쓰모토 치즈오의 방으로 간다. 마쓰모토 치즈오는 이 시점까지 사린이 완성되지 않는 등 준비 상태가 부족한 것을 알고 화를 내며 총책임자와 현장책임자의 의지를 확인하기 위해 "너희들이 할 마음이 없으면 이번에는 그만둘까?"라고 묻는다. 두 사람이 입을 다물고 가만히 있자 마쓰모토 치즈오는 현장책임자에게 "어떻게 생각하나?"라고 다시 묻는다. 그러자 현장책임자는 마쓰모토 치즈오의 지시에 따르겠다고 대답하고, 총책임자는 실행범들이 현장에 사전 답사를 가는 등 의욕을 보이고 있다고 보고한다. 그러자 마쓰모토 치즈오는 "그럼 너희들에게 맡기겠다"라고 대답한다. 이 자리에서 마쓰모토 치즈오는 운전 담당자를 선발하고 운전 담당자와 실행범의 조합도 결정한다. 현장책임자는 즉시 도쿄 번호판이 부착된 자동차 5대 조달에 착수한다.

3월 19일 오후 7시 25분 - 자작극

그 뒤 현장책임자는 리무진 모의에서 결정된 자작극도 실행에 옮긴다. 그해 1월에 시바신을 모신 신전처럼 외양을 꾸민 사린 플랜트를 방문한 뒤 옴진리교에게 유리한 취재 내용을 공표해준 종교학자의 집이 테러 대상으로 선정된다. 이 종교학자는 꾸준히 옴진리교 옹호론을 펼쳐왔던 만큼 그가 공격받으면 옴진리교에 대한 공격으로 간주돼 여론의 동정을 살 수 있을 것이라는 단편적인 사고의 산물이었다.

3월 19일 오후 7시 25분경, 자작극을 위해 따로 선발된 실행범들이 실제로 종교학자의 집 앞에 시한폭탄을 설치해 폭파시킨다. 폭탄의 위력을 설정할 때 너무 강력한 폭탄을 설치해 그들을 도와줄 종교학자에게 직접적인 위해를 가할 필요는 없지만 폭탄이 너무 약해 비웃음을 사서도 안 된다는 이유로 폭발 수위 조절에 고심했다는 기록이 남아 있다. 그 뒤 이들은 옴진리교 도쿄 총본부 도장에도 화염병을 투척했으며 두 곳의 현장에 옴진리교를 비방하는 범행 성명문을 남겨두는 치밀함도 보였다.

3월 19일 오후 8시경 – 사린 완성

한편 후지산 부근의 옴진리교 시설에서는 사린 제조 담당자들이 3월 19일 오후 8시경에 사린을 약 30% 포함하는 혼합액 5~6리터를 제조하는 데 성공했다. 실제로 사린이 살포되기 고작 12시간 전의 일이었다. 사린 제조에 관여한 간부들은 사린의 농도를 높이기 위해 사린만을 다시 분류하는 것도 고려했으나 시간이 하루 정도 더 걸릴 것으로 보여 우선은 마쓰모토 치즈오의 지시를 듣기로 한다. 3월 19일 오후 10시 30분경, 총책임자가 마쓰모토 치즈오에게 사린이 완성됐으나 아직 혼합물이라고 보고하자 마쓰모토 치즈오는 "괜찮아, 그걸로. 그 이상은 하지 않아도 된다"라고 응답해 사린을 분류하지 않고 혼합액을 그대로 사용할 것을 지시한다.

사린을 살포하는 구체적인 방법도 이즈음에 결정된다. 비닐 봉투에 사린을 넣어 밀봉한 뒤 끝을 날카롭게 간 우산으로 비닐 봉투를 찔러 사린을 유출시킨다는 계획이 채택된 것이다. 이를 위해 교단 간부들은 11개의 비닐 봉투를 준비하고 각각의 비닐 봉투에 약 500~600g의 사린 혼합액을 넣어 밀봉했다.

3월 19일 오후 9시 − 실행범 및 운전 담당자 도쿄 집결

현장책임자와 실행범 5명, 운전 담당자 5명은 3월 19일 오후 9시경에 도쿄의 또 다른 옴진리교 아지트로 장소를 바꿔 집결한다. 이 자리에서 각각의 실행범과 운전 담당자가 5개 팀으로 나뉘어 행동한다는 계획이 전달되고 각각 어느 노선 지하철의 어느 차량에 탑승할 것인지에 대한 세부적인 지시가 내려진다.

구체적인 범행 계획은 다음과 같았다. 각 실행범은 운전 담당자가 운전하는 차량을 타고 범행 목표 2~3역 앞 역으로 간 뒤 예정된 시각에 도착한 지하철에 탑승한다. 이들의 공통 목표는 가스미가세키 역이었으며, 특히 가스미가세키 역에서 경시청 쪽 출구 가까이에 정차하는 차량에 경시청 관계자가 많이 탑승할 것으로 보고 그 차량을 노리기로 한다. 실행범들은 목표가 된 역에 도착하면 사린을 살포한 뒤 즉시 하차한 다음 역 밖으로 나온다. 운전 담당자는 그사이 실행범들이 하차할 역 앞으로 이동해 대기하고 있다가 실행범들이 나오면 차에 태워 도주한다는 것이었다.

계획이 수립된 뒤 3월 19일 오후 10시경부터 이들은 각각 팀을 나눠 차량을 이용해 범행 목표 역으로 이동한 뒤 지하철의 발차 시각과 사린 살포 이후 합류할 장소 등을 확인하고 아지트로 돌아온다.

3월 20일 새벽 3시경 - 연습

현장책임자는 3월 20일 0시가 지나도 사린이 도쿄의 아지트에 도착하지 않자 사린을 전달받기 위해 독단으로 아지트를 떠나 후지산 부근의 옴진리교 시설로 향한다. 이즈음 마쓰모토 치즈오는 사린 살포 실행범들에게 살포 방법을 연습시킬 필요가 있다고 생각해 총책임자에게 연습을 지시했고, 총책임자가 현장책임자에게 연락을 취하려 했지만 현장책임자는 이미 아지트를 떠난 상태여서 일시적으로 연락이 닿지 않게 된다. 결국 총책임자는 실행범 중 1명에게 직접 연락해 실행범 5명 전원이 후지산 부근 옴진리교 시설로 돌아올 것을 지시한다. 실행범들은 3월 20일 새벽 2시경에 차량 2대에 나눠 탑승해 도쿄의 아지트를 출발한다.

새벽 2시경에 후지산 부근 옴진리교 시설에 도착한 현장책임자는 마쓰모토 치즈오의 방으로 가, 우선 종교학자와 교단을 향한 자작극 실행을 마쳤다는 사실을 보고하나 마쓰모토 치즈오는 독단으로 아지트를 떠난 현장책임자를 강하게 질책한다. 그 뒤 총책임자의 보고로 실행범들이 후지산 부근 옴진리교 시설로 향하고 있다는 사실이 알려진다. 마쓰모토 치즈오는 이때 사린 제조 담당자의 요청을 받아들여 사린이 든 비닐 봉투 위에 손을 얹어 에너지를 주입해 효과를 높인다는 의식을 한다. 새벽 2시 30분경, 현장책임자는 총책임자의 지시를 받아 편의점에서 비닐우산 7개를 구입한 뒤 끝을 날카롭게 가는 작업을 마친다.

3월 20일 오전 3시경, 실행범 5명이 후지산 부근의 옴진리교 시설에 도착한다. 이들은 옴진리교 시설의 한 방에 모여 우선 사린을 살포하는 방법에 관한 구체적인 설명을 듣는다. 사린이 든 비닐 봉투를 찌르기 위한 우산도 이미 마련된 상태였으며, 실제 범행 시에는 사린 봉투를 위장하기 위해 신문지로 비닐 봉투를 감싼다는 계획도 이때 성립된다. 실행범들은 이 자리에서 사린 대신 물이 들어간 비닐 봉투를 사용해 봉투를 바닥에 떨어뜨린 뒤 우산 끝으로 찌르는 연습을 한다.

　사린이 들어간 비닐 봉투는 11개, 실행범은 5명이었다. 이 문제는 1명의 실행범이 사린이 들어간 비닐 봉투 3개를, 나머지 4명의 실행범은 비닐 봉투 2개씩을 받는 것으로 해결된다. 그 뒤 실행범 5명 전원이 끝이 날카로운 우산과 사린 살포 2시간 전에 복용할 예방약을 1정씩 지급받고 3월 20일 오전 5시경에 도쿄의 아지트로 돌아온다. 아지트 도착 이후 실행범들은 예방약을 복용하고 사린에 중독될 경우를 대비한 치료제도 지급받은 뒤 범행 시각을 기다렸다. 현장책임자는 6시까지 재가신자와 출가신자의 차량 5대를 빌려 아지트 앞에 대기하는 데 성공했다.

1995년 3월 20일 오전 8시경 ─ 살포

3월 20일 오전 6시경, 5명의 사린 살포 실행범은 5명의 운전 담당자가 각각 운전하는 5대의 차량에 나눠 탑승하고 도쿄의 아지트를 출발해 계획된 지하철역으로 이동한다. 그 뒤 이들은 계획대로 치요다 선의 한 차량, 마루노우치 선의 두 차량, 히비야 선의 두 차량에 각각 탑승한다. 도쿄를 포함한 일본의 수도권에 거주하는 사람들이라면 대부분이 오늘 탑승했거나 내일 탑승할 예정이라 할 수 있는 지하철들이다. 목표로 한 역에 지하철이 도착하자 실행범들은 신문지로 싼 사린이 든 비닐 봉투를 지하철 바닥에 떨어뜨린 뒤, 날카롭게 간 우산 끝으로 찌르고 도주한다. 이들이 도주한 직후부터 각 지하철의 차량에 사린이 퍼져나가기 시작한다.

긴 하루 | 1995년 3월 20일

사린 살포 직후인 3월 20일 오전 8시 2분에서 8시 30분 사이에 사망한 것으로 확인된 33세의 여성을 시작으로 3월 20일 오전 10시 30분까지의 약 2시간 30분 사이에 6명이 사린 중독으로 사망한다. 그 뒤에도 병원으로 이송된 환자가 수일에서 수개월 뒤 사망하는 등 모두 13명의 희생자가 사린으로 인해 사망한 것으로 확인됐다. 이 가운데 1명은 재판에서는 사린 살포와 사망 간의 인과관계 증명이 어려울 것으로 보여 제외됐으며, 따라서 마쓰모토 치즈오와 다른 실행범들은 지하철 사린 사건으로 12명을 살해했다고 재판상 기록되어 있다. 그러나 재판이 아닌 행정적인 통계에서는 지하철 사린 사건으로 인한 사망자 수는 13명, 부상자는 약 6,300명에 달한다.

신고를 받고 출동한 경찰과 소방대원 등이 각 지하철역으로 집결하기 시작했다. 우선 환자들을 가까운 병원으로 이송하는 작업이 시작됐으나 당시 일본 수도권의 병원에는 당연하게도 사린 치료제가 충분하지 않았다. 따라서 수도권이 속한 동일본이 아닌 서일본의 각 병원, 진료소, 의약품 업체 영업소 등이 보유하고 있는 치료제 재고를 신속하게 수도권으로 수송하는 작전이 펼쳐졌다. 심지어 고속철도인 신칸센에 치료제를 든 직원을 태워 수도권으로 보내면 신칸센 역까지 나가 있던 병원 관계자가 치료제를 받아든 뒤 다시 병원으로 전속력으로 복귀하는 임시방편을 써서라도 치료제를 확보하기 위해 모든 관계자가 힘을 쏟았다.

사린이 살포된 지하철에 대한 오염 제거 작업도 진행됐다. 우선 승객을 모두 내리게 한 다음 육상자위대 화학방호대 등의 전문팀이 동원돼 지하철 차량에 남아 있는 사린을 제거해나갔다. 이때 특수 방호복을 입고 지하철역으로 들어가는 경찰, 소방 및 자위대 관계자의 사진과 영상이 지하철 사린 사건을 상징하는 보도 자료로 현재까지 남아 있다.

전 세계를 뒤흔든 속보가 타전되기 시작한 것도 이즈음이었다. 한국을 포함한 전 세계의 대부분의 사람들은 이날 아침까지 옴진리교의 존재를 모르고 있었고, 일본에 아주 사소한 이유로도 화학무기 공격을 감행하는 신흥종교 집단이 있다는 사실도 당연히 파악하지 못하고 있었다. 그들에게도 청천벽력과 같았던 뉴스가 전 세계에 충격을 던지는 동안 일본은 승객들을 대피시키려다 순직한 지하철 직원 2명을 비롯해 소방대원도 135명이나 부상을 입는 등 구조 관계자도 막대한 피해를 입으며 한 명이라도 더 많은 생명을 구하기 위

지하철 사린 사건 당일 가스미가세키 역으로 향하는 소방청 화학 중대의 모습

지하철 사린 사건 당일 차량 오염 제거 작업을 하는 육상자위대 대원들

해 최선을 다하고 있었다.

옴진리교는 계획대로 미증유의 대참사를 일으키는 데 '성공'했다. 그러나 옴진리교의 희망과는 달리 일본 경찰은 지하철 사린 사건 2일 뒤인 3월 22일에 후지산 부근의 옴진리교 시설 등 일본 전국 25개 옴진리교 시설에 대한 강제수사에 착수하고, 이후 4월 초순부터 교단 주요 간부들을 하나씩 검거해나가기 시작한다. 이 당시 전국 각지의 교단 시설에 진입하기 위해 경찰 약 2,500명이 동원됐고 특히 후지산 부근의 총본부에만 천수백 명의 병력이 동원됐다. 강제수사의 1차적인 목적은 공증사무소 사무장 납치 사건 실행범 체포였으나, 이것을 계기로 일본 경찰이 본격적으로 옴진리교를 궤멸시킬 생각이었다는 것은 누구의 눈에도 분명해 보였다. 이 강제수사에서 사린 제조에 반드시 필요한 삼염화인 등이 압수됐다.

지하철 사린 사건과 관련해 가장 안타까운 사실은, 이 사건의 구체적인 행동 계획은 지금까지 밝혀진 바로는 사건 발생 겨우 이틀 전에 수립됐다는 점이다. 지하철에 사린을 살포한다는 계획을 세운 리무진 차량이 교단 본부에 도착한 것이 1995년 3월 18일 새벽 4시경, 사린이 실제로 살포된 것은 3월 20일 오전 8시경. 옴진리교는 이 사이에 5명의 살포 실행범과 5명의 운전 담당자를 선발해 사전 답사에 예행연습까지 시키고, 비록 순도는 낮았지만 사린을 급조하고, 자신들에게 혐의를 뒤집어씌우려는 적대세력의 범행인 것처럼 보이기 위해 테러 자작극까지 벌일 정도로 일사불란하게 움직였다. 정작 사린을 살포한 실행범 5명은 현장에서 사망하지도 않고 멀쩡히 도피 행각을 벌였을 정도로 이 시기의 옴진리교는 사린 '운용' 경험을 쌓은 상태였다.

지하철 사린 사건 당일 피해자들의 모습

바로 이 사실, 범행 계획을 세우고 이틀 만에 이 정도 테러를 벌일 경험과 능력을 갖춘 집단이 일본 내에서 10년 동안 꾸준히 성장해왔는데도 일본 사회는 그 사실을 파악하지 못했고 결과적으로 범행도 막지 못했다는 사실이, 사건을 막을 책임이 있었던 사람들을 절망하게 만들고 그들에게 사회의 안전을 맡겼던 사람들을 분노하게 만들었다. 이 공허한 후회와 분노가 조금 형태를 바꿔 2017년 현재의 공모죄 신설 논쟁에서까지 일본 사회의 발목을 잡고 있는 것인지도 모른다.

그러나 일본 경찰에게 그 시점에서 아직 후회나 반성은 지나친 사치였다. 3월 22일의 강제수사 당시에는 아직 옴진리교의 주요 간부 등은 체포되지 않았으며 교주 마쓰모토 치즈오의 행방도 묘연했다. 후회하고 반성할 자격을 얻기 위해서는 우선 마쓰모토 치즈오를 체포하는 것부터 시작해야 했다.

옴진리교 간부 살해 사건 | 1995년 4월 23일

옴진리교는 지하철 사린 사건 이후 즉시 경찰의 수사를 받고 괴멸된 것은 아니었다. 역설적이지만, 법을 지키지 않기로 결심한 집단이 화학무기 테러를 자행하는 데 계획에서 실행까지 이틀이면 족했지만 문명국가가 법과 절차에 따라 수사와 처벌을 진행하기란 그렇게 쉬운 일은 아니었다.

이런 가운데 1995년 3월 30일에 사상 초유의 경찰청 장관 저격 사건이 벌어진다. 3월 30일 오전 8시 31분경, 당시 일본의 경찰청 장관이 자택을 나오자 매복하고 있던 남성이 권총을 4번 발사했고 그중 3발이 장관의 복부 등에 명중한 것이다. 장관은 이송된 병원에서 사경을 헤매다가 구사일생으로 목숨을 건지고 그 뒤 공무에 복귀한다. 사건 발생 시기가 시기였던 만큼 옴진리교의 범행일 것으로 많은 사람들이 예상했으나 결국 범인은 잡히지 않고 15년이 지난 2010년 3월 30일에 사건의 공소시효가 만료된다. 공소시효 만료 직후 경시청 공안부장이 기자회견을 열고 이 사건은 옴진리교 관련자들이 조직적으로 자행한 것이라고 판단하고 있다고 밝히지만, 공소시효가 지난 시점에서 이런 발표를 한 것에 대해서는 찬반양론이 있었다. 결국 이 사건은 영구 미제 사건으로 남았다.

교단 간부가 체포되기 시작한 이후에도 옴진리교는 여전히 활동을 계속하고 있었다. 1995년 4월에도 옴진리교 주요 간부들은 각종 TV 방송에 출연해 교단의 결백을 주장한다. 지하철 사린 사건이 발생하고 경찰청 장관이 저격당한 뒤에도 방송국을 찾아 사회자의 질문에 담담한 표정으로 응답하는 옴진리교 주요 간부의 모습이 아직 영상으로 남아 있다. 심지어 4월

13일에는 본인도 옴진리교의 화학무기 공격을 받은 적이 있는 저널리스트 에가와 쇼코가 직접 방송에 출연해 옴진리교 주요 간부와 같은 스튜디오에서 토론을 벌이기도 한다. 이 시점까지도 옴진리교가 지하철에 사린을 살포했다는 것은 '의혹'의 단계에 머무르고 있었으며, 당시 일본의 일부 언론은 옴진리교 내부의 성청제를 완전히 무시하지 않고 그들이 주장하는 직함을 그대로 불러줄 정도로 중립적인 태도를 유지하고 있었다.

4월 23일 저녁, 옴진리교 도쿄 총본부 앞에는 약 200여 명의 취재진이 TV 중계용 카메라 등의 장비를 갖추고 모여 있었다. 옴진리교의 주요 간부가 도쿄 총본부로 돌아온다는 정보를 입수하고 그가 도착하는 것을 기다려 취재를 하기 위해 대기하고 있었던 것이다. 4월 23일 오후 8시 30분경, 옴진리교 주요 간부 무라이 히데오가 도쿄 총본부 앞에 도착한다. 당시 36세. 지하철 사린 사건에 앞선 리무진 모의에서 사린 살포를 제안하고 실제 사건의 총책임자를 맡았던 인물이었다. 이 간부가 취재진에 둘러싸인 채 인파의 틈을 비집듯이 교단 총본부 건물에 가까이 다가갔을 때인 4월 23일 오후 8시 36분경, 취재진 사이에 섞여 있던 한 청년이 칼을 휘둘러 간부를 수차례 찌른다. 간부는 그 자리에서 쓰러져 병원으로 이송됐으나 다음날인 4월 24일 오전 2시 33분경에 병원에서 사망한다.

세 자릿수의 취재진이 있었던 만큼 이 살해 장면은 TV 카메라에 여러 각도에서 촬영된다. 그러나 사건 발생 직후에는 살해 현장 가까이에 있던 몇 명을 제외하면 대부분의 취재진들이 무슨 일이 발생했는지 제대로 파악조차 하지 못하고 있었다. 구급차가 도착하고 나서야 자신들이 취재를 위해 모인 바로 그 장소에서 습격 사건이 발생했다는 사실을 파악한 취재 관계자도 있었을 정도였다.

　범인은 현행범으로 체포됐고, TV 중계 차량은 구급차를 쫓아 병원으로 향한다. 8월 23일 오후 9시 40분경, 구급차에 동승했던 교단의 주요 간부가 병원 앞에서 기자들의 질문에 응답한다. 한 기자가 이 사건과 관련해 마쓰모토 치즈오가 기자회견을 열 생각은 없냐고 묻자, 이 간부는 이번에는 마쓰모토 치즈오를 죽일 생각이냐고 기자에게 반문한다. 양측의 입장이 선명하게 대비된 질문과 응답이었다. 일본 언론은 이 시점까지도 마쓰모토 치즈오가 TV 카메라 앞에 나오길 바라고 있었고, 옴진리교는 이 사건을 통해 여론의 방향을 조금이라도 바꾸고 싶었을 것이다.

　교단 간부를 살해한 범인은 훗날 재판에서 징역 12년형을 받았으며 2007년에 출소했다. 재판 과정에서 자신은 폭력조직의 구성원이 되려 하고 있었으며 폭력조직 간부의 지시를 받고 이를 실행에 옮긴 것이라고 주장했으나, 사건과 관련한 정확한 배후관계는 아직까지도 규명되지 않았다. 폭력조직이 관여했을 것이라는 주장, 옴진리교의 자작극이었다는 주장, 단순한 단독범행이었다는 주장이 아직까지도 대립하고 있다.

　옴진리교는 이 사건을 철저히 악용한다. 옴진리교의 각종 불법 활동에 깊이 관여한 주요 간부가 재판 전에 살해된 것을 기회로 삼아 마쓰모토 치즈오와 옴진리교 교단의 법적인 책임을 주로 이 간부에게 떠넘기려 한 것이다. 마쓰모토 치즈오의 재판을 비롯한 많은 재판에서 "교주의 의지와 상

옴진리교 간부 살해 사건이 발생한 장소

관없이 간부들이 폭주한 사건"이라는 주장은 꾸준히 반복된다. 그러나 마쓰모토 치즈오가 교단의 의사 결정을 거의 전담했다는 사실이 수많은 증거들을 통해 밝혀지면서 이 시도는 결국 실패에 그친다.

신주쿠 청산가스 사건 | 1995년 4월 30일~5월 5일

마쓰모토 치즈오는 1995년 1월에 한신 아와지 대지진이 발생한 뒤 경찰의 수사가 늦어진다는 느낌을 받자 훗날 지하철 사린 사건의 현장책임자를 맡는 간부에게 "대지진이 발생하자 경찰의 강제수사가 들어오지 않았다. 또 강제수사를 하려는 움직임이 보이면 석유 콤비나트를 폭파해 수사를 방해해라. 시간이 나면 조사해둬라"라고 지시한다. 석유 콤비나트는 대규모 석유 화학 공장군을 말하며, 일본의 석유 콤비나트가 폭파된다면 문자 그대로 미증유의 재앙이 발생할 터였다.

지하철 사린 사건 이후 자신을 향한 수사망이 점점 좁혀져 오는 것을 느끼고 있던 마쓰모토 치즈오는 4월 16일에 이 간부를 다시 불러 석유 콤비나트 폭파를 예로 들며 4월 30일까지 대규모 사건을 일으키고 이후에도 매달 30일마다 큰 소란이 발생할 만한 대형 사건을 일으켜 수사를 방해하라고 지시한다. 이 지시의 진의는 명확히 파악할 수 없으나 만약 지하철 사린 사건 수준의 사건을 매달 30일마다 일으킬 생각이었다면 일본에서 생활하는 시민들의 입장에서는 전율을 금치 못할 발언임에는 분명했다.

당시의 옴진리교는 경찰의 적극적인 수사로 세력이 많이 약해져 있어 그런 대형 사건은 일으킬 여력이 없었을 것이라는 견해가 있는 한편, 지하철 사린 사건도 범행 계획에서 실행까지 고작 이틀이 걸렸다는 사실을 감안하면 가볍게 생각할 일은 아니었다는 의견도 있다. 그러나 당시 이 계획을 실행해야 했던 옴진리교 간부들에게 현실은 전자의 의견에 조금 더 가까웠던 듯하다. 이후의 사건은 마쓰모토 치즈오가 직접 관여하기보다는 그의 지시를 받은 간부를 중심으로 자행됐기에 마쓰모토 치즈오의 재판에서는 이 내용은 다뤄지지 않았으며 사건을 주도한 간부의 재판을 통해 전모가 밝혀진다.

이들은 우선 마쓰모토 치즈오에 대한 수사를 방해할 만한 대형 테러로 어떤 것이 있을지 검토하기 시작한다. 석유 콤비나트 폭파, 다이옥신 살포, 열차 전복 등이 검토됐고 현장 답사도 이뤄졌으나 모두 쉽지 않을 것이라는 판단이 내려져 보류됐다. 또한 이즈음에 테러 공격을 주도하던 간부에 대한 체포 영장이 발부되면서 이들의 행동에도 추가적인 제약이 생겼다.

4월 26일, 교단의 다른 주요 간부가 습격을 받아 사망한 지 이틀 뒤에 이 간부는 다시 휘하의 신자들을 모아 어떤 사건을 일으킬 것인지 논의한다. 그 자리에서 청산가스라면 즉시 만들 수 있다는 의견이 나와 청산가스 발생장치를 급조한 뒤 도쿄의 번화가인 신주쿠 역의 지하도 화장실에 설치한다는 테러 계획이 수립된다. 그리고 예정대로 4월 30일에 계획된 장소에 청산가스 발생장치를 설치하나, 청산가스 제조 과정에서 약품을 잘못 넣는 바람에 정작 청산가스는 발생하지 않았다.

그러나 이들은 불필요한 집요함으로 마쓰모토 치즈오의 지시를 충실히 따른다. 새롭게 청산가스 발생장치를 만들어 5월 3일에도 같은 장소에 설치하려 했으나 이날은 통행인이 많아 장치를 설치도 하지 못하고 아지트로 복귀하게 된다. 아지트에서 청산가스 발생장치를 분해하다가 청산가스가 유출되는 바람에 오히려 실행범들이 아지트에서 대피하는 소동이 발생하기도 했다.

1995년 5월 5일 오후 4시경, 실행범들은 세 번째로 청산가스 테러를 시도한다. 이때는 목표로 한 화장실에 청산가스 발생장치를 설치하는 데에 성공했으나 가스가 유출되기 전에 화장실 청소 담당자가 이 장치의 일부를 건드려 제 기능을 하지 못하게 만든 덕에 결국 청산가스는 발생하지 않았고 테러도 실패로 끝난다.

도쿄 도청 소포 폭탄 사건 | 1995년 5월 16일

마쓰모토 치즈오의 테러 지시를 수행하고 있던 간부와 신자들은 신주쿠 청산가스 사건이 미수에 그친 뒤 다음 테러를 계획하고 있었다. 마쓰모토 치즈오는 매달 30일마다 사건을 일으킬 것을 지시한 상태였고, 신주쿠 청산가스 사건의 실행이 늦어지는 바람에 다음 사건까지 남은 날짜는 25일 정도였다. 이것만 보아도 마쓰모토 치즈오의 첫 지시가 얼마나 상식 밖이었는지를 알 수 있지만 이들은 끝까지 성실하게 지시를 이행하고 있었다. 성실함이 사회에 좋은 영향을 끼치기만 하는 것은 아니라는 주장의 좋은 예시라 할 만했다.

5월 8일, 이들이 잠복하고 있던 도쿄의 아지트에 옴진리교 간부가 도착해 마쓰모토 치즈오의 메시지를 전한다. "일주일 안에 어떤 일이 일어나도 동요하지 말라"라는 내용이었다. 마쓰모토 치즈오는 PC 통신을 사용해 전 신자들에게 같은 내용의 메시지를 보내기도 했다. 이 메시지를 들은 간부는 1주일 이내에 마쓰모토 치즈오가 체포될 것이라는 의미로 받아들이고 이를 저지하기 위해 일주일 안에 다시 테러를 일으키기로 결심한다.

한 신자가 폭탄이라면 금방 만들 수 있다고 발언하자, 이 의견을 받아들여 소형 폭탄을 소포에 넣어 중요한 인물에게 보내는 방식으로 폭탄 테러를 일으킨다는 계획이 즉시 수립된다. 테러 대상으로는 도쿄 도지사가 선정됐다.

당시 도쿄 도는 1996년에 개최할 예정이었던 세계 도시 박람회가 심각한 경기 악화로 준비에 난항을 겪자 박람회 강행 여부를 두고 여론이 첨예하게 대립하고 있었다. 1995년 4월 9일에 시행된 도쿄 도지사 선거에서도 이 문제가 큰 쟁점으로 부각돼 박람회 중지를 공약한 후보가 박람회 강행을 공약한 후보를 큰 표 차이로 따돌리고 당선에 성공했을 정도였다.

옴진리교는 이 대립을 테러에 악용하기로 한다. 책 내부를 파내고 그 안에 폭약을 채운 폭탄을 만든 뒤 박람회 강행 지지파가 도쿄 도지사에게 폭탄을 보낸 것처럼 위장해 도쿄 도지사 혹은 그와 관계된 사람을 노린 테러를 벌이기로 한 것이다. 5월 11일에 폭탄이 완성됐고 이들은 지체 없이 폭탄이 든 소포를 우편함에 넣는다.

폭탄은 5월 12일에 도쿄 도지사 공관으로 배달되나 도지사가 그 자리에 없어 도쿄 도청으로 다시 우송된다. 그리고 5월 16일 오후 6시 57분경, 도쿄 도 총무국 지사실 비서 담당 부참사가 소포를 개봉하자 폭탄이 폭발한다. 당시 44세였던 이 부참사는 왼손의 손가락을 모두 절단해야 할 정도의 중상을 입었으나 다행히 생명에는 지장이 없었다.

지하철 사린 사건에서 현장책임자를 맡았으며 이후에도 테러를 주도해 온 간부는 공교롭게도 폭탄이 실제로 폭발하기 하루 전인 5월 15일에 체포됐고 훗날 사형을 언도받는다. 체포 당시 그의 나이는 25세였다.

마쓰모토 치즈오 체포 | 1995년 5월 16일

1995년 5월 16일 오전 5시 25분, 한 무리의 경찰들이 후지산 부근 옴진리교 시설의 한 건물 주변에 집결해 있었다. 지하철 사린 사건 이틀 뒤인 3월 22일부터 옴진리교의 시설들은 경찰의 집중적인 감시를 받고 있었지만 이날 한 3층 건물 주변에 350명 규모의 인원이 집결해 있었던 데에는 다른 중요한 이유가 있었다. 이날은 마쓰모토 치즈오를 살인 혐의로 체포하라는 체포 영장을 경찰이 집행하는 날이었다. 옴진리교가 화학무기로 저항할 것을 우려해 카나리아를 넣은 새장을 든 수사관이 투입될 정도로 현장에는 긴장감이 감돌았다.

5시 30분, 약 10명의 수사관이 뒷문을 통해 돌입했다. 이 건물에는 마쓰모토 치즈오의 방이 있었지만 수사관들이 들어갔을 때 방은 이미 비어 있었다. 이어서 건물 내부를 샅샅이 뒤졌지만 마쓰모토 치즈오의 모습은 보이지 않았다. 수사관들은 포기하지 않고 1층과 2층 사이의 공간을 수색하기 시작했다. 이들이 이곳을 수색한 것에는 이유가 있었다.

영장 집행 전날인 5월 15일 밤 11시 30분경, 사린 제조에 관여한 옴진리교의 간부가 스스로 수색 지휘관을 만나고 싶다고 요청해 왔다. 이 간부는 그 자리에서 놀라운 고백을 한다. "구루(마쓰모토 치즈오)는 1층과 2층 사이의 방에 있습니다. 말기 암을 앓고 있으니 조심해서 다뤄주십시오." 경찰은 이 정보를 파악하고 있었기에 1층과 2층 사이도 신중히 수색했지만 결국 3시간이 지나도록 마쓰모토 치즈오는 발견되지 않았다.

수사관들이 잠시 쉬고 있는 사이, 한 경찰관이 열흘 정도 전에 옴진리교 신자들이 이 건물의 2층과 3층 사이의 외벽에 난 구멍 주변에 비를 막는 커버를 씌우는 광경을 목격한 사실을 기억해낸다. 수사관들은 2층 천장 부근에 대한 수색을 재개했다. 천장을 부수자 그 안에 숨겨져 있던 은신처가 모습을 드러냈다. 높이 약 50cm, 폭 약 100cm, 길이 약 330cm의 은신처였다. 마쓰모토 치즈오는 이 은신처 안에서 머리에 전류를 주입하는 헤드기어를 쓴 채로 현금 약 960만 엔 및 침낭과 함께 발견됐다. 수사관이 마쓰모토 치즈오인지를 묻자 "예, 명상하고 있었습니다"라고 대답했다고 한다. 전날 숨겨진 은신처가 있다는 사실을 전해 들었던 수색 지휘관이 결정적인 목격 사실을 기억해 낸 경찰관을 불

체포 직후의 마쓰모토 치즈오의 사진

러 "네가 발견했으니 네가 수갑을 채우라"라고 말한다. 1995년 5월 16일 오전 9시 45분, 마쓰모토 치즈오가 체포됐다. 체포 당시 그의 나이는 40세였다.

수사관과 동행한 의사가 현장에서 간단하게 마쓰모토 치즈오의 건강 상태를 체크했다. 건강에 이상이 없다는 판단이 나오자 즉시 이송이 시작됐다. 마쓰모토 치즈오가 말기 암을 앓고 있다는 말은 거짓이었다. 체포에 결정적인 역할을 한 간부가 거짓말을 한 것인지, 아니면 그 간부는 진심으로 그렇게 믿고 있었는지는 분명하지 않다.

이후 마쓰모토 치즈오를 태운 호송차는 도쿄로 직행해 오후 0시 35분경에 도쿄 가스미가세키의 경시청 건물에 도착한다. 마쓰모토 치즈오가 그

렇게나 증오했던 일본 경찰, 지하철 사린 사건의 목표이기도 했던 가스미가세키 경시청으로 마쓰모토 치즈오 본인이 체포돼온 것이다. 지하철 사린 사건이 발생한 지 58일 뒤의 일이었다.

마쓰모토 치즈오는 이날 이후 2017년 12월 현재까지 단 하루도 자유의 몸이 되는 일 없이 수감 생활을 계속하고 있다. 옴진리교의 광기는 이렇게 파멸의 순간을 맞이했다.

그리고 그들의 광기가 끝난 자리에서, 아무런 특별한 일도 없는 지루한 일상이라는 행복을 되찾으려는 평범한 사람들의 지루하고 지루한 싸움이 시작되고 있었다.

PART 2

일본 VS 옴진리교

사후처리

옴진리교 사건은 일본이라는 현대 국가를 종교의 외투를 입은 고대의 망령이 잔혹하게 짓밟은 사건이었다. 옴진리교는 고대 종교의 교리 가운데 일부를 차용하면서 그 시대의 잔학성까지 현대에 재현한 듯 일본 사회를 유린했다. 그리고 그들의 공격이 한계에 달해 광기의 수레바퀴가 겨우 파괴됐을 때, 현대 국가인 일본은 현대 국가다운 반격을 준비하고 있었다. 길고 지루하고 촘촘하고 세밀한, 그리고 결코 멈추지 않는 반격이었다.

옴진리교 사건을 해결하기 위해 일본 사회가 처리해야 할 일은 수도 없이 많았다. 특히 지하철 사린 사건 직후에는 이 사건으로 발생한 다수의 중상자를 치료해야 했고 정신적인 충격을 받은 피해자들이 일상생활로 돌아갈 수 있도록 하는 의료 지원도 필요했다. 그리고 좀 더 넓은 시야에서 옴진리교 사건 전체의 원인을 규명하기 위해, 특히 불과 몇 년 전까지 평범한 시민이었던 사람들이 종교라는 이름 아래 어떻게 이런 행동을 보일 수 있었는지를 분석하기 위해 사회학, 심리학, 종교학 등 각 분야의 연구가 시작됐다.

한때 일본에서 '마인드 컨트롤'이란 용어가 크게 유행한 것도 이 사건의 영향이 컸다. 일반적으로 '타인의 사상이나 정보를 통제해 개인이 의사를 결정할 때 특정한 결론에 도달하도록 유도하는 기술'을 통칭하는 이 마인트 컨트롤이라는 개념은 옴진리교 사건 이후 일본 사회에 확고히 정착하게 된다. 일본 사회 구성원들은 옴진리교를 알기 전까지 대부분 평범한 삶을 살고 있었던, 혹은 각자의 자리에서 우수한 인재로 분류되거나 비범한 성취를 보여왔던 사람들이 순식간에 잔혹한 범죄자로 전락한 이유를 찾고 싶어 했다. 마인드 컨트롤이라는 용어는 일본 사회가 수용하기 가장 용이한 설명 중 하나였고, 덕분에 마인드 컨트롤에 대한 연구가 전 사회적으로 큰 관심을 모은다.

그러나 학문의 영역을 벗어나 일본 사회의 책임 있는 구성원들이 옴진리교 사건에 어떻게 대응했는지를 살펴보면 좀처럼 칭찬할 구석을 찾기 힘들었다. 옴진리교가 끝을 모르고 폭주하는 동안 일본 정부, 수사기관 그리고 언론은 각자의 자리에서 놀라울 정도로 안이하거나 잘못된 선택을 반복하고 있었다.

일본 정부는 옴진리교가 일본이라는 국가 전체에 심각한 해악을 끼칠 정도의 파괴력을 가진 집단이라는 사실을 너무나도 늦게 파악했다. 옴진리교의 사린 살포 실행범 5명이 도쿄의 지하철에서 사린이 들어간 비닐 봉투를 우산 끝으로 찌르는 그 순간에도 옴진리교는 일본 정부가 관계 법령에 따라 정식으로 승인한 종교법인이었다. 일본 국내에서 발생한 모든 일의 최종적인 무한책임이 일본 정부에 귀속된다는 것을 생각하면 사태가 이렇게까지 악화되도록 수수방관한 일본 정부는 매서운 비판을 받아 마땅했다.

일본의 수사기관은 지나치게 오랜 기간 동안 옴진리교의 위험을 과소평가했다. 사회에 위험을 끼치는 요소들을 다른 어떤 조직보다 먼저 그리고 민감하게 파악해야 하는 수사기관이라고는 믿기 어려울 정도로 방만한 태도였다. 일본의 공안 경찰은 사카모토 쓰쓰미 변호사 일가 '실종' 사건이 발각된 시점부터 상당히 오랜 시간이 흐를 동안 옴진리교의 내부 조직도마저 확보하지 않고 있었다. 이것은 다시 말해 공안 경찰이 옴진리교의 위험성을 안중에도 두고 있지 않았다는 의미다.

옴진리교의 내부 조직이 어떻게 구성돼 있는지, 어떤 의사결정 체계와 명령 체계를 갖추고 있는지를 공안 경찰이 정확히 파악하고 있지 않았다면 범행을 막기 위한 선제적인 대응은 애당초 불가능한 이야기였다. 훗날 특히 지하철 사린 사건만이라도 미연에 방지하기 위해서는 1995년 1월에 강제수사에 착수했거나 늦어도 사건 이틀 전의 리무진 모의의 내용을 경찰이 사전에 파악했어야 한다는 의견이 제기된다. 그러나 리무진에서 중요한 모의가 이뤄질 개연성이 높다는 것을 미리 알려면 우선은 옴진리교의 내부 구조를 경찰이 파악하고 있었어야 했다. 그 리무진에 탑승한 것이 주요 간부들이라는 사실을 알아야 리무진에서 중요한 모의가 있을 것이라고 예상을 할 수 있기 때문이다. 옴진리교의 조직도조차 작성하지 않았던 당시의 일본 경찰에게는 애초에 불가능한 일이었다. 이 건 하나만으로도 일본 경찰이 옴진리교 사건을 얼마나 안이하게 대응했는지를 알 수 있다.

수사기관의 안이함은 이뿐만이 아니었다. 다키모토 다로 변호사는 지하철 사린 사건이 발생하기 전인 1995년 3월 6일에 경찰청 장관과 검찰총장에게 "치안체제는 완비돼 있는가"라는 문서를 상신하고 3월 13일에는 "정말로 옴진리교가 사린을 살포할 가능성이 있다"는 문서를 상신한다. 다키모토 다로 변호사는 사본을 경시청에도 보낸 것으로 알려졌으나 결국 이런 경고는 모두 무시당했다. 다키모토 다로 변호사의 경고가 있고 7일 뒤에 실제로 지하철 사린 사건이 발생했다.

일본의 언론은 그나마 몇 개의 특종 보도로 언론 본연의 역할을 달성했다는 평가를 받기도 한다. 그러나 애당초 옴진리교가 사회적으로 큰 영향력을 얻고 많은 수의 신자들을 확보하게 된 배경에는 옴진리교와 관련된 자극적인 보도를 통해 회사 차원의 이익을 추구했던 각 언론사의 보도 경쟁이 있었음은 부인하기 어렵다.

옴진리교 사건의 특이한 점은 심지어 지하철 사린 사건 이후에도 옴진리교를 '웃긴 집단' 정도로 생각하는 사람이 남아 있을 정도로 이들을 깔보는 분위기가 사회 전반에 만연해 있었다는 점이다. 물론 옴진리교의 각종 기행과 황당무계한 행보는 사회의 비웃음을 사기에 충분했다. 그러나 그러한 표면적인 행태가 옴진리교가 공포스러운 집단이 아니라는 것은 결코 보장하지 않음에도 불구하고 많은 사람들이 그들의 외양에 속아 넘어갔다. 이런 경향에 박차를 가한 것은 다름 아닌 언론의 자극적인 보도 경쟁이었다.

심지어 일본의 수사기관과 언론은 마쓰모토 사린 사건 이후 무고한 시민을 유력한 용의자로 몰아가는 치명적인 실수를 합작하기도 했다. 이 사태의 배경에는 대형 사건에 관한 보도에서 '체포'를 보도의 정점으로 삼는, 현대의 수사기관 및 언론이 국가를 막론하고 공통적으로 보이는 병폐가 자리 잡고 있었다. 정상적인 절차대로라면 체포 당시의 용의자는 아직 죄가 있는지 없는지 불분명한 상태이다. 체포된 뒤 기소되고 재판을 통해 유죄가 확정되면 비로소 죄가 있었다는 사실이 명백하게 밝혀지는 것이다.

그러나 바쁜 현대인들은 이런 기나긴 절차를 기다려줄 틈이 없다. 그 결과 현대사회에는 기이한 관행 하나가 자리를 잡게 된다. 수사 과정에서 부상한 유력한 용의자를 우선 언론이 보도하고, 그 보도를 접한 사회 구성원 대다수가 용의자를 진범으로 내심 확정했을 때쯤 경찰이 용의자를 체포해 수갑을 채우고 경찰차에 태우는 장면을 전국에 생중계하는 것이다. 판결보다 훨씬 앞선, 경찰이 용의자를 체포하는 장면을 정의가 실현되는 순간이자, 사건 보도의 클라이맥스로 삼는 이런 관행은 장점도 있고 불가피한 면도 많지만 필연적으로 부작용을 낳는다. 분위기를 띄우기 위해 이런저런 경로로 경찰의 수사 과정 중 일부가 언론에 유출되고, 언론이 그 정보를 보도하면서 판결은커녕 기소도 되지 않은 용의자가 결과적으로 여론 재판 앞에 노출되는 것이다.

마쓰모토 사린 사건 이후 일본 언론이 첫 번째 신고자를 마치 진범인 것처럼 대대적으로 보도한 일련의 소동은 이런 관행의 부작용이 극명하게 드러난 사례였다. 다만 불행 중 다행이었던 점은 경찰과 언론이 아무리 노력해도 이 첫 번째 신고자가 진범이라는 결정적인 증거는 찾아내지 못해 무고한 시민을 체포하는 사태까지는 발생하지 않은 것이다. 그러나 수사의 혼선을 목격한 옴진리교가 사용하는 화학무기의 종류만을 바꿔 이후에도 테러를 반복한 것을 생각하면 언론의 실패라는 말로는 표현이 부족할 정도의 참사였다.

결국 일본 정부와 수사기관과 언론이 나란히 안이하고 방만하며 불필요한 선택을 반복한 덕에 옴진리교는 무고한 시민을 희생시키며 일본 사회 내부를 활보할 공간을 확보할 수 있었다. 이들이 잘못을 속죄하려면 뼈저린 반성만으로는 부족했다. 과거에 대한 후회와 반성도 물론 중요하지만, 미래를 위한 사후처리는 그 이상으로 중요했기 때문이다. 드디어 사태의 심각성을 제대로 파악한 일본 정부와 수사기관 그리고 언론은 옴진리교 문제를 근본적으로 해결하기로 마음을 먹는다.

세 자루의 창

1995년 5월, 즉 마쓰모토 치즈오가 체포되고 교단의 다른 주요 관계자들의 신병도 차례로 구속되고 있던 시점에 옴진리교는 일본이란 국가와 일본 사회에게는 문자 그대로 공공의 적이었다. 일본 사회와 옴진리교 교단 사이에 옴진리교의 세력이 약해진다는 것은 일본 사회의 이익이고, 옴진리교가 강성해지는 것은 일본 사회에 해악을 미친다는 단순명쾌한 인과관계가 성립하게 된 것이다.

　그렇다면 일본 정부와 사회가 선택할 수 있는 길은 간명했다. 옴진리교의 각종 범행에 관여한 주요 간부를 중심으로 옴진리교 관계자를 체포해 교단의 인적 자원을 뺏고, 옴진리교가 불법을 자행하며 구축한 막대한 재산을 몰수하거나 원래 주인에게 돌려줘 경제적인 기반을 붕괴시켜야 했다. 일본 사회와 옴진리교가 공존할 수 없다면 옴진리교라는 종교집단에 타격을 입히고 그들이 저지른 범죄에 대한 책임을 지게 만드는 것 이외에는 선택지가 없었다.

　물론 이 옴진리교 궤멸의 첫 걸음은 방대한 규모의 형사재판이었다. 2017년 현재까지도 이어지고 있는 재판을 통해 일본의 사법기관은 옴진리교 사건의 진상을 규명하고 책임을 져야 할 관계자는 마지막 한 명까지 책임을 지도록 만들기 위해 노력하고 있다.

　그러나 형사재판은 개개인의 범행에 대한 죗값을 묻는 것일 뿐 옴진리교 교단 그 자체를 붕괴시키는 데는 한계가 있었다. 최대한 피고인의 인권을 보호하며 신중하게 절차를 진행해야 하는 형사재판을 통해 옴진리교 사건 관계자 중 최소한의 인원만이 처벌을 받고 남은 관계자들은 종교의 자유라는 이름 아래 다시 결집해 유사한 활동을 반복한다면 일본은 옴진리교 사건에서 아무런 교훈도 얻지 못한 셈이 된다.

　일본 정부와 사회는 그런 우는 범하고 싶지 않았기에 옴진리교 교단 그 자체를 파멸로 몰아가기 위해 그들이 사용할 수 있는 수단을 신중하게 검토하기 시작한다. 옴진리교가 일본 사회를 공격할 때는 수단과 방법을 가리지 않았지만 현대 문명국가인 일본은 똑같은 방식으로 반격할 수는 없었다. 일본 사회 시스템이 이런 사태를 대비해 미리 마련해둔 제도를 적법하게 활용해 느리지만 확실하게 반격해나가야 했다.

결국 일본 정부와 사회는 옴진리교를 붕괴시키기 위해 세 가지 수단을 활용할 수 있다는 결론을 내리고 세 자루의 창을 준비한다. 종교법인법에 따른 해산명령, 옴진리교 파산 절차 돌입, 파괴활동방지법 적용이 그것이다.

종교법인 옴진리교 해산명령

옴진리교는 1989년 8월 29일에 적법한 절차를 모두 거쳐 설립 등기까지 마친 정식 종교법인이었다. 물론 종교법인 등록 과정에서 관할 관청인 도쿄 도에 압력을 행사하는 등 우여곡절이 있었으나, 결과적으로 옴진리교가 종교법인으로 인정을 받았다는 사실은 부정할 수 없었다. 그러나 1995년 5월 시점에서 옴진리교 교단 관계자가 아닌 일본 사회 구성원 가운데 옴진리교가 정식 종교법인으로 남아 있어야 한다고 생각하는 사람은 아무리 많아도 두 명 이상은 찾아보기 힘들었을 것이다. 대부분의 사람들은 오히려 옴진리교가 사린을 살포한 시점에 정식 종교법인이었다는 사실을 뒤늦게 알고 분개하고 있었다. 종교법인 해산은 지극히 당연한 귀결처럼 보였다.

일본의 종교법인법이 규정하는 해산명령은 강경한 어감과는 달리 그 단체의 법인격을 박탈하는 것일 뿐, 포교나 종교 활동 등 종교적인 행위까지 금지하는 것은 아니다. 일본은 종교의 자유를 폭넓게 인정하는 나라이며, 각 종교단체는 관할 관청에 설립 등기를 마치지 않아도 포교와 같은 종교 활동을 할 수 있다. 당연히 종교법인이 해산된다고 해도 이 권리를 침해받는 것은 아니었다. 법인격을 박탈당해도 종교'법인' 옴진리교가 사라지는 것일 뿐 종교'단체' 옴진리교는 여전히 남아 있는 것이다. 그렇다면 왜 종교법인 해산이 필요했을까?

우선 세금혜택 박탈을 들 수 있다. 종교법인이 아니게 되면 세제상의 우대를 받지 못하게 된다. 이를 통해 일본 정부가 옴진리교에게서 세금을 더 많이 징수하게 된다는 장점도 있지만, 더욱 중요한 것은 옴진리교 교단에 대한 공적인 감시가 강화된다는 것이다. 징세 대상이 되면 일본 정부가 옴진리교 교단의 경제 활동 내역을 세밀하게 들여다볼 수 있기 때문이다.

옴진리교 사건과 관련해 수사기관 등이 저지른 가장 근본적인 실수는 옴진리교의 내부 정보를 제대로 파악하지 않았다는 점이다. 물론 일개 신흥종교에 관한 정보를 국가 기관이 일일이 파악할 수는 없으며, 단체 활동의 자유를 국가 권력이 쉽게 침해해서는 안 된다는 반론도 제기된다. 그러나 옴진리교는 몇 번이고 일본 사회에 위험신호를 보냈음에도 최소한의 정보 수집을 게을리했다는 비판은 피하기 어렵다. 이런 실수를 반복하지 않기 위해서라도 옴진리교 내부정보를 수집하는 것은 반드시 필요했다.

종교법인 해산에는 다른 중요한 기능도 있었다. 일본은 개인이 아닌 단체가 부동산을 소유해 등기를 하려면 법인 등록이 반드시 필요하다. 종교 법인이 아니게 된다는 말은 결국 '옴진리교'란 교단명을 사용해 정식으로 부동산을 소유할 수 없게 된다는 말이기도 했다. 교단 간부 체포를 통해 옴진리교의 인적 자원을 뺏고 동시에 옴진리교의 자금원을 끊어야 했던 일본 정부로서는 당연히 이 절차를 서두를 수밖에 없었다.

1995년 6월 30일, 종교법인 옴진리교의 관할 관청이던 도쿄 도의 도지사와 도쿄 지방검찰은 도쿄 지방재판소에 옴진리교 해산명령을 청구한다. 당시 도쿄 지검은 상당히 전략적인 판단을 하는데, 지하철 사린 사건과 같이 증거를 확보하기도 어렵고 옴진리교가 실제로 이 사건을 저질렀다는 연관성을 단기간에 증명하는 것도 어려운 사건이 아닌, 당시 이미 증거가 확보돼 있던 '사린 제조 계획'을 주요 근거로 삼아 해산명령을 청구한 것이다.

일본 정부와 일본 사회가 정상적으로 작동하기 시작했다는 사실을 알리는 신호탄과 같은 소송 전략이었다. 만약 도쿄 지검과 도쿄 도가 제대로 된 전략 판단을 하지 못하고 옴진리교의 주요 범죄를 거론하며 지루한 재판전을 벌였다면 옴진리교를 궁지로 몰기 위한 이후의 모든 일정이 끝도 없이 연기될 수도 있었다. 그러나 도쿄 지검은 종교법인 해산이라는 초기 단계의 응징을 장기전으로 끌고 갈 생각은 없었다.

대응하는 옴진리교 측에서도 쟁점이 좁혀진 만큼 필사적으로 자신들의 입장을 변호할 수 있었다. 우선 옴진리교 측은 자신들이 보유한 화학 시설은 사린이 아닌 농약을 제조하기 위한 것이었으며, 만약 교단 내부에서 사린을 제조한 세력이 있다 하더라도 마쓰모토 치즈오는 이 사실과 무관하다고 주장한다. 마쓰모토 치즈오 개인을 위한 소송 전략이기도 했지만 동시에 옴진리교 교단의 책임을 회피하려는 의도가 깔린 주장이기도 했다. 옴진리교의 최고 의사결정기관이 사린 제조를 승인한 것은 아니며 따라서 옴진리교 교단의 조직적인 범행이 아니라 공명심이 앞선 일부 간부의 폭주로 인한 사건이라는 주장이었기 때문이다. 이 주장을 뒷받침하기 위해 1995년 4월 23일에 괴한의 습격을 받고 다음날 사망한 교단 간부가 폭주를 주도한 인물로 지목된다. 이미 타계한 간부에게 모든 책임을 뒤집어씌워 마쓰모토 치즈오와 살아남은 교단 주요 간부는 책임을 회피하려 한 것이다.

그러나 옴진리교 교단의 이러한 시도는 실패로 끝났다. 도쿄 지방재판소는 옴진리교 교단 내부의 의사결정 구조를 면밀히 분석해 마쓰모토 치즈오가 옴진리교 내부에서 절대적인 위치를 차지하고 있었다고 지적하고, 마쓰모토 치즈오의 지시하에 옴진리교가 사린 제조 시설을 건설했다고 판단한다. 또한 이 재판에서는 사린이라는 물질의 특성도 중요한 역할을 담당했다. 화학공업 등 다른 분야에서도 활용할 여지가 있으며 때때로 화학무기로도 사용되는 다른 물질과는 달리 사린은 오직 살인만을 목적으로 한 물질이다. 사린을 살인 이외의 목적으로 사용하는 방법은 적어도 이 재판이 진행되는 시점까지는 발견되지 않았다. 오로지 살인만을 목적으로 하는 물질을 교단 내부에서 대규모 제조 시설까지 건설해 제조하려 했다는 사실은 당연하게도 종교법인 해산명령을 내리기에 부족함이 없는 폭거였다.

종교법인 해산에 관한 통상적인 재판은 판결이 나올 때까지 몇 년은 걸리는 것이 보통이다. 그러나 도쿄 지방재판소는 1995년 10월 30일에 위와 같은 판단을 이유로 종교법인 옴진리교의 해산을 명령한다. 단 4개월 만에 1심 결론이 나온 것이다. 옴진리교 측은 당연히 항소한다.

1995년 12월 19일, 도쿄 고등재판소는 1심 판결의 내용을 지지하며 항소를 기각한다. 이 단계에서 종교법인 옴진리교는 해산당하고 법인이 아닌 임의단체, 즉 '종교단체' 옴진리교만이 남게 된다. 하루 뒤인 12월 20일에는 도쿄 지방재판소가 저명한 변호사를 해산 절차에 들어간 옴진리교의 청산인으로 지정했으며, 12월 21일에는 종교법인 옴진리교의 해산등기가 완료된다.

도쿄 지방재판소의 지정을 받은 청산인은 1995년 12월 27일에 옴진리교 도쿄 총본부 건물로 들어가 당시까지 집단생활을 하고 있던 신자들에게 재판소의 판결이 내려졌음을 알리고 법에 따라 교단 재산이 청산인의 관리하에 들어갔음을 선언한다. 이후 신자들에게 질서를 지키며 현재의 시설에서 퇴거할 것을 요구한다. 지하철 사린 사건 발생 이후 283일이 지난 시점이었다.

지하철 사린 사건이 발생하는 순간까지 안이한 태도로 일관하던 일본 정부와 동일한 정부라고는 믿기 어려울 정도로 신속하고 정확한 대응이었다. 특히 초기 대응은 속도가 생명이라는 사실을 일본 정부는 잘 파악하고 있었다. 옴진리교는 출근 시간대의 도쿄 지하철에 사린을 살포했다. 그렇다면 그들이 더 이상 종교법인이 아니라는 것을 알려줄 청산인은 적어도 283일 뒤에는 옴진리교의 도쿄 총본부 건물 안에 서 있어야 했다. 당시까지 도쿄 총본부에서 집단생활을 하고 있던 옴진리교의 간부와 신자들은 일본 정부의 공권력과 그 의지가 순식간에 눈앞까지 닥쳐왔다는 사실을 실감했을 것이다. 이 기선 제압의 효과는 매우 컸다.

최선의 정부는 사회 구성원들이 피해를 입는 대형 참사를 사전에 방지하는 정부다. 일본 정부는 지하철 사린 사건이 발생하는 것을 미연에 방지했어야 했고, 그럴 기회도 충분히 있었다. 일본 정부가 이 임무에 실패한 이상 일본 사회 구성원들의 날카로운 질책은 피할 길이 없었다.

차선의 정부는 일단 참사가 발생한 뒤 추가적인 시간 낭비 없이 주어진 상황에서 최선의 대응을 하는 정부다. 일본 정부는 죄책감에 빠져 우울해할 여유도 없었다. 그들에게는 지하철 사린 사건으로 대표되는 옴진리교 사건의 전체적인 사후처리를 통해 피해자들의 권익을 보호하고 유사한 사건의 재발을 막을 책임이 있었기 때문이다. 1995년 3월 20일 이후, 일본 정부는 이 차선의 정부가 되기 위한 노력을 경주하고 있었다.

최고재판소는 1996년 1월 30일에 옴진리교 측의 특별항고를 기각한다. 이에 따라 종교법인 옴진리교의 해산이 최종적으로 확정됐다. 순식간에 일본 정부의 첫 번째 반격이 성공을 거두면서 옴진리교는 재반격을 위한 태세를 갖추기도 전에 교단 명의로 부동산 등기조차 보유하지 못하는 상황에 처하게 됐다.

그러나 종교법인 해산명령은 절차가 비교적 간단했던 만큼 한계도 분명했다. 종교법인 해산 절차상의 청산인은 권한이 제한적이었기 때문이다. 청산인은 신자들에게 교단 시설에서 퇴거할 것을 요구할 수는 있었지만 퇴거를 강제할 권한은 없었고, 재산 동결 처분도 할 수 없었다. 게다가 명백하게 교단 재산으로 명시된 재산이 아니면 관리를 할 수도 없기 때문에 교단 측의 재산 은닉에도 대응하기 어려웠다.

바로 이 문제를 타파하기 위해, 일본 사회는 두 번째 창을 준비하고 있었다. 이제는 종교'단체'가 된 옴진리교를 파산시킨다는 계획이었다.

옴진리교 파산을 위한 준비

1995년 12월 28일, 일본 변호사 연합회 전(前) 회장인 아베 사부로 변호사는 연말을 앞두고 두 명의 방문객을 맞이한다. 훗날 일본 변호사 연합회 회장을 역임하며 2014년에는 도쿄 도지사 선거에 출마해 2위를 기록하기도 하는 저명한 변호사인 우쓰노미야 겐지 변호사와 나카무라 유지 변호사가 그 주인공이었다. 우쓰노미야 겐지 변호사는 일본 국내에서 헤이트 스피치 문제가 대두되기 시작하자 2013년에 헤이트 스피치와 레이시즘을 극복하는 국제 네트워크 창립을 주도해 일본을 대표하는 양심적 지식인으로 한국에 소개되기도 했다.

훗날 옴진리교 범죄 피해자 지원기구의 이사장과 부이사장에 취임하며 현재까지 관련 업무를 수행하고 있는 우쓰노미야 겐지 변호사와 나카무라 유지 변호사는 1995년 8월에 결성된 지하철 사린 사건 피해 대책 변호단에서 단장과 사무국장을 맡고 있었다. 변호단의 대표와 부대표라 할 수 있는 두 명이 한 명의 변호사를 만나러 왔다는 것은 이들이 그만큼 이날 대화를 나눌 아베 사부로 변호사에게 경의를 표하고 있었다는 의미이기도 했다.

아베 사부로 변호사도 두 변호사의 활약상을 잘 알고 있었기에 방문하고 싶다는 뜻을 전달받았을 때는 옴진리교 피해 대책 변호단 명부에 자신의 이름을 더하는 정도의 요청을 받으리라 생각했었다고 한다. 그러나 두 변호사가 가져온 제안은 뜻밖의 것이었다.

당시 피해 대책 변호단은 옴진리교를 상대로 손해배상 청구 소송을 진행하고 있었다. 옴진리교가 자행한 범죄로 많은 사람들이 큰 피해를 입었으니 이것을 최소한 금전을 통해서라도 배상받기 위한 당연한 절차였다. 그리고 이 소송에는 다른 목적도 있었다. 손해배상 소송을 통해 옴진리교를 파산시킨다는 것이었다.

변호단은 옴진리교 사건 피해자들이 50억 엔 정도를 손해배상으로 청구할 수 있을 것으로 전망하고 있었다. 이 시기의 옴진리교 교단 보유 재산은 약 10억 엔 전후로 추산됐으며, 채권이 자산보다 많으니 재판소에 파산을 신청할 기본적인 조건은 갖춰진 셈이었다. 재판소는 만약 파산 결정을 내릴 경우 이후의 절차를 관장할 파산관재인을 선정하게 된다. 파산관재인은 종교법인 청산인과는 차원이 다른 강력한 권한을 가지며, 이 파산관재인이 앞으로 옴진리교의 재산을 확보해 피해자들에게 돌려주는 중요한 역할을 하게 된다. 다시 말해 파산관재인의 적극적인 활약이 있다면 옴진리교 교단 그 자체를 붕괴시키는 토대를 마련할 수 있는 것이었다.

우쓰노미야 겐지 변호사(당시 49세)와 나카무라 유지 변호사(당시 38세)는 이미 일본 변호사 연합회 회장직을 내려놓은 대선배였던 아베 사부로 변호사(당시 69세)에게 이 파산관재인이 되어달라는 부탁을 하러 온 것이었다.

아베 사부로 변호사는 처음에는 난색을 표한다. 파산관재인은 몇 년씩 굉장히 많은 서류 업무를 처리해야 하는 등 체력적으로도 굉장히 힘든 일이어서 한창 일할 때인 젊은 변호사가 맡는 경우가 많았다. 예를 들어 채권자가 500명인 파산 안건의 경우 단 한 번 전체 채권자의 의사를 묻기 위해 파산관재인은 500통의 서신을 작성해 발송해야 했고 답신이 도착하면 500통의 서신을 열어봐야 했다. 아직 전반적인 업무 전산화가 이루어지지 않았던 1995년이었던 만큼 종이로 작성된 서류의 산 속에서 변호사들이 몇 년 동안 사투를 벌여야 한다는 것은 불을 보듯 뻔한 일이었다. 게다가 옴진리교 파산 절차는 일반적인 파산 안건보다도 많은 시간과 노력이 필요할 것이라고 누구나 예상할 수 있었다.

70세를 바라보는 자신이 담당하기엔 부담스럽다는 것이 아베 사부로 변호사의 솔직한 첫 반응이었다고 한다. 그러나 두 변호사는 꼭 아베 사부로 변호사에게 이 일을 부탁하고 싶다며 숙고해줄 것을 당부하고 돌아갔다.

아베 사부로 변호사는 고민에 빠졌다. 나이와 체력 문제도 있지만, 옴진리교의 재산을 파악해 피해자들에게 돌려주는 역할을 맡는다 함은 당연히 옴진리교라는 교단 구성원을 일시적으로나마 적으로 돌리는 일이기도 했다. 이 시점에서는 아직 옴진리교가 그동안 자행해온 수많은 범죄 행각이 모두 밝혀지지는 않았지만 지하철 사린 사건이라는 한 사례만으로도 옴진리교라는 존재는 충분히 위협적이었다. 그들을 적으로 돌리는 일이 위험하지 않을 리가 없었고, 이런 종류의 위험은 옴진리교가 몇 번이고 증명했듯이 직접적인 대립 당사자뿐만 아니라 당사자의 가족과 주변 사람들을 향하기도 한다.

게다가 이 당시는 아직 도쿄의 지하철에 직접 사린을 살포한 실행범도 모두 체포되지 않았고 옴진리교가 제조한 사린을 과연 일본 경찰이 전량 회수하는데 성공했는지도 명확하지 않은 상태였다. 사린 봉투 두 개 분량을 살포한 4명의 실행범은 1995년 5월 16일까지 모두 체포됐으나 혼자 사린 봉투 세 개 분량을 살포해 8명을 살해하고 2,475명에게 중경상을 입힌 마지막 실행범은 긴 도주 끝에 1996년 12월 3일에야 체포된다. 사린 살포의 주범 중 하나가 여전히 경찰의 수사망을 피해 사회에 잠복해 있는 상태에서 옴진리교를 상대로 한 싸움의 전면에 나서는 것은 큰 각오가 필요한 일이었다.

이제 은퇴를 바라볼 연배였던 아베 사부로 변호사는 이 제안을 받고 자신은 왜 변호사가 되려고 했던가, 그때 내 각오는 무엇이었던가를 되새겨 볼 정도로 신중하게 고민을 거듭한다. 그리고 이 원로 변호사의 결심에 결정적인 역할을 한 것 중 하나가 사카모토 쓰쓰미 변호사 일가 살해 사건이었다.

1992년에 일본 변호사 연합회 회장에 취임한 아베 사부로 변호사는 당시 실종 사건으로 분류돼 있던 이 사건 해결을 위해 많은 노력을 쏟았다. 훗날 사카모토 쓰쓰미 변호사 일가가 이미 살해당했었다는 사실을 알았을 때 아베 사부로 변호사가 느꼈을 분노는 상상하고도 남음이 있다. 사카모토 쓰쓰미 변호사 일가 세 명의 유골은 1995년 9월에야 모두 수습됐다. 아베 사부로 변호사가 파산관재인을 제안받기 고작 3개월 전의 일이었다.

다른 두 변호사에게는 개인적인 연관도 있었다. 사카모토 쓰쓰미 변호사는 아내와 대학 시절 자원봉사 활동을 하다 만났고 훗날 결혼을 하게 되는데, 부인인 사카모토 사토코는 우쓰노미야 겐지 변호사가 근무하던 변호사 사무소에서 4년간 직원으로 근무한 적이 있었다. 우쓰노미야 겐지 변호사에게는 옴진리교 사건은 한때 함께 일했던 동료가 결혼한 뒤 장남까지 얻어 행복한 일상을 보내고 있던 어느 날 신흥종교 집단에게 가족 전원이 참살당하고 각각 다른 지역의 산속에 암매장당한 사건이기도 했다.

나카무라 유지 변호사는 사카모토 쓰쓰미 변호사와 사법연수생 시절 동기였다. 사카모토 쓰쓰미 변호사 일가 실종 사건이 발생한 뒤 나카무라 유지 변호사 등은 사카모토 쓰쓰미 변호사 일가가 누군가에게 납치된 것으로 보고 그들을 '구출'하기 위한 대책반을 만들어 활동을 이어왔으며, 이 활동은 결국 지하철 사린 사건 이후 피해 대책 변호단 활동으로 이어진다. 피해 대책 변호단에 사카모토 쓰쓰미 변호사와 동기인 젊은 변호사들이 다수 참가한 데에는 이런 배경도 있었다.

우쓰노미야 겐지 변호사와 나카무라 유지 변호사가 일본 사회의 공공의 이익을 위해 피해 대책 변호단 활동을 해왔으리라는 점은 의심의 여지가 없다. 그러나 한편으로는 이런 개인적인 인연에서 나온 부채감이 없었으리라고도 생각하기 어렵다. 이런 슬픔을 안고 있는 두 변호사의 부탁은 아베 사부로 변호사로서도 쉽게 뿌리치기 힘들었을 것이다.

아베 사부로 변호사는 결국 두 변호사의 부탁을 받아들인다. 피해자 대리인 변호단 단장이기도 했던 우쓰노미야 겐지 변호사는 아베 사부로 변호사에게 감사의 뜻을 표하고 도쿄 지방재판소에 아베 사부로 변호사를 파산관재인으로 추천한다. 이 추천은 파산관재인에 적합한 인물을 추천해 달라는 도쿄 지방재판소의 요구에 따라 이뤄진 것이었으며, 아베 사부로 변호사는 이후 옴진리교가 정식으로 파산 선고를 받은 뒤 파산관재인에 취임한다.

지하철 사린 사건 피해자 모임

대형 참사는 직접적인 피해자뿐만 아니라 그 가족들의 삶에도 큰 영향을 미친다. 특히 지하철 사린 사건과 같이 불특정 다수를 노린 범행은 사건이 발생하기 직전까지 아무런 연관도 교류도 없던 사람들을 '피해자' 혹은

'유가족'이라는 이름으로 묶어놓는다. 지하철 사린 사건으로 생명을 잃은 희생자의 유가족들, 본인이 직접 중경상 등의 상해를 입은 피해자들, 혹은 사망하지는 않았으나 지극히 심각한 후유증으로 인해 자신의 권리를 스스로 주장하기도 힘들어진 피해자의 가족들은 자신과 가족들의 권리를 회복하기 위해 한곳에 모여 목소리를 내야 했다.

당시의 일본은 아직 범죄 피해자 혹은 피해자의 유가족을 지원하는 제도가 제대로 정비되지 않은 상태였다. 피해자 지원을 위한 명확한 매뉴얼이 없는 상황에서 단일 사건으로 인해 수천 명 단위의 유가족 및 피해자가 발생하자 일본 정부도 사법 당국도 입법 기관도 초기에는 이 문제에 제대로 대응하지 못하고 우왕좌왕하는 모습을 보인다. 그런 가운데 지하철 사린 사건 피해자 모임이 결성되고 승객들을 먼저 대피시키다가 순직한 지하철 직원의 아내인 다카하시 시즈에가 연락 담당자 대표를 맡게 된다.

훗날 지하철 사린 사건 피해자 모임 대표에 취임하는 다카하시 시즈에는 사건 발생 직전까지 사회운동이나 입법을 위한 정치활동 등과는 거리가 먼 평범한 직장인이었다. 그런 다카하시 시즈에 대표는 피해자 모임 활동을 통해 사건을 일으킨 옴진리교의 책임을 추궁하고 피해자들의 권리를 회복하기 위해 노력하는 과정에서 당시 일본 사회가 품고 있던 수많은 모순과 처음으로 직면하게 된다. 그 뒤 20년 이상의 세월 동안 다카하시 시즈에 대표는 이런 모순들과 싸워나가며 옴진리교 사건 피해자의 권익 확보를 위해 노력하게 된다.

당시 일본은 특히 형사재판에서 피해자가 재판에 참여하기 위한 시스템이 제대로 갖춰지지 않았었다. 마쓰모토 치즈오의 재판은 세기의 재판으로 불리며 첫 공판의 방청권을 얻기 위해 무려 1만 2,292명이 줄을 선 것으로 알려져 있다. 일본의 재판소는 방청석보다 방청을 원하는 사람의 숫자가 많을 경우 일단 신청을 받은 뒤 추첨을 통해 방청석에 앉을 사람을 정하는데, 마쓰모토 치즈오의 첫 공판 방청석은 고작 48석이었기 때문에 이날 방청석에 앉기 위해서는 무려 약 1/256의 경쟁률을 뚫어야만 했다. 지하철 사린 사건 피해자 유가족들은 자신들도 재판을 방청할 수 있으리라 생각했으나 사법부는 유가족도 다른 시민들과 동일하게 줄을 서서 방청석 추첨에 응모하라고 대답했다. 마쓰모토 치즈오와 실행범들이 재판에서 어떤 말을 하는지 들을 권리조차 유가족과 피해자들에게는 제대로 확보되지 않았던 것이다. 이 문제는 훗날 일본의 국회에서도 거론될 정도로 주목을 받았으며 피해자 및 유가족과 변호단은 끈질긴 교섭 끝에 피해자들을 위한 방청석 2석을 재판부로부터 제공받게 된다.

형사재판은, 재판에 참여하기는커녕 방청석에 앉기 위해서도 오랜 우여곡절이 있었을 정도이니 재판 과정에 피해자와 유가족의 목소리가 반영되기란 매우 힘들었다. 이에 따라 피해자와 유가족이 재판의 당사자가 될 수 있는 민사재판을 통해 피해를 회복한다는 방안이 제기된다. 변호단은 마쓰모토 치즈오와 그 외 실행범을 상대로 손해배상을 청구하는 민사재판을 제기해 잇달아 승리하나, 당시 이들은 재판을 위해 구치소에 수감 중인 몸이어서 재판에서 승소해도 사실상 손해를 배상받을 길이 없었다.

결국 변호단은 피해자와 유가족의 권리를 회복하기 위해서는 옴진리교 교단을 상대로 민사소송을 제기해야 한다는 결론에 도달하게 된다. 그리고 단순히 손해배상 청구를 하는 선에서 그치는 것이 아니라 재판을 통해 옴진리교를 파산시킨다는 전략을 세우게 된다.

파산 절차를 통한 피해 회복

변호단이 파산이란 절차에 주목한 것에는 그럴 만한 이유가 있었다. 우선 파산관재인은 종교법인 청산인과는 달리 자신이 처분권을 획득한 교단 시설에 거주하고 있는 신자들의 퇴거를 요구할 수 있었고, 이 요구에는 강제력이 동반됐다. 당시까지도 도쿄 등 전국 각지의 옴진리교 시설에서 집단생활을 이어가고 있던 옴진리교 신자들은 인근 지역 주민들에게는 큰 고민거리였으며, 이들을 퇴거시켜 옴진리교 특유의 집단생활에 조속히 종지부를 찍게 할 필요가 있었다. 또한 신자들을 퇴거시킨 뒤 남아 있는 부동산을 확보해야 한다는 현실적인 문제도 물론 있었다.

또한 파산관재인은 '부인권(否認權)'이라는 강력한 권한을 가진다. 파산관재인은 이 권한을 통해 지불정지 6개월 이전에 채무 변제가 불가능하다는 것을 알면서 처분한 자산이나 그런 인식이 없을 경우에도 무상 혹은 시가보다 크게 적은 가격으로 처분한 자산은 소송을 통해 돌려받을 수 있었다. 다시 말해 1996년 봄에 옴진리교 파산이 결정되면 1995년 가을 이후 옴진리교 측이 진행한 자산 은닉 대부분을 수포로 돌릴 수 있는 것이다.

파산 절차를 통해 옴진리교를 압박한 데에는 두 가지 장점이 있었다. 우선 피해자와 유가족이 직접 옴진리교 교단을 상대로 사건의 진상을 추궁하고 피해를 회복할 수 있다는 점을 들 수 있다. 옴진리교 사건 피해자들은 옴진리교의 만행으로 인해 당연히 누려야 할 일상의 소중한 행복을 순식간에 빼앗긴 사람들이었다. 피해자답게 눈물을 흘리며 기자회견을 열거나 피해자답게 방 한구석에서 슬픔에 잠겨 있는 것이 아니라, '피해자답게' 당당하게 자신들의 권리를 회복하고 피해를 금전으로라도 복구해내라고 옴진리교 교단에 요구할 정당한 자격이 있는 사람들이었다.

그리고 이 과정에서 옴진리교 교단 자체를 사실상 해체할 수 있다는 것도 물론 큰 장점이었다. 형사재판은 개개인의 책임을 물을 뿐이고 종교법인 해산은 법인격을 상실하게 만드는 절차에 불과하다면 파산 절차를 통해 옴진리교가 그동안 구축해온 그들만의 왕국을 붕괴시킬 필요가 있었다.

1995년 12월 11일, 옴진리교가 자행한 각종 사건의 유가족, 피해자 및 옴진리교에 대한 채권을 갖고 있던 일반 채권자 등 2,191명이 옴진리교를 상대로 92억 2,624만 5,291엔의 손해배상을 청구하는 소송을 제기하고 옴진리교의 파산을 신청한다. 이 가운데 51억 5,830만 9,374엔이 채권자의 채권액으로 확정된다. 하루 뒤인 12월 12일에는 일본 정부도 법무대신을 대표자로 삼아 약 2억 5천만 엔의 손해배상을 청구하고 옴진리교의 파산을 신청한다. 이 금액은 당연히 옴진리교의 자산인 약 12억 4천만 엔을 크게 초과하는 것이었고, 도쿄 지방재판소는 12월 14일에 옴진리교 교단의 자산을 보전할 필요가 있다고 인정하고 부동산과 현금, 예금을 확보할 것을 지시한다. 우쓰노미야 겐지 변호사와 나카무라 유지 변호사가 아베 사부로 변호사를 찾아간 것은 이로부터 2주일 뒤의 일이었다.

일본 정부의 특별한 배려

본격적인 파산 절차를 시작하기 앞서 최초의 실무적인 문제점이 발생한다. 일반적으로 기업 등이 도산해 채권자들이 파산 신청을 하는 경우에는 예납금이라는 것을 내도록 되어 있다. 파산 제도는 재판소와 같은 공적인 기관의 인력과 절차를 이용해 개인의 채권을 보상받는 것인 만큼 그 과정에서 소요되는 비용, 즉 파산관재인과 상치(常置)대리인 등의 업무에 따르는 비용은 채권자들이 지불하는 것이 원칙이다. 따라서 파산을 신청하는 쪽이 일정한 금액을 재판소에 예납하고, 이를 통해 파산관재인의 활동을 위한 자금이 확보된 상태에서 파산 절차가 시작되는 것이다.

그러나 옴진리교의 파산을 신청한 채권자들은 주로 옴진리교가 자행한 각종 범죄의 피해자들이었다. 이들이 어느 정도의 재산을 미리 내놓을 수 있을지도 의문이었고, 무엇보다 아침 출근길에 사린 공격을 당한 사람과 유가족들에게 피해를 보상받고 싶으면 예납금을 내라고 요구하는 것은 사리에도 맞지 않았다.

일본 정부는 이 문제를 해결하기 위해 이례적으로 매우 특별한 배려를 보인다. 일본 정부도 옴진리교의 범행으로 피해를 입었고, 특히 보험금 등의 지출도 예상되고 있었다. 이런 국가의 손해를 배상받기 위해 일본 정부도 옴진리교를 대상으로 파산 신청을 하고, 국가도 당사자로 참가했다는 것을 이유로 예납금 대부분을 국가가 지불한 것이다. 법무성이 이 절차의 실무를 담당했으며 이 정책 판단을 통해 파산 절차는 다행히도 순조롭게 첫발을 내디딜 수 있었다. 일본 정부의 이 판단이 조금이라도 늦었다면 파산 절차의 시작도 늦어졌을 것이고, 그만큼 옴진리교는 재산 은닉을 위한 시간을 벌 수 있었을 것이다. 그런 점에서 일본 정부의 이 신속한 대응은 높이 평가받을 만했다.

일반적으로 공무원은, 매뉴얼에 부합하고 사리에 맞지 않는 길과 매뉴얼에 부합하지 않거나 매뉴얼에 기록되어 있지 않지만 사리에는 맞는 길이 있을 경우 오직 매뉴얼만을 따른 뒤 언론과 사회의 비판을 받는 경우가 많다. 그러나 이런 처신을 이유로 공무원을 무작정 비판할 수도 없는 것이, 공무원은 법이라는 매뉴얼을 충실히 따르는 것을 가장 큰 미덕으로 삼아야 하는 집단이기도 하기 때문이다. 불만이 있다면 공무원 집단이 따라야 할 매뉴얼이 사리에 맞는 내용을 갖추도록 노력하는 편이 더 건전한 접근법이다.

물론 이런 이성적인 이해를 뛰어넘어 복지부동과 무사안일을 삶의 신조로 삼은 것이 아닌지 의심이 들곤 하는 공무원이 없는 것은 아니다. 특히 일본은 매뉴얼을 지나치게 중시하며 융통성이 부족한 공무원이 많다는 점이 늘 시민들의 불만거리인 사회이기도 하다. 그런 만큼 일본 정부의 이런 신속한 대응은 이례적이라고 할 만했다. 당시 일본 정부가 옴진리교 문제를 근본적으로 해결하기 위해 얼마나 노력하고 있었는지를 확인할 수 있는 사례이기도 하다.

파산관재인의 활동 자금은 확보됐으나 업무 시작은 그리 순조롭지 않았다. 옴진리교 파산관재인이 사무소를 낸다고 할 때 선뜻 공간을 빌려줄 건물주를 찾기란 1996년 당시에는 당연하게도 쉬운 일이 아니었다. 일본 사회가 옴진리교에게 직접적인 공포를 느끼지 않게 되기까지는 이후로도 꽤 오랜 시간이 필요했다. 아베 사부로 변호사는 여러 부동산 업체를 돌며 우여곡절을 겪은 끝에 겨우 파산관재인과 상치대리인 등이 업무를 볼 사무실을 확보할 수 있었다.

파산관재인의 경호도 매우 중요한 문제였다. 아베 사부로 변호사가 파산관재인이 사용할 사무소를 확보하자, 즉시 경찰이 사무소를 방문해 주변을 확인하곤 창가에 서면 저격당할 우려가 있으니 블라인드를 설치하라고 조언했을 정도였다. 옴진리교의 범행이라고 단정할 수는 없지만 경찰청 장관이 저격을 당한 지 1년도 채 지나지 않은 시점이었다. 일본 경찰은 아베 사부로 변호사의 신변 안전을 위해 경호팀을 파견해 약 3년간 24시간 경호체제를 유지했으며 아베 사부로 변호사의 가족도 경호 대상에 포함시켜 파산 절차 진행에 만전을 기했다.

파산 절차 시작

1996년 3월 28일 오전 10시, 도쿄 지방재판소는 채권자들의 청구를 받아들여 옴진리교 교단의 파산을 선고한다. 이 소송에 참가한 채권자 가운데 옴진리교 사건 피해자와 유가족은 모두 1,201명이었으며, 이들이 재판을 통해 인정받은 채권 규모는 약 38억 1천만 엔이었다. 옴진리교는 공포로 일본 사회를 지배할 수 있을 것이라 굳게 믿으며 무차별 테러를 자행했지만 그들은 일본 사회의 복종 대신 피해자와 유가족에게 38억 1천만 엔을 가급적 신속하게 변제하라는 청구서를 받게 된 셈이었다. 눈물로 기자회견을 여는 피해자가 아닌 법원의 판결문을 든 채권자가 얼마나 무서운 존재인지 이제는 옴진리교 교단이 절감할 차례였다.

재판소의 선고를 받은 아베 사부로 변호사는 3월 28일 오전 11시에 기자회견을 열고 "업무 종료까지 3년 정도를 생각하고 있다"라고 포부를 밝힌다. 단기간에 승부를 보겠다는 강한 의지를 피력한 것이었겠지만 훗날 많은 사람들이 이날의 기자회견을 되돌아보며 쓴웃음을 짓게 된다.

파산관재인이 된 아베 사부로 변호사의 업무는 간단히 말해 옴진리교가 보유하고 있는 자산을 모두 파악한 뒤 현금화할 수 있는 것은 모두 현금으로 바꿔 채권자들에게 공정하게 분배하는 것이었다. 이를 위해 우선 옴진리교가 당시까지 보유하고 있던 자산, 특히 부동산을 파산관재인이 직접 관리할 필요가 있었다.

3월 28일 오후 1시, 아베 사부로 변호사는 파산관재인 자격으로 옴진리교 신도쿄 총본부로 들어가 여전히 그곳에서 생활하고 있던 신자들에게 교단 자산이 파산관재인의 관리하에 들어왔음을 밝히고 퇴거할 것을 요구한다. 지하철 사린 사건이 발생한 지 1년 8일 후의 일이었다.

이후 아베 사부로 변호사와 파산관재인 측 관계자들은 일본 전국의 옴진리교 관련 시설을 돌며 같은 업무를 반복한다. 특히 옴진리교의 주요 시설이 밀집해 있었던 후지산 부근의 시설군을 확보하는 것은 중요한 절차였다. 파산관재인 측은 4월 2일부터 후지산 부근 시설군 확보에 착수한다. 당시까지 집단생활을 계속하던 신자 가운데 일부는 허세를 부리며 말로 저항해보기도 했지만 대세는 이미 기울어져 있었다. 남아 있던 신자 가운데 몇 명의 책임자가 중심이 돼 파산관재인 측과 퇴거 일정을 조율한 뒤 비교적 순조롭게 신자들의 퇴거가 진행됐다.

파산관재인은 이 과정에서 절차에 따라 옴진리교가 보유하고 있던 부동산 앞에 표식을 세워 파산 절차가 진행되고 있음을 공지한다. 옴진리교가 차지하고 있던 일본 국내의 일부 지역에 정부의 공권력이 가장 알기 쉬운 형태로 재진입한 셈이었다.

6월 11일, 파산관재인 측이 그동안 옴진리교가 은닉한 재산을 확보하기 위해 제기한 소송의 첫 구두변론 절차가 시작된다. 이후 부인권을 행사한 소송은 모두 8건이 제기됐으며 파산관재인 측은 이 소송을 통해 모두 18개의 부동산을 돌려받게 된다. 그리고 이 과정에서 작은 해프닝도 있었다.

도쿄 도의 세금 징수 시도

1996년 4월 25일, 파산관재인은 도쿄 도로부터 고정자산세를 납부하라는 통지를 받는다. 세금을 내라는 것이었다.

정식 파산 절차가 시작된 지 한 달도 채 되지 않아 세금부터 내게 된 파산관재인은 당혹감을 느끼면서도 일단 정확한 전후 사정을 파악하기 위해 정보를 모으기 시작한다. 사실 이유는 간단했다. 옴진리교는 도쿄 도에 총 본부 도장 등 많은 부동산을 보유하고 있었으며 이들 부동산은 그동안 종교법인이 소유하고 있다는 이유로 세금 감면 혜택을 받고 있었다. 그러나 1996년 1월 30일에 최고재판소에서 최종적으로 종교법인 해산명령이 확정되면서 옴진리교는 더 이상 종교법인이 아니게 되었다.

임의단체인 종교'단체' 옴진리교는 광역자치단체인 도쿄 도에 고정자산세를 납부해야 했고, 그 옴진리교가 파산 선고를 받아 현재 모든 재산은 파산관재인이 관리하고 있었다. 그러니 파산관재인이 도쿄 도에 세금을 납부하라는 것이었다.

반복하지만 공무원은 매뉴얼에 부합하고 사리에 맞지 않는 길과 매뉴얼에 부합하지 않고 사리에 맞는 길이 있을 경우 매뉴얼을 따르고 비판을 받는 경우가 많다. 고정자산세를 납부하라는 통지 자체는 법이 정한 절차에 따른 지극히 합법적인 것이었다. 게다가 지방자치단체라고는 하지만 인구수로 보나 경제 규모로 보나 작은 국가 하나 수준의 크기를 자랑하는 도쿄 도가 세금과 관련된 행정 업무를 처리할 때 개별 사안에 대한 배려를 해주리라 기대하는 것은 지나친 요구였다. 일괄적으로 세금 업무를 처리하다 보니 자연스럽게 통지가 온 것이었다.

그러나 통지를 받은 파산관재인 입장에서는 쉽게 납득할 수 없는 요구였다. 파산관재인은 옴진리교의 재산을 확보해 채권자들에게 나눠줄 의무가 있었다. 다시 말해 파산관재인이 관리하는 재산은 채권자들, 이 경우 옴진리교 사건 피해자들이 받을 손해배상금이었으며 파산관재인이 고정자산세를 낸다는 것은 옴진리교 사건 피해자들이 받을 배상금이 그만큼 줄어든다는 의미이기도 했다.

파산관재인 아베 사부로 변호사는 우선 통지를 한 도쿄 도의 세금 담당자에게 거부 의사를 밝힌 뒤 도쿄 도지사에게 직접 편지를 쓴다. 아베 사부로 변호사는 이 편지에서 파산관재인이 관리하는 재산은 옴진리교 사건 피해자들에게 돌아갈 돈이라는 점을 설명한 뒤 지하철 사린 사건으로 많은 도쿄 도민이 피해를 입은 사실을 지적하며 도쿄 도가 꼭 이 재산에서 세금을 받겠다는 것인지를 정중하게 묻는다.

그 뒤 다시 도쿄 도가 세금을 청구하는 일은 없었다고 한다. 일본의 공공기관으로서는 매우 드물게도 사리와 매뉴얼의 싸움에서 사리가 승리하는 일이 짧은 기간 안에 두 번이나 반복된 셈이었다.

숨겨진 세 번째 창

일본 정부와 사회가 옴진리교를 붕괴시키기 위해 활용할 수 있었던 세 자루의 창인 종교법인 해산명령과 파산 절차 돌입, 파괴활동방지법 적용 가운데 종교법인 해산명령은 비교적 이른 시기에 이미 성과를 냈다. 파산 절차는 이 시기까지 비교적 순조롭게 진행돼왔지만 이 절차를 통해 일정한 성과를 내기 위해서는 상당한 시일이 걸릴 것이라는 점은 누구나 예측하고 있었다. 그리고 나머지 한 자루의 창이 아직 남아 있었다.

옴진리교 파산관재인 측이 일본 전국 각지에 산재한 옴진리교의 부동산을 확보하는 동안 파산관재인 측과 이를 보도하는 사람들, 보도를 지켜보는 사람들은 모두 비슷한 우려를 안고 있었다. 그들이 '총본산' 등의 이름을 붙여 신성시하는 교단 시설에서 신자들을 퇴거시킬 때 물리적인 저항을 하지 않을까 하는 걱정이었다. 옴진리교의 과거 행적을 생각하면 지극히 당연한 우려였지만 예상외로 일본 전국의 각 시설에서 옴진리교 신자들은 비교적 순조롭게 퇴거한다. 그리고 이 순조로운 퇴거에 결정적인 영향을 미친 것이 일본 사회가 준비하고 있던 세 번째 창, 파괴활동방지법이다.

파괴활동방지법은 제2차 세계대전 종전 이후 얼마 지나지 않은 1952년에 성립된 법으로 폭력주의적인 파괴활동을 자행한 단체를 규제하고 그 활동을 제한하는 법이다. 제국주의 시대에 일본 국내에서도 악명을 떨친 치안유지법이 종전을 계기로 폐지된 뒤 치안 확보를 위해 새롭게 제정된 법이었던 만큼 제정 당시부터 민주주의를 위협하는 법이라는 우려의 목소리가 높았다. 이 법의 적용 대상인 파괴적 단체(현대 한국식으로 표현하면 '반정부 테러 단체' 정도의 의미)로 규정된 단체에 대해서는 집회, 시위, 출판과 같은 기본적인 표현의 자유를 제한하거나 단체 간부의 활동 전반을 금지할 수 있으며, 엄격한 기준 아래 해당 단체의 해산을 지정할 수도 있다. 만약 이 법을 남용하면 일본은 민주주의 국가로서 부정당한다고 해도 될 정도로 국민 개개인의 자유를 심각하게 제한할 수 있는 법이다. 심지어 법조문의 구성에도 이 법을 제정한 일본 국회의 우려의 흔적이 남아 있을 정도다. 이 법은 총 45개조로 구성되어 있는데 제1조에서 이 법의 목적을 규정하고 제2조와 제3조에서 두 번에 걸쳐 이 법을 절대로 남용해서는 안 된다고 거듭거듭 강조하고 있다.

종교법인 해산명령은 비교적 간단한 절차를 통해 신속한 제재를 가할 수 있는 유효한 수단이었으나 한계도 명백했다. 파산 절차는 피해자 개개인의 권리를 조금이나마 회복할 수 있다는 점에서도, 또한 이를 통해 교단을 경제적으로 붕괴시킬 수 있다는 점에서도 매우 효과적인 수단이었지만 제도의 특성상 재산과 관련된 내용이 주를 이뤘다. 파괴활동방지법 적용은 이 둘과는 전혀 차원이 다른 문제였다. 만약 옴진리교가 파괴활동방지법의 적용을 받는다면 종교집단으로서의 옴진리교 그 자체가 국가 권력의 손에 의해 강제적으로 해산당할 가능성도 있었다.

물론 지하철 사린 사건은 이런 예외적이고 예외적인 제도의 적용을 검토해봐야 할 정도로 전대미문의 만행이었다. 일본 정부는 사건의 전모가 밝혀지면서 당연히 옴진리교에 이 법을 적용하는 것을 검토했다. 평소 이 법에 비판적이었던 사람들도 지금이 아니면 언제 이 법을 쓰겠냐고 할 정도로 전반적인 여론도 긍정적이었다.

옴진리교도 이 사실을 정확하게 파악하고 있었다. 마쓰모토 치즈오와 주요 간부들이 체포된 뒤 사회에 남아 있던 옴진리교 잔존세력에게 가장 시급한 당면과제는 옴진리교에 대한 파괴활동방지법 적용을 회피하는 것이었다. 그리고 이것은 수감된 상태에서 변호사를 통해 이른바 '옥중 지시' 발신을 계속하고 있던 마쓰모토 치즈오에게도 마찬가지였다.

1996년 7월 11일, 공안조사청 장관은 공안심사위원회에 파괴활동방지법에 입각한 옴진리교 교단 해산 지정 처분을 정식으로 청구한다. 공안심사위원회는 법무성의 외국(外局)으로 공안조사청 장관의 청구를 받은 경우에만 심사와 결정을 통해 파괴활동방지법 적용 여부를 판단할 수 있다. 해산 지정 청구를 받은 공안심사위원회는 단체의 활동으로 폭력주의적 파괴 활동을 자행한 단체가 계속 또는 반복해서 장래에 추가적으로 폭력주의적 파괴 활동을 자행할 명백한 위험이 있다고 인정할 수 있는 충분한 이유가 있는지를 기준으로 해산 지정 여부를 판단하게 된다.

　이제는 옴진리교 교단의 존립 여부와 모든 미래가 공안심사위원회의 판단에 달려 있다고 해도 과언이 아닌 상황이 되었다. 옴진리교가 이 법이 지칭하는 폭력주의적 파괴 활동을 자행했다는 사실은 누구도 부정할 수 없었다. 이제 남은 길은 옴진리교는 앞으로는 이런 테러를 저지르지 않겠다는 의사를 적극적으로 전달하는 것뿐이었다.

　결국 힘과 권력에 관한 일반적인 원칙인 "힘은 실제로 사용하는 것이 아니라 사용 가능성을 시사했을 때 가장 강력하다"라는 원칙이 여기서도 적용됐다. 옴진리교는 아무런 물리적인 저항도 없이 보유하고 있던 부동산 등의 자산을 파산관재인 측에 넘겨줬고, 이외에도 전반적으로 공권력의 지시에 순응하는 모습을 보였다. 공안심사위원회는 1997년 1월 31일, 옴진리교에 대한 파괴활동방지법 적용 청구를 기각한다. 옴진리교라는 "단체의 위험성이 사라졌다고는 할 수 없으나 향후 어느 정도 근접한 시기에 폭력주의적 파괴 활동을 자행할 명백한 위험이 있다고는 인정할 수 없다"

는 것이 기각의 이유였다.

힘은 사용 가능성을 시사했을 때 가장 강력하지만 사용 가능성이 사라진 힘은 더 이상 억지력을 발휘하지 못한다는 것 또한 틀림없는 사실이었다. 옴진리교는 파괴활동방지법 적용을 회피한 뒤 다시 적극적으로 교세를 확장해나가며 이 과정에서 새롭게 거점을 확보한 지역의 주민들과 잇달아 대립한다. 그리고 이런 대립은 결국 1999년에 옴진리교와 그 후속단체를 대상으로 하는 특별법 '무차별대량살인행위를 행한 단체의 규제에 관한 법률'이 성립하는 원인을 제공하게 된다.

옴진리교 비품 매각 바자회

옴진리교의 재산을 파악해나가던 시기의 파산관재인 측의 가장 큰 관심사는 문자 그대로 1엔이라도 더 많은 재산을 확보해 옴진리교 사건 피해자들에게 분배하는 것이었다. 누군가는 옴진리교 사건의 진상을 규명해야 했고, 누군가는 이제라도 자신의 범행을 반성하고 사과할 여지가 있어 보이는 실행범들에게 반성과 사과를 촉구해야 했지만, 누군가는 피해자들이 당연히 받아내야 할 돈을 받아내는 작업에 집중해야 했다. 진상 규명이나 가해자의 갱생, 반성, 합당한 처벌이 중요한 만큼 피해자가 금전적인 손해배상을 받아내는 것도 매우 중요했다. 이 모든 작업이 제대로 이뤄졌을 때 피해자들의 권리가 겨우 조금이나마 회복될 수 있을 터였다.

이 시기의 파산관재인에게는 한 가지 고민거리가 있었다. 옴진리교 교단 재산 가운데 가장 규모가 큰 것은 당연히 부동산이었고 따라서 파산관재인 측은 부동산 파악을 중심으로 업무를 진행해나갔다. 그런데 부동산을 확보하는 과정에서 함께 입수된 각종 동산은 처분할 방법을 찾기가 쉽지 않았던 것이다. 그러면서 신자들이 퇴거할 때 교단 시설에 남겨두고 간 일용품, 교단 내에서 신자들이 사용하던 비품과 공구 등이 시간이 지날수록 쌓여만 갔다. 동산을 보관하는 것도 공간이 필요하니 엄밀히 따지자면 비용이 드는 일이었기에 무작정 계속 보관할 수도 없는 일이었다.

옴진리교에 대한 사회적인 분노를 만방에 알리기 위해 그동안 확보한 동산을 한곳에 모아놓고 소각한다면 다소간의 감정적인 울분은 풀리겠지만 피해자들에겐 1엔도 돌아가지 않는다. 그렇다면 일반적인 중고시장에 매각해 동산을 현금화하는 것도 방법이었겠지만 이 방법은 그것대로 문제가 있었다. 이 시기의 옴진리교는 일본 사회 전체의 기피 대상이었고 교단 내부에서 화학무기와 생물무기를 제조한 적이 있다는 사실도 무시하기 어려웠다. 그런 옴진리교 신자들이 교단 내부에서 사용한 동산을 일반적인 중고시장에 판매한다면 물품을 구입하는 사람 중 누군가는 나중에 그 사실을 알고 불쾌감을 느낄 수도 있다. 예를 들어 도쿄의 중고시장에 집중적으로 옴진리교의 동산을 매각한다면 도쿄에서 중고 물품을 사는 사람은 혹시 내가 사려는 물건에 옴진리교의 물건이 섞여 있는 것은 아닌지 신경이 쓰여 중고 물품 구입 자체를 주저할 수도 있었다. 이것은 중고시장 전체의 흐름에 부정적인 영향을 미치는 일이었다.

파산관재인 측은 이 문제를 해결하기 위해 '옴진리교 비품 매각 바자회 개최'라는 정면돌파를 시도한다. 신문 등을 통해 파산관재인 측이 처한 상황을 설명하고 옴진리교 비품 매각 바자회를 연다는 것을 널리 알려 전후 사정을 다 파악한 뒤에도 옴진리교의 동산을 구입할 의사가 있는 시민들의 자발적인 참여를 모은 것이다. 바자회에서 얻은 수익은 모두 옴진리교 사건 피해자에게 돌아간다는 사실이 알려지자 시민들은 큰 호응을 보였고, 결과는 대성공이었다. 1996년 9월 8일에 개최된 1차 바자회에서는 대략 300종 1,000점에 가까운 물품이 판매됐는데 오전 10시에 바자회 행사가 시작하자마자 1,000명 이상이 입장해 오후 3시에 모든 물품이 매각됐다. 파산관재인 측은 이날 총 약 265만 엔의 매상을 올린다. 옴진리교 바자회는 1997년 2월 8일에도 시행돼 이때도 약 106만 엔의 매상을 기록한다. 물론 이런 바자회에서 팔 수 없는 대형 기계는 공개 입찰을 통해 매각했고 1997년 9월에는 옴진리교가 확보하고 있던 문제의 헬리콥터도 러시아의 항공 관련 회사에 65만 엔에 매각했다.

옴진리교 비품 매각 바자회는 굉장히 큰 상징적인 의미가 있었다. 첫 바자회가 개최된 1996년 9월은 아직 옴진리교의 세력이 완전히 꺾이기 전이었다. 이 바자회를 통해 옴진리교 신자들은 자신들이 사용하던 물건 가운데 돈으로 바꿀 수 있는 것은 책상 하나 연필 한 자루까지 모두 팔아서 단돈 1엔을 파산 절차에 참가한 피해자의 숫자인 1,201등분으로 나누는 한이 있더라도 피해자에게 모두 돌려주겠다는 일본 사회의 의지를 느꼈을 것이다. 두 번의 바자회를 통해 파산관재인 측이 얻은 수익은 피해자의 숫자를 생각하면 그리 큰 규모는 아니었다. 그러나 단 1엔이라도 더 많은 배상을 하게 만들겠다는 파산관재인 측의 목표 설정이 빈말이 아니었다는 사실이 옴진리교 측에 전달된 것은 의미가 컸다.

또한 이 바자회는 물품을 구입하기 위해 행사에 참가한 시민들에게도 매우 뜻깊은 기회였다. 각종 보도를 통해 옴진리교 사건 피해자들이 힘든 나날을 보내고 있다는 사실을 잘 알고 있으면서도 이들을 도울 방법을 찾지 못해 안타까워하던 시민들에게는 그들이 할 수 있는 범위 안에서 피해자를 도울 방법이 드디어 생긴 셈이었다. 옴진리교 바자회에 참가한 사람 가운데 이른바 호사가가 전혀 없었다고는 말하기 힘들다. 그러나 대부분의 사람들은 마침 사려던 물품을 5천 엔에 팔고 있는 것을 발견했다면 나머지 5천 엔은 피해자에게 기부하는 셈치고 만 엔에 구입하는 정도의 선의는 가지고 바자회 행사장을 찾았다.

이렇게 일본 사회가 아픔을 치유하는 작업도 느리지만 조금씩 진행되고 있었다. 그리고 그사이 파산관재인은 첫 번째 난관에 부딪치게 된다.

건물 해체 비용

다른 모든 시장이 그러하듯 일본의 부동산 시장에도 시장에 참여하는 사람 대부분이 공유하는 몇 가지 상식이 있다. 그중 하나는 예외적인 경우를 제외하면 토지는 건물이 없는 빈 토지인 경우가 가치가 더 높다는 것이다. 토지를 매입한 뒤 자신의 의사대로 토지를 마음껏 이용할 수 있는 백지 상태의 토지를 선호하는 사람이 더 많기 때문이다. 땅 위에 서 있는 건물이 특별한 가치가 있는 건물이 아니라면 더욱 그렇고, 건물을 해체하는 데 비용이 더 들 정도로 대충 만들어놓은 건물이라면 더더욱 그렇다. 그 건물이 내부에서 신흥종교가 기괴한 수행을 하며 집단생활을 하거나 화학무기와 생물무기를 만들었고 가끔 살인 사건도 발생했던 건물이라면 말할 필요도 없다.

옴진리교 파산관재인 측에게 이 사실은 크나큰 고민거리였다. 옴진리교 는 일본 전국 각지에 교단 시설이란 명목으로 수많은 부동산을 보유하고 있었다. 이 가운데 도쿄나 오사카와 같은 대도시에 위치한 건물은 어떻게 든 처분이 가능했다. 이런 지역은 부동산의 가치가 워낙 높아 아무리 부정 적인 요소가 많다고 해도 거래 자체가 불가능한 경우는 없기 때문이다.

파산관재인 측을 고민에 빠지게 한 경우는 주로 옴진리교 교단이 한적 한 산기슭에 땅을 매입하고 새롭게 세운 교단 시설들, 즉 안에서 무슨 일 이 벌어졌는지 모를 주거 시설들이었다. 이 건물들은 문외한의 눈으로 봐 도 토지의 가치를 떨어뜨리고 있었고 이 가운데 일부는 건물을 해체하는 데 드는 비용이 토지를 매각해서 얻을 수 있는 금액보다 많을 지경이었다. 이 경우 파산관재인 측은 부동산을 확보해놓고도 오히려 적자를 보게 되 는 셈이다. 일반적인 파산 절차라면 상황이 그렇게 되었다 해도 어쩔 수 없었다. 그러나 옴진리교 파산관재인은 절대로 적자를 볼 수 없는 입장이 었다. 파산관재인이 적자를 본다는 것은 파산관재인이 확보한 재산이 줄 어든다는 말이며, 그것은 곧 옴진리교 사건 피해자들이 손해배상금으로 받을 금액이 줄어든다는 의미이기 때문이다.

문제는 또 있었다. 건물을 해체하는 과정에서 나오는 쓰레기는 일본에 선 일반쓰레기로 분류된다. 일반쓰레기 처리 비용은 지방자치단체에 지불 해야 하는데, 건물 잔해는 부피도 크고 무게도 무거운 만큼 이 비용도 만 만찮은 규모였다.

제아무리 선견지명이 있는 사람이라도 옴진리교가 도쿄의 지하철에 사린을 살포했을 때 1년 수개월 뒤 사건 피해자의 권리 회복을 위해 노력하는 사람들이 건물을 해체할 때 나오는 일반쓰레기의 처리비용 문제를 고민하고 있으리라고 예견한 사람은 없을 것이다. 그러나 복잡한 현대 사회에서 누군가의 권리를 보호한다는 것은 고작 몇 달 전에는 상상조차 하지 못한 문제를 하나씩 하나씩 해결해나가야 하는 일이었다. 파산관재인 측은 이 두 가지 비용, 즉 건물 해체 비용과 쓰레기 처리 비용을 어떻게든 해결해야 한다는 과제에 봉착하게 됐고, 바로 이때부터 파산관재인으로 법조계의 거물급 원로를 추천하고 선정한 일본 사회의 선택이 빛나기 시작한다.

1996년 9월, 아베 사부로 변호사는 이 문제를 정치적으로 해결하기로 결심하고 활동을 시작한다. 우선은 파산관재인 측의 입장을 가장 강경한 표현으로 밝히는 것으로 일본 정부에 이 문제의 심각성을 알리는 동시에 여론의 주목을 끌기로 한다. 아베 사부로 변호사는 건물 해체 비용과 쓰레기 처리 비용을 정부가 해결해주지 않으면 파산관재인으로서 옴진리교의 일부 부동산에 대한 처분권을 포기하겠다고 밝힌다. 파산관재인이 처분권을 포기하면 그 재산은 국고에 귀속된다. 만약 그렇게 된다면 일본 정부는 경제적인 가치도 없는 건물과 토지가 국고에 귀속되는 부담과 옴진리교 사건 피해자의 권리 회복에 도움을 주지 않았다는 오명을 함께 얻게 될 판이었다.

아베 사부로 변호사의 이런 발언은 물론 교섭 기술의 범주 안에 있었다.

겉으로는 교섭상의 경계선을 강하게 그어놓았으니 이제는 일본 정부 관계자들과 두루 접촉하며 이 문제를 원만히 해결해주도록 열성적으로 설득할 차례였다. 파산관재인 측이 문제 해결을 위해 여러 가지 대응책을 검토하는 초기 단계에서는 자위대에 건물 해체를 의뢰한다는 방안도 제기됐으나 이 방안은 여러 가지 현실적인 벽에 부딪쳐 곧 폐기되고 결국 일본 정부가 예산을 지출한다는 가장 현실적인 대응 쪽으로 논의가 수렴된다. 상황을 파악한 일본 정부는 옴진리교 교단 건물 해체와 쓰레기 처리에 드는 비용을 일본 정부가 보정예산으로 처리한다는 해결법 자체에는 동의의 뜻을 표하지만 그들도 예산을 쓰기 위해서는 국회의 허락이 필요하다는 민주주의 국가의 기본 원칙에서 벗어날 수는 없었다. 일본 정부는 일단 국회의 동의를 구해 오라고 조언한다.

파산관재인 측은 이 조언을 받아들여 국회, 정확히는 여당과 접촉하기로 한다. 당시 일본 국회의 여당은 자민당이었다. 내부 논의 결과 이런 문제를 의논하려면 자민당의 당내 주요 직책인 정무조사회 회장을 만나야 한다는 결론이 나온다. 자민당 정무조사회 회장쯤 되는 거물 정치인이라면 누구나 쉽게 만날 수 있는 인물은 아니지만 파산관재인 아베 사부로 변호사는 일본 변호사 연합회 전 회장답게 만나야 하는 정치인을 만날 수 있도록 교섭할 정도의 수완은 갖고 있었다. 일본의 거물 정치인은 당연하게도 가까운 지인 중에 유력한 변호사가 있기 마련이고, 그 정도로 유력한 변호사는 일본 변호사 연합회 전 회장과 당연히 친분이 있기 마련이기 때문이다.

사회적인 지위를 활용한 입법부에 대한 합법적인 로비 활동의 매우 긍정적인 예시라 할 만했다. 아베 사부로 변호사는 당시의 자민당 정무조사회 회장과 친분이 깊던 변호사에게 직접 편지를 보내 사정을 설명하고 세 사람이 만날 수 있는 자리를 마련해줄 것을 부탁한다. 부탁을 받은 변호사 입장에선 거절할 이유가 전혀 없었다. 곧 세 사람의 회동이 성사되고, 정무조사회 회장도 상황에 대한 설명을 듣자 흔쾌히 협력할 것을 약속한다.

　그러나 보정예산은 국회가 독자적으로 편성할 수 있는 것이 아니라 한국의 정부부처에 해당하는 성청의 신청이 있어야 했다. 보정예산을 신청할 성 혹은 청을 찾아내는 것도 당연히 파산관재인의 일이었다. 성청 입장에선 이 보정예산을 신청했다가 자신들이 원래 받아야 할 예산이 축소될 우려도 없는 것은 아니었기에 이 또한 쉽게 부탁할 수 있는 일은 아니었다. 파산관재인은 폭넓게 관계자들과 접촉하며 교섭을 진행한다. 옴진리교와 여러모로 은원이 깊은 경찰청 등이 후보로 거론됐으나 최종적으로는 보험금 지급 등을 이유로 이 문제에 깊이 관여할 필요가 있었던 후생성이 파산관재인 측의 요청을 받아들여 자신들의 예산으로 약 4억 9,400만 엔의 보정예산을 신청한다. 국회가 이 보정예산을 승인하면서 겨우 건물 해체 비용과 쓰레기 처리 비용 문제가 해결됐다.

　1996년 12월 19일, 일본 정부는 옴진리교 교단 시설 해체 비용 등을 보정예산으로 처리하기로 각의결정한다. 이렇게 자금을 확보하고 나서야 일본 전국 각지의 옴진리교 교단 시설의 해체 작업을 시작할 수 있었다. 1997년 1월 7일에 옴진리교 후지산 총본부 해체 공사가 착공됐으며 이후 전국 각지의 시설들이 순서대로 해체되기 시작한다. 작업 내용도 조금 특수했는데, 경찰이 파산관재인 측에 특별한 부탁을 했기 때문이다. 옴진리교 교단의 각 시설들은 3분의 1 정도를 해체한 뒤 경찰이 입회해 필요한 조사를 하고 3분의 2를 해체한 뒤 다시 경찰이 필요한 조사를 하고 건물 해체가 끝난 뒤에는 경찰이 땅을 조금 파보는 복잡한 절차를 거쳐 해체가 마무리된다. 옴진리교의 범행에 관한 추가적인 증거를 발견할 가능성이 조금이라도 남아 있는 한 경찰도 증거 수집에 마지막까지 최선을 다했다.

일본 정부의 채권과 시민 피해자의 채권

1997년 말경까지 옴진리교 파산관재인이 확보한 재산은 옴진리교 사건 피해자들의 채권 가운데 16.2%를 만족시킬 수 있는 수준이었다. 일본에서는 일반적인 파산 절차의 경우 채권의 20%가량을 받으면 성공적인 사례로 친다. 20% 이상을 갚을 정도의 자산이 있었다면 애당초 파산할 확률도 적었을 테니 나름대로 합리적인 기준이라 할 수 있다. 파산관재인 측으로선 최소한 이 기준은 돌파할 필요가 있었고, 그러기 위해선 넘어야 할 산이 하나 있었다.

일본의 파산 제도는 파산 절차가 진행돼 채권자들이 배당을 받을 때 국가 채권이 가장 먼저 배당을 받는다고 규정하고 있다. 공적인 절차를 사용해 개인적인 채권을 보상받는 파산 절차라는 제도의 특성상 당연하다고도 할 수 있는 것으로, 옴진리교 사건에서도 일본 정부의 채권이 피해자들의 채권보다 먼저 배당을 받을 예정이었다. 일본 정부는 지하철 사린 사건 등 옴진리교가 자행한 각종 범죄로 인해 막대한 금액의 건강보험금과 노동자

재해보상보험금 등을 지급했으며, 이런 각종 보험금의 구상권을 중심으로 상당한 규모의 채권을 갖고 있었다. 일반적인 파산 절차였다면 이것은 지극히 당연한 수순이었다.

그러나 피해 대책 변호단과 파산관재인 측은 이 결론에 동의할 수 없었다. 일본 정부는 지하철 사린 사건 등 옴진리교가 자행한 각종 범죄를 사전에 방지할 책무가 있었음에도 그 책무를 다하지 못해 다수의 무고한 희생자를 낸 책임을 져야 할 입장이었다. 특히 사카모토 쓰쓰미 변호사 일가 살해 사건 직후의 일본 경찰이 조금만 더 제대로 된 수사를 했더라면 이후의 수많은 범행들을 상당히 이른 단계에서 막아낼 수 있었을지도 모른다. 그런 일본 정부가 정작 파산 절차에서는 피해자보다 먼저 배당을 받는다는 것은 사리에 맞지 않는 일이었다.

한편으로는 현실적인 문제도 있었다. 1997년 말 시점에서 국가가 채권을 포기할 경우 옴진리교 사건 피해자들은 채권 가운데 22.59%를 돌려받을 수 있을 것으로 추산됐다. 이것이 성사되면 파산관재인 입장에선 최소한의 기준인 20%를 돌파할 수 있는 셈이었다.

그러나 정부와 여당 그리고 관계 성청의 합의 아래 비교적 무난하게 통과시킬 수 있었던 보정예산과는 달리 국가의 채권에 관한 사항은 재정법과 같은 국정의 기초가 되는 중요한 법률로 규정돼 있어 관계자 몇 명의 결정으로 쉽게 포기할 수 있는 것이 아니었다. 일본 정부가 채권을 포기하려면 단순히 국회의 동의를 얻는 것이 아니라 이를 위한 특별법을 제정해야 했다.

다시금 정치적인 해결이 필요해졌다. 아베 사부로 변호사는 피해 대책 변호단과 꾸준히 협력하며 정치적인 해결을 위한 다방면의 교섭을 시도한다. 물론 교섭의 첫 단계는 선 긋기였다. 아베 사부로 변호사는 국가가 채권을 포기하지 않을 경우 아예 배당을 시작하지 않겠다고 발언해 일단 정치권과 언론의 주의를 환기시킨다. 물론 배당은 당연히 해야 하는 것이며, 이 발언은 사실상 블러핑에 가까웠지만 정치권과 언론이 이 사안에 관심을 가지게 하는 효과는 있었다.

선을 그었으니 그다음은 교섭이었다. 특별법 제정이 필요해진 이상 보정예산 때처럼 여당만을 상대할 수는 없었다. 아베 사부로 변호사는 야당의 유력 의원들과도 폭넓게 접촉하며 옴진리교 사건 피해자들이 처한 상황을 상세히 설명하고 국회가 이 문제를 정치적으로 해결해주기를 촉구한다.

야당 입장에선 거부할 이유가 전혀 없는 카드였다. 당시 일본에서 출근길에 신흥종교의 사린 공격을 받은 피해자의 채권보다 일본 정부의 채권이 우선적으로 보장되어야 한다고 생각하는 사람은 다섯 명도 되지 않았다. 유권자의 전폭적인 지지를 받을 수 있는 일을 정부가 적극적으로 나서서 추진하지 않는다면, 민주주의 국가의 야당이 해야 할 일은 너무나도 자명했다. TV를 통해 생중계되는 대정부 질문에서 "왜 정부와 여당은 이 문제를 적극적으로 해결하지 않는 것입니까!"라고 강하게 질타하는 것이다. 피해자 권리 회복을 위해 적극적으로 노력하는 야당과 야당의 질타를 받을 때까지 시간을 허비하고 있었던 소극적인 정부 여당이라는 '그림'을 만들 절호의 기회였다.

그러나 야당이 구상한 이 그림이 완성되기 위해서는 한 가지 중요한 전제가 필요했다. 일본 국민 대다수가 옴진리교 사건 피해자의 권리 회복을 위해 일본 정부가 다소 재정적인 손해를 보는 것을 찬성하거나 최소한 적극적으로 반대하지 않아야 한다는 것이다.

일본은 성인군자가 모인 이상국가가 결코 아니다. 지하철 사린 사건 피해자 가운데는 사린 중독 후유증으로 업무 능력이 저하되자 직장에서 일종의 따돌림을 당한 끝에 쫓기듯 직장을 그만둔 사람도 있었다. 옴진리교 피해자들이 모두 일본 사회의 따스한 관심과 지원 속에 활기차게 일상생활로 복귀한 것도 아니었고, 오히려 상대적 약자가 된 피해자들이 유형무형의 편견 속에서 다시금 상처를 받는 일도 적지 않았다. 일본은 그런 개개인의 크고 작은 악행까지 모두 규제하거나 배제할 수 있을 정도로 도덕적인 국가도 아니었고 사회 구성원 전체를 통제할 수 있는 국가도 아니었다.

그러나 국회에서 여당과 야당이 이 문제를 논의할 때 야당의 입장에서 무엇보다도 중요한 것은 일본 국민 개개인이 얼마나 도덕적이고 숭고한 인격체인가가 아니라 자신들이 일본 정부의 채권과 옴진리교 사건 피해자의 채권 가운데 어느 쪽을 중시하는 자세를 보이는 것이 정치적으로 유리한가였다. 그리고 이 질문에 대한 대답은 지극히 단순명쾌했다. 피해자의 권리를 중시하는 모습을 보이는 것이 야당에게 압도적으로 유리했다.

가까운 선거를 염두에 둬도, 긴 안목에서 정권 교체를 염두에 둬도 대답은 같았다. 당시 일본의 야당은 일본 국민의 절대 다수가 "정부의 채권이냐, 피해자의 채권이냐?" 정도로 단순화된 질문을 받으면 틀림없이 후자를 선택하리라는 것을 정확하게 파악하고 있었다. 그리고 그것으로 충분했다.

이는 민주주의 국가에서 정부가 올바른 판단을 내리도록 국민이 야당을 활용해 정부를 압박한다는 시스템이 매우 잘 작동한 사례라고 할 수 있다. 성인군자가 결코 아닌 평범한 국민 개개인이 모인 국가라 할지라도 그들이 큰 틀에서 올바른 판단을 하고 있고 민주주의가 제대로 작동하고 있다면 정당 정치라는 필터를 통해 국회와 정부로 국민의 의견이 전달돼 정부도 올바른 판단을 내릴 수 있다는 사실이 확인된 것이다.

야당은 지속적으로 국회에서 이 문제를 추궁했다. 야당의 추궁을 받은 정부와 여당 입장에서도 야당이 협조한다면, 그리고 무엇보다도 국민 여론이 이 문제를 전향적으로 해결하는 데에 동의한다면 굳이 소극적인 반응을 보일 필요가 전혀 없었다.

1998년 4월 24일, '옴진리교에 관한 파산 절차상의 국가의 채권에 관한 특례에 관한 법률'이 시행된다. 법률의 내용은 간단했다. 옴진리교 파산 절차에 있어서는 일본 정부의 채권이 옴진리교 사건 피해자의 채권보다 우선순위가 낮다고 규정한 것이다. 1998년 7월 15일부터 제1차 중간배당 절차가 시작돼 10월까지 채권자 2,191명에게 약 9억 6천만 엔이 배당된다. 옴진리교 사건 피해자들은 옴진리교 교단에게서 받아내야 할 채권의 22.59%를 이때 회수하게 된다.

기금과 모금

1998년에 들어서면서 옴진리교와 관련한 재판 가운데 증거를 반드시 확보해둬야 하는 절차들이 대체적으로 마무리 단계에 접어든다. 이에 따라 사법부가 확보하고 있던 증거들이 파산관재인 관리하로 들어오게 된다. 특히 옴진리교가 사린을 대량으로 생산하기 위해 구축한 사린 플랜트 시설이 파산관재인의 관리하로 들어온 것은 사회적으로도 큰 관심을 모았다. 이 시설은 네덜란드 헤이그에 본부를 둔 화학무기금지기구(OPCW)가 사찰 대상으로 지정했을 정도의 위험 시설이었고, 일본 사회 구성원들도 이 사린 플랜트가 실제로 어떤 시설이었는지 알고 싶어 했다.

파산관재인은 엄격한 안전관리하에 사린 플랜트 내부를 취재진에게 일시적으로 공개하기로 결정한다. 국민의 알 권리를 보장하기 위한 합당한 판단이었다. 1998년 9월 16일, 사린 플랜트 내부에 대한 취재가 약 한 시간 정도 허가되고 이에 따라 각 언론사의 취재장비가 사린 플랜트 내부로 진입한다. 이후 옴진리교 사건을 복기할 때마다 사용되곤 하는 옴진리교 사린 플랜트의 내부 구조에 관한 보도 사진과 영상은 대부분 이날 촬영된 것이다. 사린 플랜트 해체 공사는 11월 9일에 시작됐으며 12월 12일에 OPCW의 사찰이 완료되면서 모든 시설이 완전히 안전하게 해체됐다는 사실이 확인됐다.

그리고 이즈음에 마쓰모토 치즈오가 체포되던 당시 소지하고 있던 소지금도 파산관재인에게 돌아온다. 마쓰모토 치즈오는 체포 당시 966만 2,483엔을 소지하고 있었고 이 금액은 전액 압수된 상태였다. 이 현금도 사법기관이 보관하고 있었으나 더 이상 보관할 필요가 없어지자 그동안 소요된 경비를 제외하고 766만 5,563엔을 파산관재인에게 돌려준 것이다.

1엔이라도 더 많은 돈을 피해자들에게 돌려주기 위해 옴진리교 신자들이 사용하던 동산을 한곳에 모아놓고 바자회까지 열었던 파산관재인 측에게 이 정도 규모의 현금이 들어온 것은 당연히 반가운 일이었다. 이 돈은 바로 파산관재인이 관리하는 재산에 포함시켜 배당했어도 좋았을 것이나, 여기서 한 가지 문제가 대두된다. 옴진리교 파산 절차에 참가한 채권자는 총 2,191명이었고 이 가운데 옴진리교 사건의 피해자는 1,201명이었다. 파산 절차에는 피해자가 아닌 일반 채권자도 포함돼 있었던 것이다.

이들 중 상당수는 옴진리교의 각종 범죄로 피해를 입어 손해배상을 청구하기 위해 파산 절차에 참가한 것이 아니라 옴진리교와 정상적으로 거래를 하던 중 채권을 회수하기 전에 옴진리교의 파산이 결정되면서 곤란한 상황에 처하게 된 사람들이었다. 옴진리교는 다양한 분야에서 각종 사업을 전개했으며 교단 명의의 토지에 건물을 세우는 등 교단의 운영을 위해서도 활발하게 경제 활동을 해왔기에 이들에게 받을 돈이 있는 사람의 숫자도 많았다. 이들은 옴진리교와 정상적인 거래를 하고 있었던 것인 만큼 이들의 금전적인 피해를 보전하는 것도 물론 중요한 일이었다.

그러나 피해 대책 변호단과 파산관재인은 적어도 마쓰모토 치즈오가 체포되는 순간에 도피 자금으로 소지하고 있던 돈만은 온전히 옴진리교 사건 피해자를 위해 사용되어야 한다고 생각했다. 그것이 사리에 맞는 일이라면, 매뉴얼대로 행동할 것이 아니라 사리에 맞는 결론이 나오도록 대응책을 강구해야 했다. 양측은 이런 공감대 속에서 파산과는 별도의 절차를 통해 이 문제를 해결하기로 결정한다.

1998년 7월 10일, 옴진리교 사건 피해자들의 피해 회복을 경제적인 면에서 지원하기 위해 '사린 사건 등 공조기금'이 창설되고 아베 사부로 변호사가 이 기금의 대표로 취임한다. 마쓰모토 치즈오의 소지금 반환금 766만 5,563엔은 이 기금으로 들어갔으며 기금 창설을 계기로 신문 광고 등을 통해 '일반 시민의 선의의 협력', 즉 성금 모금이 시작된다. 지하철 사린 사건을 기준으로 3년 이상이 지난 시점에서야 일반 성금 모금이 시작된 것이다. 여기서 한국과 일본이 국가적인 대형 사건에 직면했을 때 일반 시민들의 선의의 협력을 모으는 방식의 차이점이 드러난다.

2014년 4월 16일, 세월호 참사가 발생했다. 그리고 이 참사가 보도되는 것과 거의 동시에 성금 모금이 시작됐다. 성금을 모금하는 단체도 모금의 이유도 제각각이었다. 그러나 세월호 참사라는 미증유의 사건에 큰 충격을 받고 희생자와 유가족, 피해자들의 아픔에 공감한 한국 사회 구성원들은 열성적으로 모금에 참여했다. 참사 발생 약 7개월이 지난 2014년 11월 시점에서 이미 각종 단체가 모금한 전체 성금 모금액은 약 1,280억 원에 달한 것으로 보도됐다.

한국식 접근법의 장점은 분명하다. 모금된 성금이 제대로 운영만 된다면 유가족과 피해자들이 비교적 이른 시기부터 피해의 일부를 금전적으로나마 복구할 수 있다는 것이 우선 가장 큰 장점일 것이다. 특히 유가족과 피해자들의 생활 자금과 신체적 심리적 치료를 위한 비용이 성금을 통해 이른 시기부터 마련되는 것은 매우 긍정적인 일이다. 또한 사건이 사회의 관심에서 잊히기 전에 성금 모금이 시작되는 만큼 성금의 규모가 커진다는 것도 매우 중요한 장점이다. 1,280억 원이라는 돈이 가지는 사회적인 영향력은 결코 무시할 수 없으며, 이것이 유가족과 피해자들의 생활을 위해 적절하게 사용된다면 참사의 상처를 조금이나마 치유할 수 있을 것이다.

그러나 한국식 접근법의 한계도 명확하다. 우선 지나치게 이른 시기에 성금 모금이 시작됐기 때문에 도대체 무엇을 위한 성금을 누가 왜 모으는지가 불분명한 경우가 많았다. 세월호 참사 희생자를 위한 성금이라면 유가족에게만 전달되고 생존자에게는 전달되지 않는 것인지, 아니면 세월호 참사 피해자를 위한 성금이니 생존자들에게도 전달되는 것인지, 정확한 유가족과 피해자의 범위는 어디까지인지, 그들의 피해 회복을 위해 정말로 필요한 비용의 규모가 어느 정도인지 누구도 정확하게 파악하지 않은 상태에서 막대한 금액이 순식간에 모여버렸다. 모인 성금을 어디에 왜 어떻게 사용할지가 모금에 참여하는 사람에게조차 명확하게 전달되지 않은 상태에서 모금이 진행되면, 결국 모여 있는 돈의 규모를 보고 그에 걸맞은 사업을 찾게 된다. 이것은 심각한 본말전도라 할 만했다.

성금 모금 목적의 모호함은 결국 성금 운용 방식의 모호함으로 이어진다. 세월호 참사와 같은 참사의 재발을 막아야 한다는 것은 한국 사회 구성원 누구나가 동의하는 바였으며 참사 직후부터 "안전한 나라를 만들어야 한다"라는 슬로건이 사회 곳곳에서 등장하기 시작했다. 반년이 조금 넘는 기간 동안 모인 천억 원이 넘는 돈은 그 목표, 안전한 한국을 만든다는 목표를 위해서도 유용하게 사용될 수 있을 것이다. 그러나 모금 단계에서 운용 방식에 대한 사회적인 합의가 불분명했던 탓에 성금을 어떻게 사용하면 안전한 나라를 만들 수 있을지에 대한 합의도 참사 직후 수년간은 모호한 상태였다.

안전한 한국을 만든다는 목표 그 자체는 비난의 여지가 전혀 없는 훌륭한 목표다. 그러나 이런 거대한 슬로건은 실효성을 담보하는 치밀하고 섬세한 계획이 뒷받침되어야만 공허한 외침으로 끝나지 않고 사회를 바꿀수 있다. 슬로건의 실효성을 담보할 충분한 계획을 세울 시간도 없이 안전한 나라를 만들기 위해 막대한 금액을 우선 모금부터 해둔 것은 여러모로 우려의 여지가 컸다. 그리고 문제점은 이것뿐만이 아니다.

한국식 접근법의 가장 큰 단점은 국가적인 참사에 대한 책임 소재를 불분명하게 만든다는 것이다. 세월호 참사의 정확한 희생자와 유가족과 피해자의 범위는 어디까지인지, 그들이 피해를 회복하기 위해 어떤 지원이 필요한지, 구조와 수색 과정에서 발생한 인적 물적 피해는 누구의 책임으로 복구해야 할지 등등의 수많은 질문들은 그대로 세월호 참사의 책임이 누구에게 있는가라는 질문으로 이어진다. 세월호 참사는 왜 발생했고 누가 이 참사를 막을 의무가 있었는가, 라는 질문 없이는 정확한 보상이나 배상의 규모를 산정하고 그 보상이나 배상을 누가 이행해야 하는지를 명확히 할 수 없기 때문이다.

성금 모금에 참여한 아름다운 뜻을 생각하면 실로 안타까운 일이지만 순식간에 모금된 막대한 규모의 성금은 바로 이 책임 소재 규명에 대한 날카로운 추궁을 무디게 만드는 부작용도 있었다. 1,280억 원이라는 성금이 모인 이상 이것을 잘 운용하는 것만으로도 유가족과 피해자의 피해를 적어도 금전적인 면에서 회복하는 것은 충분해 보였고, 엄격하고 분명한 책임 추궁을 통해 책임을 져야 할 개인과 집단이 마지막 1원까지도 책임을 지게 만들어야 한다는 사회적인 합의의 동력은 약해질 수밖에 없었다.

한국식 접근법의 장점은 그대로 일본식 접근법의 단점이다. 옴진리교 사건 피해자를 위한 모금은 지하철 사린 사건이 발생한 지 3년 이상이 지난 시점에서야 시작됐다. 세월호 참사에 대입한다면 2017년 후반기가 되어서야 세월호 참사 희생자 유가족과 피해자를 위한 성금 모금이 시작된 셈이었다. 그 기간 동안 아무래도 옴진리교 사건에 대한 사회적인 관심은 지하철 사린 사건 직후에 비하면 무뎌져 있었고, '사린 사건 등 공조기금'이 모금한 전체 금액은 일본이란 국가의 경제 규모를 생각하면 놀라울 정도로 막대한 금액은 아니었다. 또한 이 3년 사이 옴진리교 사건 피해자들을 돕고자 하는 일본 사회 구성원들의 아름다운 뜻이 반영될 장소와 기회도 거의 없었기 때문에 피해자들이 사회 구성원들의 도움을 받는 데 결과적으로 오랜 시간이 걸리고 말았다.

그러나 일본식 접근법의 장점도 명확했다. 일본은 모든 사안에 대해서 시민들의 성금 모금을 몇 년씩 늦추는 나라는 결코 아니다. 2011년 3월 11일에 발생한 동일본 대지진과 같이 일반 시민의 성의를 시급히 모을 필요가 있는 대형 재난이 발생하면 재난 발생과 거의 동시에 체계적으로 모금 활동이 시작된다. 그러나 옴진리교 사건은 자연재해가 아니라 가해자가 분명한 범죄였고, 범죄인 이상 범행을 저지른 가해자들과 범행을 막지 못한 국가가 가장 먼저 1차적인 책임을 져야 했다. 책임 소재가 명확해지고 책임을 져야 할 사람들이 모든 책임을 다 지고 난 다음에 그래도 유가족과 피해자의 피해가 제대로 복구되지 않았다면 그때 사회 구성원들의 선의와 협력을 구하는 것이 합당한 순서였다.

일본 사회는 성금 모금을 통한 금전적인 도움이라는 점에서는 지하철 사린 사건 이후 3년 이상의 시간 동안 한 발짝 뒤로 물러서 있었다. 일견 냉담한 대응처럼 보였지만 사회 구성원들이 뒤로 물러나 있었기에 이룰 수 있었던 것들도 많았다. 옴진리교 사건의 유가족과 피해자들은 단순한 피해자가 아니라 옴진리교 교단에게 받아낼 돈이 있는 채권자가 됐다. 옴진리교 교단은 자신들의 자산만으로는 피해자들에게 갚아야 할 배상금을 모두 마련할 수 없었기에 파산할 수밖에 없었고, 그 결과 교단이 보유하고 있던 부동산 등의 자산을 모두 내놓아야 했다. 일본 정부는 옴진리교의 범행을 미리 막지 못한 책임을 날카롭게 추궁당한 끝에 국가 채권의 우선권을 포기한다는 지극히 이례적인 특별법을 만드는 형식으로 정부 차원의 책임을 인정해야 했다.

옴진리교 사건 피해자들과 피해 대책 변호단, 파산관재인 등이 피해 회복을 위해 이 정도로 노력했음에도 불구하고 여전히 완전한 피해 회복까지는 너무나도 먼 길이 남아 있었다. 이제는 사회 구성원들의 선의의 협력을 구하고 싶다는 사린 사건 등 공조기금 측의 호소는 많은 공감을 불러일으켰다. 기금이 창설된 1998년 이후 2008년까지 매년 끊이지 않고 기부금이 모금돼 총 1억 4,029만 6,178엔이 모금됐다.

모금이 진행 중이던 2002년경, 피해자 측으로부터 모금의 사용법에 대한 건의가 있었다. 특히 사린 사건 피해자들은 사건의 특성상 건강에 대한 불안을 오랫동안 안고 있었고, 언제든지 건강 상태를 전문적인 의사가 있는 병원에서 확인할 수 있는 태세가 확보되기를 희망하고 있었다. 이 요구가 받아들여져 사린 사건 등 공조기금은 모든 피해자가 반드시 건강 검진을 받아 건강 상태를 확인하고 검진이 지속적으로 이뤄져 데이터를 축적하며 다른 피해자들과 정보도 공유할 수 있도록 지원하는 방식으로 운용된다. 사건 발생 이후 약 7년이 지난 2002년 3월 19일에 모두 64명이 건강 검진을 희망했다는 기록이 남아 있다. 그 뒤 이 활동은 독립 NPO가 승계해현재까지도 사린 사건 피해자에 대한 1년 1회 무료 검진이 이어지고 있다.

어젠다 세팅

옴진리교 파산 절차에 참가한 채권자들이 1998년 10월에 1차 중간 배당으로 약 9억 6천만 엔을 배당받았을 때, 파산 절차를 지켜보던 많은 사람들이 이것이 실질적인 마지막 배당이 될 것이라고 생각했다. 1996년 3월에 파산 절차가 시작된 이후 파산관재인 측은 1엔이라도 더 많은 돈을 피해자들에게 배당하기 위해 옴진리교 교단이 보유한 모든 자산을 확보하려 노력했고, 그 노력의 결실이 1차 배당이었기 때문이다. 앞으로는 소규모의 배당이 몇 번 더 이어지는 정도가 될 것이라고 누구나가 예상하고 있었고, 파산관재인 측과 피해 대책 변호단도 그런 현실을 어느 정도 인식하고 있었기에 기금 창설을 통한 모금을 시작한 측면도 있었다.

그러나 이 시기까지 비교적 수동적으로 사태를 관망하던 일본 사회의 중요한 집단 중 하나가 사회적인 논의의 전면에 나서면서 상황이 조금씩 바뀌기 시작한다. 일본 언론이 어젠다 세팅을 시도한 것이다.

옴진리교가 일본 사회 내부에서 각종 강력범죄를 자행하며 폭주하는 동안 일본 언론이 수행한 역할은 한마디로 정리하기 힘들 만큼 복잡다단했다. 마쓰모토 치즈오가 유명세를 타게 된 것도 언론을 통해서였고, 옴진리교의 광기를 비교적 이른 단계에서 파악해 폭로한 것도 일본 언론이었다. 일본 사회가 옴진리교에 대해 경각심을 갖게 된 것도 일본 언론의 특종 보도가 있었기 때문이고, 일본 사회가 옴진리교의 범행을 오랫동안 눈치채지 못한 것도 일본 언론의 오보에 가까운 자극적인 추측성 보도 때문이었다. 옴진리교가 일본 사회에 크나큰 상처를 남기며 폭주한 오랜 기간 동안 일본 언론은 때로는 중요한 탐사 보도나 특종 보도로 언론으로서의 사명을 다했고 때로는 눈앞의 이익을 쫓는 자극적인 보도로 사회의 건전한 문제의식 형성을 저해했다.

그런 일본 언론이 옴진리교 교단의 파산 절차가 사실상 마무리 단계에 접어들었다고 많은 사람들이 생각하던 시기에 사회 전체의 논의의 흐름을 바꿀 만한 중요한 보도들을 쏟아내기 시작한 것이다. 대표적인 것 중 하나가 1999년 5월 26일자 〈요미우리 신문〉의 기사였다. 〈요미우리 신문〉은 이 기사를 통해 옴진리교가 '실질적으로 운영하는 관련 회사'들이 일본 전국 각지에서 여전히 성업 중이며 이들 회사의 총 매상액은 1998년에 무려 70억 엔 전후를 기록했다고 보도했다.

파산관재인과 지하철 사린 사건 이후 옴진리교를 적극적으로 감시해온 수사기관 등이 합법적인 범위 안에서 옴진리교의 재산 은닉 시도를 저지하려 노력했지만 어쩔 수 없는 한계가 있었던 것이다. 옴진리교가 보유하고 있던 방대한 자산 중 일부가 법망을 피해 후계단체나 실질적인 관련 단체, 그리고 그들이 실질적으로 운영하는 회사 등으로 흘러 들어갔고 그들은 적어도 서류상으로는 합법적인 기업 활동을 활발하게 이어나가고 있었다. 특히 컴퓨터 관련 사업 등은 신자들의 노동력을 착취하면서 높은 부가가치를 창출할 수 있는 분야에서 많은 수익을 얻고 있었던 것으로 전해진다. 여기까지는 객관적으로 확인된 사실이었다.

그렇다면 이제는 일본 언론이 이 사실을 어떻게 보도하는가, 라는 문제가 남았다. 만약 일본 언론이 중립적이고 냉철한 보도 태도를 유지해 이런 사실들을 단발성 정보 전달 기사로 보도했다면 사회적인 의제 설정으로까지는 이어지기 힘들었을 것이다. "옴진리교가 실질적으로 운영하고 있는 것으로 보이는 컴퓨터 관련 회사 등이 여전히 성업 중이다. 이 회사들은 합법적으로 운영되고 있는 것으로 보이며 지난해에도 높은 매상액을 기록했다" 정도로만 보도해도 이른바 팩트 전달의 소임은 다한 셈이겠지만, 이런 보도를 접한들 사회 구성원들이 이 현실에 대해 문제의식을 느낄지는 미지수이기 때문이다. 그러나 일본 언론은 이런 식의 보도를 하는 것으로 자신들의 소임을 다했다고 착각하는 우를 범하지 않았다.

일본 언론은 이 사실을 보도하는 과정에서 명백하게 어젠다 세팅을 시도한다. 옴진리교의 잔존 세력이 실질적으로 운영하는 관련 회사들이 막대한 이익을 취하는 것이 "과연 정의로운 일인가? 올바른 일인가?"라는 질문을 일본 사회에 정면으로 던지기 시작한 것이다.

"이것이 과연 올바른 일인가?"라는 다소 추상적인 질문이 등장한 이유는 옴진리교의 실질적인 관련 회사들이 아무리 많은 수익을 올리더라도 옴진리교 사건 피해자들은 그들의 자산에서 단 1엔의 배상을 받아낼 법적인 근거도 없었기 때문이다. 옴진리교 교단 파산 절차는 1996년 3월에 시작했으며 당연하게도 그 시점의 옴진리교 교단 자산이 확보 대상이었다. 1999년에 성업 중인 옴진리교의 '실질적인 관련 회사'는 파산 절차와는 아무런 상관도 없었다. 물론 파산 절차 시작을 전후해 옴진리교가 보유하고 있던 자산 가운데 일부가 후계단체나 실질적인 관련 회사로 유출됐으며 그것을 자본금으로 삼아 옴진리교가 또다시 각종 수익 사업을 시작했을 것이라고 누구나 충분히 의심할 만했지만, 명백한 증거 없이 의심만으로 현재 합법적으로 영업 중인 회사를 무작정 추궁할 수도 없는 일이었다.

그러나 "분하지만 어쩔 수 없다"라고 문장을 끝내고 펜을 놓는다면 그들을 언론이라 부를 이유가 없었다. 이것은 올바르지 않은 일이라고 판단했다면 언론이 책임을 지고 사회적인 의제 설정을 통해 이 문제를 해결해야 했다. 분하게도 법의 벽이 올바른 결론으로 가는 길을 가로막고 있다면, 민주주의 국가의 주인인 국민은 주저앉아 울 것이 아니라 법을 고쳐서 그 길을 열어야 할 의무와 책임이 있다. 국민이 국회의원을 뽑고 그 국회의원이 법을 만드는데 국민이 법 때문에 정의를 실현하지 못한다고 한탄하는 것은 책임을 방기하는 것이다. 그리고 그들에게 걸어가야 할 길이 있음을 알려주고 주의를 환기하는 것은 언론의 책무였다.

1999년 봄 이후 일본 언론은 이 문제를 꾸준히 심층적으로 보도하면서 사회적인 관심을 모으는 데 성공한다. "이것이 옳은 일인가?", "이것이 합당한 결론인가?"라는 질문에 대한 일본 사회의 대답은 물론 "아니오"였다. 지하철 사린 사건 이후 고작 4년밖에 지나지 않은 시점이었다. 여전히 많은 피해자들이 신체적인 후유증과 정신적인 충격 속에서 고통받고 있었다. 이들의 고통을 덜어주기 위해 할 수 있는 일이 있다면 일본 사회는 당연히 그 일을 해야 했다.

파산관재인 측과 피해 대책 변호단은 긴밀한 논의를 거쳐 1999년 9월 20일에 법무성과 이 문제를 해결하기 위한 의견 교환 모임을 가진다. 법무성과 논의를 하는 자리에 빈손으로 갈 수는 없었기에 특별법 제정을 통해 이 문제를 해결한다면 어떤 식의 법조문이 필요할지에 대한 의견까지도 정리해간 것으로 알려져 있다. 그리고 그들은 그 자리에서 놀라운 사실을 발견한다. 법무성도 이미 이 문제를 해결하기 위한 내부적인 연구에 착수해 있었던 것이다. 이후 일본 정부는 파산관재인과 피해 대책 변호단 등의 의견도 적극적으로 수렴해 옴진리교 사건 피해자들이 옴진리교 관련 회사에게서도 배상을 받을 수 있도록 하는 특별법 제정을 본격적으로 추진하게 된다.

1999년 12월 7일, 여야의 압도적인 지원 속에 순조롭게 성립한 두 건의 특별법이 공포된다. 하나는 '무차별대량살인행위를 행한 단체의 규제에 관한 법률', 즉 파괴활동방지법을 대신해 옴진리교의 향후 활동을 감찰하기 위한 법률이었다. 그리고 다른 하나가 바로 '특정파산법인의 파산재단에 속해야 하는 재산의 회복에 관한 특별조치법'이었다. 이 법을 통해 옴진리교가 실질적으로 운영해온 회사들의 자산은 옴진리교에서 유출된 것으로 간주해 파산관재인이 그 재산에서도 손해배상을 받을 수 있게 됐다.

상황이 여기까지 진행되자 옴진리교 교단도 더 이상은 이 문제를 회피할 수 없다는 사실을 깨닫는다. 2000년 1월 13일, 옴진리교 교단 측이 최초로 파산관재인 측에 손해배상에 자발적으로 응하겠다는 서면 연락을 해온다. 다만 옴진리교 내부에는 당시까지도 옴진리교가 자행한 각종 강력범죄와 교단의 연관성을 순순히 인정하려 들지 않는 세력이 남아 있어 '자비'의 마음으로 '보상'을 하겠다는 의견을 전달한 것으로 알려져 있다. 파산관재인은 이런 불성실한 태도를 버릴 것을 촉구하며 '사죄'와 '배상'을 요구한다. 우여곡절 끝에 결국 옴진리교의 후계단체들이 옴진리교가 피해자들에게 지고 있던 손해배상 채무를 모두 부담하기로 하고 향후 일정한 금액을 파산관재인 측에 배상해나간다는 합의를 도출하게 된다.

일본 언론이 일본 사회에 던진 "이것이 과연 정의로운 결론인가?"라는 질문은 특별법 제정이라는 가장 바람직한 형태의 대답을 얻었다. 일본 사회는 옴진리교가 피해자들의 권리 회복을 위해 져야 할 책임을 회피하는 것을 쉽게 간과하지 않았다.

후계단체

'무차별대량살인행위를 행한 단체의 규제에 관한 법률'이 1999년 12월 27일에 시행되자 공안조사청 장관은 당일 공안심사위원회에 옴진리교 교단이 3년간 감찰처분을 받을 것을 청구한다. 공안조사청의 감찰처분이 시작되면 공안조사관이 옴진리교 교단이 소유하거나 관리하는 토지 및 건물에 들어가 설비와 장부 서류 등을 검사하는 등의 조사를 할 수 있게 된다. 옴진리교 사건에서 일본 정부가 저지른 가장 큰 실수 중 하나는 옴진리교 교단 내부에 대한 정보 수집이 절대적으로 부족했다는 것이다. 특별법 제정은 이런 실수를 반복하지 않기 위한 것이었다. 그러나 국가가 개인 혹은 단체의 일거수일투족을 지속적으로 감시하는 것은 민주주의의 정신에 어긋나기에 감찰처분 기간은 최장 3년으로 규정돼 있으며 추가적인 감찰처분이 필요할 경우 매번 공안심사위원회에 갱신을 신청해야 한다.

감찰처분 신청 사실을 알게 된 옴진리교 교단은 이를 회피하기 위해 옴진리교 교단이 마쓰모토 치즈오의 영향력에서 벗어났다고 대외적으로 주장하기 시작한다. 2000년 1월 18일에는 교단이 자행한 각종 범행에 다수의 옴진리교 간부가 가담한 사실을 인정한다는 견해를 발표하고 교단의 이름을 '종교단체 알레프'로 바꾸겠다고 공표했으며, 공교롭게도 파산관재인에게 옴진리교 사건 피해자들에 대한 손해배상에 응하겠다는 의사를 표시한 것도 이 무렵이었다. 그러나 이런 노력에도 불구하고 공안심사위원회는 2000년 1월 28일에 옴진리교에 대한 3년간의 감찰처분을 결정한다.

옴진리교는 2000년 2월 4일, 종교단체의 이름을 '알레프'로 바꾼다. 사실상의 주류 후계단체인 알레프는 초기에는 지속적으로 마쓰모토 치즈오의 영향력에서 벗어났음을 강조하지만 교단 내부 감시를 지속하던 공안조사청의 견해는 달랐다. 그런 가운데 2000년 7월에 러시아에 남아 있던 옴진리교 신자 중 일부가 마쓰모토 치즈오 탈환을 목표로 일본 국내에서 연속 폭탄 테러를 저지른다는 계획을 세우고 자동소총과 자작 폭탄 등을 준비하던 중 러시아 국내에서 러시아 연방보안국(FSB)에 체포되는 사건이 발생한다. 이 사건이 결정적인 계기가 돼 공안심사위원회는 첫 감찰처분 이후 약 3년이 지난 2003년 1월 23일에 감찰처분 기간 갱신을 결정한다.

첫 감찰처분 갱신 이후, 알레프 내부에서 매우 첨예한 노선 대립이 발발한다. 마쓰모토 치즈오의 영향력에서 벗어났다는 것을 대외적으로 알려야 한다고 주장하는 교단 지도부가 마쓰모토 치즈오의 설법 비디오나 마쓰모토 치즈오의 뇌파와 동조하는 기능이 있다고 주장하는 헤드기어의 사용을 금지하는 등의 대응책을 제시하자 반대파가 이에 반발한 것이다. 양측의 대립으로 교단 수익이 줄어들고 신자도 이탈하는 현상이 이어지자 결국 지도부는 실각하고 마쓰모토 치즈오에 대한 신앙을 강조하는 세력이 교단 세력의 전면에 등장하는 등 반목이 이어진다. 공안심사위원회는 2006년 1월 23일에 알레프가 마쓰모토 치즈오의 설법에 여전히 경도되어 있으며 교단 내부의 절대자인 마쓰모토 치즈오의 존재가 교단 존립의 기반이라고 판단해 두 번째 감찰처분 갱신을 결정한다.

알레프 내부에서 교단이 마쓰모토 치즈오와 거리를 둬야 한다고 주장해 온 조유 후미히로는 이 두 번째 감찰처분 갱신 이후 약 1년이 지난 2007년 3월에 결국 알레프를 이탈한다. 그 뒤 2007년 5월 7일에 독자적인 세력인 '빛의 고리'라는 단체를 설립해 활동을 시작하게 된다. 한편 알레프는 2008년 5월에 마쓰모토 치즈오에 대한 종교적인 귀의를 명시적으로 강조하는 마쓰모토 치즈오 회귀 노선을 천명하며 명실상부한 옴진리교 주류파 후계 단체로서 활동하기 시작한다. 2009년 1월 23일, 공안심사위원회는 알레프와 빛의 고리 두 단체 모두에 대해 세 번째 감찰처분 갱신을 결정한다. 빛의 고리도 마쓰모토 치즈오에 대한 종교적인 귀의를 유지하면서 감찰처분을 회피할 목적으로 독자적인 활동을 전개하고 있다고 판단한 것이다.

이후 알레프는 마쓰모토 치즈오 회귀 노선을 더욱 선명하게 드러내며 교단 세력을 확장해나가기 시작한다. 알레프 시설 내부의 제단에 마쓰모토 치즈오의 사진 등이 다시 걸리기 시작한 것도 이 시기부터다. 한편 빛의 고리는 자신들이 마쓰모토 치즈오에게서 벗어난 단체라고 주장하는 대외 선전활동을 적극적으로 전개하기 시작한다. 그러나 공안심사위원회는 2012년 1월 23일에도 이 두 단체에 대한 감찰처분을 갱신한다. 살인을 암시하는 교리를 설파한 교재를 교단 내부에 보관하고 있었다는 사실과 신자들에게 마인드 컨트롤을 활용한 수행을 시켜 자신의 의지를 버리고 교단의 교리에 절대적으로 따라야 한다는 의식을 심어주려고 시도했다는 사실이 발각됐다는 것이 중요한 이유로 제시됐다. 이것이 네 번째 갱신이었다.

2012년 이후 알레프는 마쓰모토 치즈오에 대한 종교적인 귀의를 더욱 강조하게 된다. 그리고 이 시기에 새로운 동향 하나가 감지된다. 마쓰모토 치즈오의 아들들에 관한 동향이다.

옴진리교는 티베트 불교의 교리도 일부 차용했으며 이를 활용해 혈통, 즉 마쓰모토 치즈오의 직계 가족에 대한 신격화를 비교적 이른 시기부터 시도했다. 마쓰모토 치즈오는 교단의 주요 간부이기도 했으며 약제사 린치 살해 사건에 관여해 훗날 징역 6년 형을 선고받는 아내와의 사이에서 4명의 딸과 2명의 아들을 낳았다. 딸들은 옴진리교 교단이 활발히 활동하던 시기에 이미 어느 정도 성장한 상태였으나 아들들은 1996년 시점에서 장남이 3세, 차남이 2세라는 어린 나이였다. 마쓰모토 치즈오는 체포된 다음해인 1996년 6월 5일에 이 장남과 차남을 후계자로 지명하는 옥중 지시를 내렸으며, 이 지시에 따라 실제로 2주일 뒤인 1996년 6월 19일에 마쓰모토 치즈오의 장녀가 직접 기자회견을 열고 앞으로는 장남과 차남이 마쓰모토 치즈오를 대신해 '영적인 지도'를 하게 됐다고 발표한다. 옴진리교의 교리 안에서는 마쓰모토 치즈오의 장남과 차남은 최종해탈자인 상태로 태어났다는 식으로 개인 신격화의 대상이었으나 지나치게 어린 나이였기에 교단 운영의 전면에 나서는 일은 거의 없었다.

공안조사청은 2013년 가을 이후 마쓰모토 치즈오의 차남을 알레프 교단으로 복귀하게 하려는 움직임이 있는 것을 파악하고 이에 대한 정보를

알레프 시설 내부의 제단. 마쓰모토 치즈오의 사진이 놓여 있다

지속적으로 수집하고 있었다. 세월이 흘러 성인이 된 장남 혹은 차남이 옴진리교 주류 후계단체인 알레프로 복귀할 가능성이 대두된 것이다. 이외에도 마쓰모토 치즈오의 셋째 딸도 얼굴을 공개하고 언론 인터뷰에 응하는 등 대외 활동을 시작하면서 사회적인 관심을 모으고 있었다.

공안심사위원회는 2015년 1월 23일, 알레프와 빛의 고리에 대한 다섯 번째 감찰처분 갱신을 결정한다. 2017년 현재도 감찰처분은 이어지고 있으며 2018년 1월에 다시 감찰처분이 갱신될지가 주목을 받고 있다.

알레프는 최근 청년 세대를 대상으로 한 세력 확장에 열을 올리고 있다. 공안조사청이 파악한 알레프의 신자 확보 활동은 3단계로 나뉜다. 1단계는 교단명을 숨기고 종교적인 색채도 감춘 채 요가, 점성술, 식사 모임 등의 이벤트를 개최하거나 SNS 교류 등을 통해 일반인과 폭넓게 접촉하는 것이다. 그 일반인 가운데서 종교, 요가, 정신세계 등에 흥미를 보이는 사람을 교단명을 감춘 요가 교실이나 스터디 모임 등으로 끌어들인다. 2단계인 요가 교실이나 스터디 모임에서는 1단계 작업을 담당한 신자가 아닌 다른 신자가 지도자 역할을 맡아 개인적인 인간관계를 쌓아나간다. 또한 이 단계에서 마쓰모토 치즈오의 이름은 거론하지 않으면서 그의 설법 내용을 해설하거나 지하철 사린 사건 등은 교단 이외의 세력이 꾸민 음모였다고 반복적으로 주장해 대상자가 교단에 대한 저항감을 느끼지 않도록 유도한다. 마지막 3단계는 개인적인 인간관계가 구축되고 교단에 대한 저항감도 없어진 시점에서 교단명을 말하고 입교를 권유하는 것이다. 사회에 해악을 끼치는 종류의 신흥종교가 교단명을 숨기고 신자를 모을 때 사용하는 매우 전형적인 수단을 여전히 사용하고 있는 것으로 보인다. 또한 알레프는 신자의 자녀 등 교단과 어린 시절부터 접점이 있을 수밖에 없는 초등학생 혹은 미취학 아동에게 놀이를 통해 교리를 주입할 수 있도록 아동용 장난감을 활용한 교재를 독자적으로 개발해 사용하는 모습이 포착돼 물의를 빚고 있다.

알레프가 마쓰모토 치즈오에 대한 신앙심을 강조하고 있다는 분석의 근거로 알레프 신자들의 기이한 행동을 거론하는 경우도 있다. 알레프 신자들은 최근에도 마쓰모토 치즈오가 수감된 도쿄 구치소 주변을 부지 외벽을 따라 몇 바퀴씩 도는 '의식'을 하는 모습이 포착되곤 한다. 마쓰모토 치즈오의 '파워'를 받기 위한 의식이라고 이 신자들은 믿고 있는 것으로 보이나, 이것도 마쓰모토 치즈오가 체포된 다음해인 1996년 1월 9일에 내린 옥중 지시에 따른 것이다. 마음이 흔들리면 자신이 있는 건물 주변을 돌라는 지시가 20년 넘게 지켜지고 있는 셈이며, 의도적으로 도쿄 구치소 주변에 거주지를 마련하는 신자도 있을 정도라고 한다. 그리고 이런 알레프의 신자는 조금씩 늘어나고 있다.

옴진리교의 두 후계단체인 알레프와 빛의 고리는 2016년에 약 130명의 신규 신자를 확보했으며 새롭게 거점 시설도 마련했다. 특히 신규 신자 가운데 34세 이하인 청년층의 비율이 무려 80%에 육박하는 것으로 집계됐다. 지하철 사린 사건 등을 거의 기억하지 못하는 청년 세대를 중심으로 세력을 확장하고 있는 것이다. 2016년 현재 옴진리교의 신자는 일본에 약 1,650명, 러시아에 약 460명이 있는 것으로 파악되며, 현금과 예금 등을 합친 총 자산 규모는 2016년 10월 말을 기준으로 약 9억 1천만 엔에 달한다.

결국 일본은 옴진리교라는 종교 집단 그 자체를 소멸시키지는 못했다. 민주주의 국가에서 종교의 자유라는 방패는 상상 이상으로 강력했다. 그럼에도 옴진리교가 표면적으로만 소멸했을 뿐 지하에 잠복해 활동을 계속하게 만드는 것보다는 이들을 규제할 명문화된 법을 통해 당당히 감시와 견제를 이어나가는 편이 오히려 안전하다는 의견도 있다. 공안조사청은 2016년 1월부터 11월 말까지 연인원 약 470명의 공안조사관을 동원해 일본 국내 12개 광역자치단체에 산재한 옴진리교 관련 시설을 대상으로 25번에 걸쳐 조사관이 직접 실내로 진입하는 방식으로 철저한 검사를 실시했으며, 교단 내부 자료를 무단으로 반출하려 한 신자를 경찰에 고발해 검찰의 기소를 이끌어내기도 했다.

옴진리교에 대한 감찰처분 기한은 2018년 1월에 만료될 예정이다. 그러나 여전히 일본 사회의 불안이 완전히 해소됐다고 보기는 어렵다. 2017년 3월 14일, 지하철 사린 사건 발생 22주기를 앞두고 다카하시 시즈에 대표 등 옴진리교 사건 피해자 및 유가족은 법무성과 공안조사청을 방문해 옴진리교에 대한 감찰처분을 지속해줄 것을 요청했다. 다카하시 시즈에 대표는 이날 기자회견에서 옴진리교 교단이 막대한 자산을 토대로 새롭게 시설을 확보하고 있으면서도 배상책임은 다하지 않고 있다고 지적하며 지속적인 감시의 필요성을 역설했다.

2017년 11월 20일, 공안조사청은 공안심사위원회에 옴진리교에 대한 3년간의 감찰처분 갱신을 청구했다. 특히 이번에는 알레프와 빛의 고리 이외에 알레프에서 약 30명 정도의 신자가 이탈해 새롭게 구축한 단체에 대해서도 감찰처분을 신청한 것으로 알려졌다. 공안조사청 장관은 11월 20일 오전에 기자회견을 열고 "3개 단체를 대상으로 지난 3년간 모두 12번의 보고를 받았으며 76번의 실내 진입 검사를 실시했으나 그 위험한 본질은 변하지 않았다는 점이 확인됐다. 향후에도 감찰처분을 엄격히 실시해 공공의 안전을 확보하고 국민의 불안을 해소하기 위해 최선의 노력을 다하고 싶다"고 밝혔다.

옴진리교에 대한 일본 사회의 감시는 현재까지도 이어지고 있다.

선의를 구하는 방법

옴진리교의 후계단체가 활동을 시작한 2000년 이후에도 옴진리교 파산 절차는 꾸준히 진행됐다. 주로 후계단체의 추가적인 손해배상 등이 이뤄졌으며 파산관재인과 피해 대책 변호단은 긴밀한 협의 아래 옴진리교 후계단체에 손해배상을 지속적으로 촉구했다. 그렇게 시간이 흘러 파산 절차가 시작된 지 약 10년이 지난 2006년 전후가 되면 파산관재인 측의 활동은 사실상 마무리 단계에 접어들게 된다. 그러나 2006년에 이르러서도 옴진리교 사건 피해자들이 1엔이라도 더 많은 배상을 받을 수 있도록 해야 한다는 파산관재인 측의 열의는 식지 않았다. 파산관재인 측은 주어진 상황에서 피해자들이 아주 조금이라도 더 많은 돈을 배상받을 수 있도록 하기 위해 지혜를 모으다가 매우 색다른 발상을 해낸다. 일반 채권자, 즉 사건 피해자가 아니라 옴진리교와 통상적인 거래 관계에 있다가 옴진리교가 파산하면서 파산 절차에 참가하게 된 채권자들에게 그들의 채권을 사건 피해자들에게 양도해줄 수 없는지 의사를 타진해보기로 한 것이다.

이런 전례 없는 시도가 가능했던 이유는 두 가지가 있다. 우선 통상적인 파산 절차의 경우 채권의 20%를 회수하면 성공적인 사례로 친다는 점이 기본적인 배경이었다. 당시 일반 채권자들은 통상적인 파산 절차의 성공 사례 수준의 배당은 이미 받은 상태였으며, 따라서 이 시도 자체가 크게 사리에 어긋난 일은 아니었다.

또한 10년이란 시간이 경과했다는 사실도 파산관재인 측이 용기를 내볼 만한 요소로 작용했다. 일반적인 거래로 인해 발생한 채권의 경우 10년이 지나면 그 거래관계에서 이탈하고 싶은 사람도 생기는 법이다. 만약 옴진리교에 대한 채권을 갖고는 있지만 언제 얼마를 더 받아낼 수 있을지 모를 이 상태에서 이제는 벗어나고 싶은 사람이 있다면, 채권을 피해자에게 양도하도록 유도하는 것도 하나의 방법이 될 수 있을 터였다.

그러나 돈은 돈이고 채권은 채권이다. 파산관재인이 피해자의 채권을 단 1엔이라도 더 많이 회수하기 위해 동분서주했듯, 일반 채권자의 돈도 누군가의 생활과 미래가 걸린 소중한 돈이었다. 자신의 목적과 이상이 올바른 것이라는 사실에 도취되어 수단과 방법에 대한 고민을 게을리한 결과 목적과 이상마저 폄훼당하게 만드는 우를 범하지 않도록 조심할 필요가 있었다.

아베 사부로 변호사는 옴진리교 사건 피해자가 아닌 817명의 채권자에게 서신을 보낸다. 최대한 예의를 갖춰 현재 파산관재인이 처한 상황과 옴진리교 사건 피해자들의 피해 회복 현황 등을 전달한 뒤 이런 시도를 하게 된 취지를 충분히 설명하고 정중하게 채권 양도 의사를 타진한 것이다.

놀라운 결과가 나왔다. 서신을 받은 817명의 채권자 가운데 682명이 2006년 2월 21일까지 답장을 보냈으며 32명이 동의할 수 없다는 의사를 표명했고 37명은 결론을 보류하고 싶다고 통보했다. 무려 약 75%에 해당하는 613명이 자신의 채권을 사건 피해자들에게 양도하겠다는 의사를 파산관재인에게 전달했다.

여러 사정으로 답장을 하지 않거나 보류 혹은 동의할 수 없다는 의사를 표명한 쪽이 오히려 '자연스러운' 반응이라 할 만했다. 돈은 돈이고 채권은 채권이기 때문이다. 그럼에도 불구하고 75%에 해당하는 채권자가 선의에서 우러난 배려와 협력을 보였다는 것은 작은 기적 같은 일이었다.

이 작은 기적은 기금 모금의 경우와 마찬가지로 누군가의 선의를 구하는 것이 얼마나 많은 고민과 노력을 필요로 하는 일인지를 잘 보여준 사례라 할 만했다. 파산관재인 아베 사부로 변호사는 결코 막연하게 선의를 보여달라고 부탁하지 않았다. 당신의 선의가 왜 필요한지, 그 선의가 누군가에게 정확하게 어느 정도의 어떤 도움을 주는지, 그리고 선의를 베풀 경우 당신이 입게 될 것으로 예상되는 객관적인 손실은 어느 정도인지를 충분히 설명한 뒤에 판단을 기다렸을 뿐이다.

이 사례를 통해 사람은 자신의 선의가 왜 필요한지, 그 선의를 보일 경우 내가 감당해야 하는 손실은 어느 정도인지에 대해 정확한 정보가 주어지고 선의를 구하는 상대방이 충분히 예의를 갖췄다면 상당히 높은 확률로, 때에 따라서는 약 75%의 확률로 선의를 보인다는 사실을 확인할 수 있었다. 또한 이렇게 베풀어진 선의는 관계가 희박한 곳으로 유용될 염려 없이 온전히 피해자들의 피해 회복을 돕는 데 사용됐다는 점에서도 매우 모범적인 사례라 할 만했다.

파산 절차 종료

2008년 11월 26일, 마지막 채권자집회인 제17차 채권자집회가 도쿄 지방재판소에서 개최됐다. 이후에는 잔여 사무를 처리하고 연도말인 2009년 3월에 도쿄 지방재판소가 파산 절차 종결을 선언하는 일만을 남겨둔 상태였기 때문에 이로써 사실상 옴진리교 파산 절차는 마무리된 셈이다. 이 기간 동안 3번의 중간 배당을 통해 옴진리교 사건 피해자들은 36.75%의 채권을 회수했다. 여기에 기금을 통해 모금된 돈으로 3.64%가 추가적으로 회수돼 파산 절차에 참여한 1,201명의 피해자들은 자신들이 보유한 채권 약 38억 1천만 엔 가운데 40.39%에 해당하는 약 15억 4천만 엔을 회수한 것으로 확인됐다. 아베 사부로 변호사는 3년 정도의 활동기간을 예상했으나 실제로는 12년의 세월이 걸린 셈이다.

40%를 넘는 회수율은 실로 대단한 성과였다. 그러나 한편으로는 옴진리교 사건 피해자들이 가족의 생명이나 자신의 건강과 같은 돈으로는 모두 배상받을 수 없는 것을 빼앗긴 뒤, 최소한의 금전적인 배상을 요구하며 파산 절차에 참가한 것임을 감안하면 여전히 온전한 피해 회복에는 크게 못 미치는 수준이었다. 이 사실을 잘 이해하고 있던 아베 사부로 변호사는 2009년 3월 18일, 재판소의 허가를 받아 파산관재인이 옴진리교 교단을 상대로 보유하고 있던 나머지 채권인 약 22억 7천만 엔의 채권을 '옴진리교 범죄 피해자 지원기구'에 양도한다. 파산 절차가 종료된 뒤에는 이 지원기구가 나머지 채권을 회수해 옴진리교 사건 피해자들에게 돌려주는 역할을 담당하게 된 것이다. 옴진리교 범죄 피해자 지원기구는 1995년 12월에 아베 사부로 변호사를 찾아가 파산관재인이 되어줄 것을 부탁한 우쓰노미야 겐지 변호사가 이사장직을, 나카무라 유지 변호사가 부이사장직을 오랫동안 수행하고 있으며 현재까지도 옴진리교의 후계단체인 알레프와 빛의 고리에게서 매년 손해배상금을 회수하는 업무를 계속하고 있다.

아베 사부로 변호사는 69세였던 1995년 시점에서도 이미 충분히 존경받을 만한 사회 원로였다. 그러나 그가 2010년에 향년 84세로 작고했을 때, 일본의 주요 언론은 그의 부고를 전하면서 그가 12년 동안 큰 족적을 남긴 옴진리교 파산관재인으로서의 활약상을 특히 강조했다. 아무리 일본 사회가 옴진리교 사건 피해자들의 피해 회복에 전반적으로 동의하고 있었다고 하더라도 최전선에서 실무를 담당한 파산관재인이 이 정도로 탁월한 교섭력과 협상력을 발휘하지 못했다면 피해 회복에는 훨씬 더 많은 시간이 필요했을 것이다.

아베 사부로 변호사는 옴진리교의 잘못을 일방적으로 추궁하는 데에만 골몰한 것은 아니었다. 옴진리교 사건이 일본 사회에 남긴 상처 중에는 옴진리교 아동 문제로 불리는 것도 있었으며, 그는 이 문제를 해결하는 것에도 정성을 쏟았다.

옴진리교 신자들은 오랫동안 집단생활을 했으며 가족 전원이 입교하거나 출가한 경우에는 신자 가정의 매우 어린 자녀들도 옴진리교 교단 시설에서 함께 생활할 수밖에 없었다. 1995년 3월 22일에 경찰이 후지산 부근 옴진리교 시설에 대한 강제수사를 집행했을 당시 교단 시설에서 집단생활을 하고 있던 아동들도 경찰에 보호됐다. 그리고 그 과정에서 옴진리교가 마쓰모토 치즈오의 뇌파와 동조하는 효과가 있다고 주장하는 전기가 통하는 헤드기어를 착용한 아동의 모습이 확인돼 일본 사회에 큰 충격을 던진다.

1995년 4월 14일에 3세에서 14세 사이의 아동 53명이 후지산 부근의 옴진리교 교단 시설에서 인근 지자체의 중앙아동상담소로 옮겨진 것을 시작으로 일본 정부는 옴진리교 교단 내부에서 생활하고 있던 아동들을 보호하는 작업에 본격적으로 착수한다. 그 뒤 약 5개월 동안 일본 전국 각지의 옴진리교 시설에서 아동 59명이 추가로 보호돼, 일본 정부가 보호한 1세에서 15세 사이의 옴진리교 신자 아동은 모두 112명에 달했다.

아동들을 보호하게 된 각 시설의 담당자들은 초기에는 옴진리교의 교리에 젖어든 아동들과 의사소통을 하는 데 상당한 어려움을 겪었다고 전해진다. 옴진리교 신자들은 전반적으로 영양 상태가 그다지 양호하지 않았으며, 이 아동들 가운데 상당수는 자신의 연령보다 2~3살 정도 성장이 늦은 것처럼 보였다고 한다. 또한 누군가가 머리를 만지려고 하면 마쓰모토 치즈오의 파워가 빠져 나간다며 강하게 거부하거나 교단이 독가스 공격을 받고 있다는 말을 여전히 믿고 있었던 탓에 실외로 나가려 하지 않는 등의 행동을 보이기도 했다.

다행히 아동들은 점차 사회에 적응해나가기 시작했다. 1996년 11월 시점까지 99명의 아동이 친척이나 옴진리교에서 탈퇴한 부모에게 보내져 가족과 함께 생활하기 시작했으며 13명이 경제적인 이유 등 부득이한 사정으로 양육시설에서 성장하게 된다. 이런 아동들을 보호하며 안전하게 양육하는 것은 일본 사회 성인들의 공동 책임이라 할 수 있었으나, 거듭 말하지만 일본은 성인군자의 나라가 아니었고 현실은 그렇게 쉽게 풀리지 않았다. 옴진리교 신자, 특히 교단 주요 간부였던 신자의 자녀들이 취학연령이 되자 지자체와 학교가 이들의 입학을 거부하는 문제가 발생하기 시작한 것이다.

아베 사부로 변호사는 부모가 옴진리교 신자라는 이유로 자녀가 학교에 다니지 못하는 것은 엄연한 차별이며 법률가로서 이것은 용납할 수 없는 일이라는 판단 아래, 신자의 자녀들이 학교에 입학할 권리를 확보하는 활동도 전개하기 시작한다. 그는 이 문제에서도 탁월한 협상력을 발휘해 지

자체와 학교, 지역 주민들을 꾸준히 설득했으며 그 결과 신자 자녀들의 등교를 성사시키기도 했다.

결국 아베 사부로 변호사는 자신의 70대를 바친 옴진리교 파산관재인으로서의 활약을 통해 역사에 이름을 남기게 된다.

언론의 책무

"최선을 다했다"라는 말의 의미와 기준은 사람마다 다르기 때문에 일률적으로 판단할 수는 없다. 그러나 옴진리교 사건이 발생한 이후 일본 사회, 특히 피해자의 피해 회복을 위해 노력한 관계자들은 문자 그대로 최선을 다했다. 그 누구도 적어도 민간 부문이 해야 할 일과 할 수 있는 일 가운데 이들이 소홀히 처리한 일이 있다고는 말하기 어려울 것이다. 그 결과 옴진리교 사건 피해자들은 파산 절차를 통해 그들이 옴진리교에게서 받아내야 할 돈의 40.39%를 받아냈다.

그렇다면 2008년 시점에서 일본 언론은 이 사실을 보도할 때 두 가지 헤드라인을 쓸 수 있었을 것이다.

A. 옴진리교 파산 절차, 통상의 두 배에 달하는 달성률 보이며 마감
B. 옴진리교 사건 피해자 채권, 여전히 약 60%나 회수 안 돼

이것이 바로 언론이 수행해야 하는 사회적인 책무의 핵심이다. 저 두 문장은 모두 '팩트'다. 사실을 전달하는 것이 언론의 사명이라는 주장은 가

장 유명한 거짓말 중 하나다. 세상에는 완벽하게 중립적인 사람도 완벽하게 중립적인 문장도 존재하지 않는다. 그런데 어떻게 누군가가 쓴 문장이 완벽하게 중립적인 보도가 될 수 있을까. 어떤 사실을 보도할지 보도하지 않을지, 보도한다면 어느 정도의 중요도로 보도할지, 그리고 그 보도의 첫 문장은 어떻게 시작할지, 이 모두 누군가가 사회적인 책무와 양심에 따라 판단해야 하는 일이며, 그런 판단을 거쳐 나온 언론의 보도는 당연하게도 그 언론사가 '사실 전달' 이상의 책무를 이행한 결과물이다.

일본 언론은 옴진리교 파산 절차가 마무리 단계에 접어들었다는 사실을 보도할 때 명확하게 B 루트를 선택한다. 2008년을 전후해 이 문제를 다룬 일본 언론의 보도 내용을 살펴보면 대부분이 "옴진리교 사건 피해자의 채권이 아직 약 60%나 회수되지 못한 문제와 관련해 일본 정부는 ……" 혹은 "옴진리교 후계단체가 아직 60%에 가까운 채무를 이행하지 않은 문제와 관련해 정치권은 ……"과 같은 표현으로 보도를 시작한다.

만약 일본 언론이 A 루트를 선택했다면 일본 사회가 이 문제를 처리하는 방식은 전혀 달라졌을 것이다. 2008년은 옴진리교가 최초로 자행한 살인 사건을 기준으로 이미 19년이 지난 시점이었고 지하철 사린 사건을 기준으로 13년, 옴진리교 파산 절차가 시작한 지도 이미 12년이 지나 있었다. "이제 충분하지 않나", "일본에는 다른 중대 사건의 피해자도 많다", "일본 사회는 이젠 피로감을 느끼고 있다" 같은 문장으로 피해자와 유가족을 공격했다면 일본 사회의 여론은 지금과는 사뭇 다른 모습이었을 것이다.

물론 일본 사회 구성원들은 언론이 유도하는 방향으로 아무 생각 없이 흘러가기만 하는 사람들은 아니다. 그러나 만약 대부분의 주요 언론이 오랜 시간을 들여 한 가지 방향으로 여론을 유도하려고 시도했다면 그 시도가 실패할 확률은 상당히 적었을 것이다. 처음에는 언론의 보도 태도에 의문을 품는 사람이 생기더라도 5년에서 10년 정도 꾸준히 옴진리교 사건 피해자를 공격하는 보도를 계속하면 그리 멀지 않은 시일 내에 옴진리교 사건 피해자들을 마치 과도한 욕심을 부리는 사람들 혹은 자신들의 피해를 회복하는 것에만 집중하는 일종의 집단 이기주의에 매몰돼 사회 통합을 저해하는 사람들처럼 보이게 만들 수도 있었을 것이기 때문이다. 그리고 한국 사회는 안타깝게도 그런 사례를 아주 최근까지도 목격해왔다.

세월호 참사 유가족과 피해자들은 원래 정치적인 성향을 덧씌울 여지가 전혀 없는 사람들이었다. 참사 발생 하루 전까지 서로의 존재조차 모르던 사람들인 만큼 특정 정치세력을 위해 하나의 목소리를 낼 필요도, 그런 행동을 해서 얻게 될 이익도 원래는 없었기 때문이다. 한국 정부가 유가족 및 피해자의 피해 회복을 위해 공정하게 필요한 절차를 처리하기만 했어도 이 문제는 좌우대립이나 사회 구성원 개개인의 정치적인 성향과는 무관한 문제로 남았을 것이고, 한국 사회는 적어도 추가적인 갈등은 겪지 않아도 되었을 터였다.

그러나 지금까지 밝혀진 사실만을 토대로 판단하더라도 한국의 일부 정치 세력은 세월호 문제를 두고 한국 사회 구성원들이 반목하고 대립하는 것을 조장하거나 최소한 방치했다는 혐의를 벗기 어렵다. 그리고 한국의 일부 언론은 그 나날이 부풀어지던 반목과 대립의 한가운데에서 전국에 울려퍼질 만큼 크고 우렁차게 분열의 목소리를 쏟아냈다. 이 문제에 대해서는 아무리 오랜 시간이 걸리더라도 철저하게 진상을 밝혀내 책임을 져야 할 개인과 단체에게는 무거운 법적인 책임과 정치적인 책임, 사회적인 책임을 지게 해야 한다. 그들은 세월호를 잊는 것이 사회 통합의 길인 것으로 한국 사회 구성원들이 착각하도록 유도하려 했다. 하지만 사회 내부에서 갈등과 반목을 조장하고 방치한 자들에게 엄격한 책임을 지게 하는 것으로 이런 시도의 재발을 막는 것이야말로 한국 사회가 통합으로 나아가는 첫 걸음이 될 것이다.

일본은 여러 가지 면에서 선진국이지만 정치면에서 선진국이라고 자부하기엔 아직 문제점이 많은 국가다. 그러나 그런 일본에서도 언론이 그들의 책무를 다했을 때 정치권이 느끼는 중압감은 무시할 수 없는 것이었다. 언론이 "아직 60%나 남았다"라고 의제 설정을 완료하자 여론은 이 문제를 적극적으로 해결하지 않는 일본 정부를 질타하기 시작한다.

이런 여론에 힘입어 옴진리교 사건 피해자 모임과 피해 대책 변호단, 파산관재인도 자신들의 주장을 사회에 발신하고 일본 정부에 전달하는 활동을 적극적으로 전개한다. 민간이 할 수 있는 일, 법적으로 할 수 있는 일은 이미 모두 다했다. 그럼에도 불구하고 아직 60% 가까이나 '남아' 있었다. 이제는 일본 정부가 이 문제를 해결해야 했고, 만약 피해자들의 피해를 금전적으로 회복한다는 조치를 취하려고 해도 근거가 될 법률이 없다면 정치적인 해결을 통해 그런 법률을 만들어야 했다.

일본 정부의 마지막 반격

2008년 6월 18일, 일본 국회에서 여야의 합의 아래 순조롭게 성립한 '옴진리교 범죄 피해자 등을 구제하기 위한 급부금 지급에 관한 법률'이 공포된다. 급부금은 돌려줄 필요가 없는 돈을 의미하며, 12월 18일부터 이 법이 시행되면서 일본 정부는 정부 예산으로 옴진리교 피해자들에게 직접 금전적인 지원을 하게 된다.

이 법률은 1조에서 우선 지하철 사린 사건을 비롯한 옴진리교의 무차별 대량 살상 행위는 폭력으로 국가의 통치기구를 파괴한다는 목적 아래 자행된 악질적이고 중대한 테러리즘으로서의 범죄 행위라고 규정한다. 그 뒤 이런 테러로 인해 불특정다수의 피해자가 미증유의 참화를 겪었으며, 또한 옴진리교가 교단 차원에서 테러리즘을 실행하는 능력을 형성하는 과정에서도 이에 맞선 사람이나 그 가족이 교단의 발전을 저해하는 자라는 이유로 살상 행위 등의 범죄 행위에 희생된 것을 지적하고, 국가가 이런 범죄 행위 피해자의 구제를 도모하는 것이 테러리즘과 맞서 싸우는 일본의 자세를 분명히 하는 것이라고 법률의 취지를 설명한다. 옴진리교의 범행을 막지 못한 일본 정부의 책임을 정면으로 인정한 문장이라고까지는 할 수 없으나 피해자의 피해 회복을 돕는 것이 범죄 행위에 대항하는 길임을 천명한 것은 높이 평가할 만하다.

법률의 취지가 취지인 만큼 옴진리교가 자행한 각종 강력범죄 가운데 피해자가 옴진리교 구성원이었던 사건은 이 법률이 규정하는 급부금 지급 대상에서 제외됐다. 결국 지하철 사린 사건, 마쓰모토 사린 사건, 사카모토 쓰쓰미 변호사 일가 살해 사건, 다키모토 다로 변호사 사린 습격 사건, 주차장 경영자 VX 습격 사건, 회사원 VX 살해 사건, 옴진리교 피해자 모임 회장 VX 습격 사건, 공중사무소 사무장 감금 치사 사건 등 8개 사건의 유가족 및 피해자가 급부금을 지급받게 됐다. 범행 내용의 잔악함과 피해자들이 느꼈을 분노를 생각하면 남성 신자 살해 사건, 약제사 린치 살해 사건, 현역 신자 고문 살해 사건 등이 제외된 것은 안타까운 일이었지만, 옴진리교의 테러리즘에 대항한다는 대의명분 아래 성립된 법률인 이상 어쩔 수 없는 판단이었을 것이다. 이들 사건의 유가족의 권리는 개인적인 손해배상을 통해서 회복하도록 하고 국가적인 급부금은 지급하지 않은 것은 악행에 도움을 줘서는 안 된다는 최소한의 도덕을 강조하는 의미에서도 불가피한 선택이었다.

이 법률이 규정한 급부금의 금액은 사망한 자의 유족 2천만 엔, 장애가 발생했을 경우 장애의 정도에 따라 3천만 엔, 2천만 엔, 5백만 엔, 중상자 1백만 엔 등이었다. 피해자로 인정되는 사람의 숫자가 늘어나면 늘어날수록 일본 정부의 재정 부담은 증가하는 구조였다. 이제 남은 문제는 단 한 가지였다. 옴진리교 사건 피해자의 범위, 특히 지하철 사린 사건과 마쓰모토 사린 사건의 피해자의 범위를 어떻게 결정하느냐는 문제였다.

급부금 지급 대상이 된 8개의 사건 가운데 대부분의 사건은 피해자의 범위가 비교적 분명하게 정해져 있었다. 그러나 지하철 사린 사건과 마쓰모토 사린 사건의 정확한 피해자의 범위를 확정하기란 쉬운 일이 아니었다. 특히 지하철 사린 사건은 밀폐된 공간에 수많은 사람이 밀집한 월요일 출근 시간대의 지하철에서 범행이 자행된 만큼 어느 정도의 피해를 입은 사람까지를 사건 피해자라고 부를 수 있을지에 대해 의견이 분분했다. 마쓰모토 치즈오의 첫 공판 소식을 전한 1996년 4월 24일의 보도를 살펴보면 당시 일본 언론은 지하철 사린 사건의 사상자 수를 3,807명으로 집계하고 있었다. 그러나 이 숫자는 시간이 지날수록 늘어나 2000년대가 되면 지하철 사린 사건은 "5천 명 이상의 사상자를 낸 사건"이라고 보도되곤 한다. 이 상황에서 일본 정부에게는 세 가지 선택지가 있었다.

첫 번째 선택지는 형사재판을 통해 확정된 피해자 숫자를 기준으로 한다는 것이었다. 일견 가장 정확하고 논쟁의 여지가 없는 방안처럼 보일 수도 있지만 사실 이런 생각은 형사재판에 대한 잘못된 상식에 기인하는 것이다. 형사재판은 일반적으로 엄격하고 공정한 절차에 따라 진행되며 범죄를 저질렀다고 의심을 받는 피고인의 권리 또한 재판 과정에서 최대한 보장된다. 따라서 재판이 문제없이 진행됐다면 객관적인 사실에 가장 가까운 사실을 확정할 수 있지만, 동시에 객관적인 사실 가운데 최소한의 사실만을 밝혀내는 경우가 더 많다.

검사가 기소하지 않은 사건은 실제로 범인이 범죄를 저질렀고 엄연히 피해자도 존재한다 하더라도 재판조차 시작하지 않는다. 검사가 기소해 재판이 시작되더라도 피고인의 권리와 공정한 재판 절차 유지를 위해 검사의 범행 입증에는 많은 제약이 가해진다. 명백하게 범행 사실을 증명할 수 있는 증거라 하더라도 불법으로 확보한 증거는 재판에서 배제되며, 판사는 "의심스러울 때는 피고인에게 유리하게"라는 격언에 따라 판단을 내린다. 이 모든 난관을 돌파한 최소한의 사실만이 형사재판을 통해 밝혀지는 것이다.

　간혹 어떤 집단의 책임 있는 위치에 있는 사람이 그 집단 내부에서 상대적 강자가 상대적 약자의 권리를 침해한 사건을 처리할 때 "형사재판의 결과에 따라 판단하겠다"라는 말만을 반복하는 경우가 있다. 일견 공정한 태도처럼 보일 수도 있지만 형사재판의 결과를 중요한 참고 자료로 삼는 선을 넘어 재판 결과만을 신봉하는 것은 결과적으로 중립을 가장해 강자의 편을 드는 일인 경우가 많다. 직장에서 혹은 학교에서, 내부적으로 누가 가해자이고 누가 피해자인지 명확히 밝힐 수 있는 사안임에도 불구하고 "형사재판의 결과에 따라 판단하겠다"라는 말만을 반복하는 것은 사회적인 지위와 영향력이 있는 가해자가 형사재판 절차를 잘 무마하기만 하면 내부적으로도 불문에 붙이겠다는 말과 다름이 없기 때문이다.

　옴진리교 사건은 형사재판이 밝혀내는 '사실'이란 실제로 벌어진 일의 최소한이라는 것을 매우 잘 드러내는 사건이기도 했다. 마쓰모토 치즈오의 재판을 통해 확정된 마쓰모토 사린 사건의 피해자는 사망자 7명과 중상자 4명, 지하철 사린 사건의 피해자는 사망자 12명과 중상자 14명에 불과했다.

　특히 지하철 사린 사건의 부상자 숫자가 압도적으로 적게 집계된 것은 마쓰모토 치즈오의 재판을 조속히 종결시키기 위한 불가피한 선택이었다. 모든 피해자의 피해 사실을 법정에서 입증하고 그들의 피해와 사린 살포

사이의 인과관계를 증명하려 들었다면 마쓰모토 치즈오는 2017년 현재까지도 1심 재판을 받고 있어야 했을지도 모른다. 일본의 검찰과 재판소는 그런 결과는 원하지 않았고, 재판에서는 마쓰모토 치즈오의 범행을 엄하게 단죄할 수 있는 범위 안에서 최소한의 사실만을 다루기로 결정했다. 그 결과 법정에서 사린 살포와 피해 사이의 인과관계를 증명할 수 있었던 최소한의 인원만이 형사재판상의 피해자로 인정을 받은 것이다.

만약 일본 정부가 무책임한 어떤 집단의 무책임한 관리자처럼 "형사재판의 결과에 따라 판단하겠다"라는 말만을 반복했다면 일본 정부의 급부금을 받는 피해자의 숫자는 8개 사건을 모두 합쳐도 수십 명 정도에 불과했을 것이다. 그러나 일본 정부는 그런 파렴치한 선택을 하지는 않았다.

두 번째 선택지는 파산 절차 참가자를 기준으로 삼는 것이었다. 옴진리교 사건 피해자와 유가족 가운데 모두 1,201명이 옴진리교 교단 파산 절차에 참가했으며 이들은 객관적으로 살펴봐도 일본 정부의 급부금을 받을 만한 자격이 있었다. 12년에 달하는 기간 동안 옴진리교 교단을 상대로 자신의 권리를 지키기 위해 싸워왔기 때문이다.

그러나 이 1,201명의 노력은 물론 높이 평가할 만했지만 이들만을 옴진리교 사건의 피해자라고 규정하는 것도 지나치게 행정편의주의적인 결론이었다. 옴진리교 파산 절차에 참가한다는 것은 피해자 본인의 성명 등을 밝히고 교단과 대립한다는 의미이기도 했으며, 그런 점을 감안하면 1,201명이나 이런 용기를 냈다는 사실이 오히려 놀라울 정도였다. 피해자 가운데는 교단과 직접 대립하는 오랜 투쟁을 감당할 입장이 아니어서 파산 절차에 참가하지 않은 사람도 많았다. 이들이 한때 자신의 권리를 지키기 위해 분연히 떨쳐 일어나지 않았다고 해서 자신의 권리를 완전히 포기한 사람으로 몰고 가는 것도 옳은 일은 아니었다. 만약 이런 편의주의에 물든 결론을 일본 정부가 내렸다면 얼마간의 예산은 절약할 수 있었겠지만 정부가 피해자에게 급부금을 지급해 피해를 조금이나마 복구하는 것으로 옴진리교의 범행에 대항하겠다는 법의 취지는 무색해졌을 것이다.

일본 정부는 또 한 가지 중요한 사실을 잊지 않고 있었다. 일본 정부는 옴진리교 사건을 막지 못한 최종적인 책임을 져야 하는 입장이었고, 일본 정부의 급부금을 받는 피해자의 숫자가 늘어나면 늘어날수록 일본 정부가 막아내지 못한 범죄의 규모가 얼마나 큰 것이었는지를 스스로 인정하게 되고 만다는 사실이었다. 일본 정부 입장에서는 유혹을 느낄 수도 있는 상황이었다. 일본 정부 앞에는 "형사재판의 결과에 따라 판단하겠다"라는 그럴듯해 보이는 말을 반복해 피해자 규모를 수십 명으로 줄이는 길도, 용기를 내 교단과 맞선 천 수백 명만을 피해자라고 인정하는 길도 놓여 있었다. 이 둘 모두 지나치게 소극적인 대응이라는 여론의 반발을 살 우려가 있다면 이것보다 조금 더 많은 수준의 피해자만을 인정해 어떻게든 사건의 규모를 축소한다는 발상도 가능했을 것이다. 그러나 일본 정부는 옴진리교와의 이 마지막 싸움에서 패배함으로써 승리하는 길, 세 번째 선택지를 고른다.

일본 정부는 2010년 12월까지 피해자 숫자를 집계하는 절차를 밟았으며 이를 통해 경시청이 파악하고 있던 옴진리교 사건 피해자 숫자에 급부금 신청으로 새롭게 피해 사실이 확인된 피해자의 숫자를 더한 총 6,583명을 옴진리교 사건 피해자로 인정한다. 이 가운데 사망자는 25명이었으며, 특히 지하철 사린 사건은 형사재판을 통해 인정된 12명의 사망자 이외에 한 명이 더 사망한 것으로 확인됐고 피해자의 숫자는 총 6,286명으로 집계됐다. 일본 언론의 지하철 사린 사건 피해자 규모에 대한 보도가 "약 6,300명"으로 고정된 결정적인 이유가 여기에 있었다.

옴진리교 사건은 일본이라는 현대 국가를 종교의 외투를 입은 고대의 망령이 잔혹하게 짓밟은 사건이었다. 옴진리교는 고대 종교의 교리 가운데 일부를 차용하면서 그 시대의 잔학성까지 현대에 재현한 듯 일본 사회를 유린했다. 이들이 자행한 끔찍한 범죄에 현대 국가인 일본이 대항한 길은 길고 지루하고 어려운 여정이었다. 카타르시스를 느낄 만큼 명쾌한 응징도 찾기 어려웠고, 반 걸음을 걷기 위해 수백에서 수천만의 사람들을 설득해야 하는 지난한 과정이 이어졌다.

그러나 그 긴 여정의 끝에서 일본 정부는 마지막으로 현대 문명국가다운 반격을 선보였다. 인간답게 행동하기로 결정하고 그 결정을 실행에 옮긴 것이다. 일본 정부는 자신들이 보호할 의무가 있었음에도 보호하지 못한 옴진리교 사건 피해자의 숫자를 가능한 한 많이 집계했고, 이를 통해 일본 정부의 책임이 얼마나 큰 것이었는지를 스스로 인정했다. 그리고 그것이 결과적으로는 일본 사회 구성원들의 신뢰를 회복할 수 있는 가장 빠른 길이었다. 폭력으로 일본 정부를 전복할 수 있으리라 생각했던 옴진리교에게는 가장 통렬한 반격이었을 것이다.

지하철 사린 사건 발생 이후 20년이 경과한 2015년이 되자 그동안의 옴 진리교 사건 사후처리 경과를 사회에 보고하는 각종 기자회견이 개최됐 다. 2015년 2월 5일에는 다키모토 다로 변호사를 비롯한 관계 전문가들이 일본 기자 클럽에서 기자회견을 열고 옴진리교의 현황과 사회에 해악을 끼치는 신흥종교에 대항하는 일본 사회의 여러 가지 노력들을 소개했다. 이 자리에서 다키모토 다로 변호사는 옴진리교에 대한 감시의 끈을 놓지 말아야 한다고 강조했다.

2015년 3월 4일에는 지하철 사린 사건 피해자 모임의 다카하시 시즈에 대표와 옴진리교 범죄 피해자 지원기구의 우쓰노미야 겐지 이사장, 나카 무라 유지 부이사장이 나란히 일본 기자 클럽에서 기자회견을 열고 옴진 리교 사건 피해자의 입장에서 지난 20년을 되돌아봤다. 민간부문과 일본 정부의 옴진리교 피해자 구제를 위한 노력은 충분히 높이 평가할 만했지 만 반성할 점과 개선이 필요한 점도 얼마든지 있었다. 또한 옴진리교의 폭 주를 미연에 방지하지 못한 사실에 대한 반성과 재발 방지를 위한 노력은 20년이 지난 2015년에도 아무리 강조해도 부족함이 없었다.

2008년에 시행된 옴진리교 범죄 피해자 등을 구제하기 위한 급부금 지급 에 관한 법률은 이후 관련 법률이 개정돼 손질이 필요할 때마다 꾸준히 개 정돼왔다. 2017년 하반기를 기준으로 이 법률이 마지막으로 개정된 것은 세월호 참사가 발생한지 3년 이상이 지난 뒤인 2017년 6월 2일의 일이었다.

삶을 되찾을 최소한의 권리

세월호 참사가 발생한 지 이미 3년 이상의 시간이 지났으니 이제는 이 사건을 마무리해야 한다는 주장이 조금씩 제기되고 있다. 그러나 이것은 개인의 견해라면 지나치게 안이한 주장이고, 정치 세력의 입장이라면 지극히 무책임한 주장이다. 세월호 참사의 진정한 해결은 아직 시작도 하지 않았다. 한국 사회의 노력의 강도를 논의하기 전에, 절대적인 시간이 너무나도 부족했다. 세월호 참사를 한국 사회가 진정한 의미로 해결하기 위해서는 참사의 원인을 파악하고 책임을 져야 할 개인과 단체가 법과 사회가 요구하는 모든 책임을 지고 유가족과 피해자의 피해가 여러 방면에서 최대한 복구되어야 한다. 이 모든 과정을 3년 만에 처리할 수 있으리라고는 누구도 생각하지 않을 것이다.

세월호 참사의 해결은 아직 시작도 하지 않았다는 말은 세월호 참사 유가족이 앞으로도 자신들의 삶과 시간을 모두 바쳐가며 투쟁을 계속해야 한다는 의미가 아니다. 유가족과 피해자가 평안한 일상을 되찾는 것은 사건 해결의 시작이자 끝이다. 유가족과 피해자들은 하루라도 빨리 일상생활로 돌아갈 수 있어야 하며, 그 뒤에 이런 참사의 사후처리를 담당할 의무가 있는 한국 사회 구성원들이 본격적으로 세월호 참사를 해결해나가야 한다.

일본 사회는 옴진리교 사건 피해자의 권리를 회복하고 피해를 복구하기 위해서는 금전적인 손해배상이 반드시 필요하다는 사실을 지하철 사린 사건 발생 직후부터 파악하고, 이 목표를 달성하기 위해 일본 사회가 동원할 수 있는 최고의 인적 물적 자원을 투입해 오랜 기간 끈질기게 싸워나갔다. 그 결과 옴진리교 교단을 붕괴시킬 수 있었으며 후계단체가 사건 발생 20년 이상이 지난 현재까지도 반성과 사과의 뜻을 담아 매년 일정한 금액을 손해배상으로 갚아나가도록 만들 수 있었다. 그리고 이 과정에서 적어도 옴진리교 문제의 사후처리와 관련해 책임 있는 위치에 있는 사람 중 그 누구도 "돈을 요구하다니 유가족과 피해자로서 진정성이 없다. 결국 돈이나 바라고 저러는 것이냐. 돈이 아니라 진정한 의미의 사과와 반성을 촉구해야 한다"와 같은 파렴치한 말로 피해자와 유가족의 상처를 헤집는 어리석고 치졸한 행동은 하지 않았다. 마쓰모토 치즈오가 체포 당시 가지고 있었던 것은 옴진리교의 경전도 자신을 믿고 따른 신자들의 명부도 아닌 도피자금 966만 2,483엔이었다. 마지막까지 잃고 싶지 않은 것이 돈이었다면, 당연히 가장 먼저 받아내야 하는 것도 돈이어야 했다.

2016년 5월 17일에 발생한 이른바 강남역 살인 사건은 한국 사회에 큰 충격을 던졌다. 이 사건의 범인은 2017년 4월 13일에 대법원에서 징역 30년형을 확정받았으나, 재판은 이것으로 끝나지 않았다. 유가족이 범인을 상대로 손해배상 청구소송을 제기한 것이다. 2017년 8월 22일, 수원지법 성남지원은 범인이 피해자의 부모에게 5억 원을 배상해야 한다고 판결했다. 강남역 살인 사건은 다시는 유사한 사건이 발생해서는 안 되는 끔찍한 사건이지만, 이 손해배상 청구소송 승소 판결은 한국 사회의 중요한 전환점이 될 만한 판결이었다. 지금 확보할 수 있는 범인의 자산은 물론이고 30년 뒤 범인이 출소한 다음 사회에서 벌어들이는 돈 가운데서도 일부는 지속적으로 배상을 받아내야 한다. 5억 원을 모두 배상하는 그날까지 포기하지 않고 배상금을 받아내는 것이 형식적인 반성의 말을 듣는 것보다 훨씬 더 유가족의 피해 회복에 도움이 되고 범인의 재범 방지에도 효과적일 것이다. 그러나 유가족과 피해자가 이런 아주 기초적인 권리를 되찾는 것도 아직은 쉬운 일이 아니다.

2016년 4월 19일, 서울특별시 송파구 가락동에서 한 여성이 무참하게 살해당하는 사건이 발생한다. 가락동 스토킹 살해 사건으로 불리는 이 사건의 범인은 2017년 9월 7일에 대법원에서 무기징역을 선고받고 형이 확정됐다. 그런데 피해자의 아버지가 〈여성신문〉과 인터뷰한 내용이 보도된 2017년 9월 19일자 〈여성신문〉 인터넷판의 기사 가운데 특히 주목할 만한 문답이 있었다. 〈여성신문〉 측이 강남역 살인사건 피해자 유가족의 민사소송 승소 사실을 언급하며 민사소송을 진행할 계획이 있냐고 묻자 피해자의 아버지가 "강남역 사건 손해배상 소송 승소 판결 기사 댓글에 '자식 팔아 배부르겠다'는 악성댓글도 봤다. 인간이 정말 잔인하다 느꼈다. 그 댓글에 그나마 있던 소송 생각도 없어졌다"라고 대답한 것이다.

"인간의 죽음은 돈으로 환산할 수 없다", "가족이 죽었는데 돈이나 따지고 있느냐"며 성인군자 흉내를 내는 파렴치한 자들의 밑바닥은 고작 이 수준이다. 그들은 자신이 돈으로는 계산할 수 없는 인간성의 상실과 가족에 대한 사랑을 강조하는 도덕적인 인간이라고 착각할지 모르지만, 저 끔찍한 댓글이 한국 사회에 끼친 해악은 실로 엄청나다. 백주에 사람을 살해한 범인은 저 글 하나로 자신의 재산을 온전히 보전할 수 있게 됐고, 자녀를 살해당한 유가족은 있지도 않은 사회의 지탄을 우려하며 심리적으로 위축되게 됐다. 손가락을 몇 번 놀려 살인범의 재산을 지켜주고 피해자의 유족을 모욕했으니 인간이 글로 할 수 있는 일 가운데 이보다 추악하고 비겁한

짓은 찾기 어려울 정도다.

이런 언행을 보이는 파렴치한 자들의 기이한 특징 중 하나는 유독 피해자에게만 '진정성'이란 것을 강요한다는 것이다. 실체도 불분명하고 내용이 무엇인지 아무도 모르는 기괴한 단어인 '진정성'을 전가의 보도처럼 휘두르며 손해배상을 청구한 유가족은 진정성이 없다고 모욕하고 피해를 회복하려 드는 유가족은 충분히 슬퍼하지 않는 것 같으니 진성성이 없다고 의심한다. 그러나 그들이 진정성이라는 단어로 약자를 짓밟으면 짓밟을수록 책임을 져야 할 사람들은 더욱더 안락한 장소로 도피할 수 있게 된다.

피해자와 유가족은 돈을 받아야 한다. 그저 큰돈을 받으면 되는 것이 아니라, 가해자와 책임을 져야 할 개인 및 단체에게서 법이 정한 범위 안에서 가장 많은 돈을 받아내야 한다. 단 한 번이라도 누군가의 죽음에 책임이 있는 단체가 사용하던 의자와 책상과 연필 한 자루까지 모두 처분해 1원이라도 더 많은 돈을 피해자에게 돌려주고자 노력하는 전례가 생기면, 그 사회는 사람의 목숨이 얼마나 귀중한 것인지 다시 인식할 수 있게 된다.

세월호 참사 이후 많은 사람들이 안전한 한국을 만들자고 다짐했지만 안타깝게도 2017년 3월 31일에 발생한 스텔라 데이지 호 침몰 사고를 막지는 못했다. 이런 식의 사고가 발생할 때마다 많은 관계자들이 공통적으로 지적하는 것이 "사람의 생명이 너무나도 싸다"라는 문제다. 누군가를 위험에 노출시키고 그 대가로 많은 돈을 버는 기업이나 개인이 정작 위험에 노출된 사람이 생명을 잃었을 때는 최소한의 보상으로 그 일을 마무리

할 수 있다면, 안전에 투자하는 것보다 적은 돈을 보상금으로 확보해두는 것이 이익이라는 유혹에 쉽게 빠지게 된다. 이런 구조 속에서 사람의 생명이 소중하게 여겨지길 바라는 것은 지나치게 가능성이 낮은 도박이다. 안전 확보를 위해 필요한 모든 조치를 취하지 않은 기업이나 개인은 사람이 희생됐을 경우 안전 확보를 게을리한 대가로 얻은 이익을 모두 상실하고 추가적으로 막대한 경제적인 손실을 볼 정도의 큰돈을 배상하도록 하는 것이 훨씬 합리적인 접근법이다. 안전 확보를 위해 모든 노력을 다 하는 것이 결과적으로 비용이 적게 드는 셈인 사회를 만들어야만 사람의 생명이 돈보다 더 존중받을 수 있다. 유가족과 피해자가 많은 돈을 받아내는 것이 결과적으로 돈보다 생명이 존중받는 사회를 만드는 길인 것이다.

한국 사회는 세월호 참사 직후 이 길을 선택할 기회가 있었다. 운용 방법도 확정되지 않은 막대한 규모의 성금이 모이는 것을 많은 사람이 우려한 것도 이것 때문이었다. 그 정도의 혹은 그 이상의 금액을 국민이 선의로 모으는 것이 아니라 세월호 참사에 직접 책임이 있는 단체와 개인에게서 마지막 1원까지 받아내는 방향으로 사회가 움직였더라면, 사람의 생명이 얼마나 무거운 것인지 사회가 재인식할 기회가 있었다면, 그 이후의 한국은 조금은 달라졌을지도 모른다.

세월호 참사에 국한된 이야기가 아니다. 각종 범죄로 피해를 입은 유가족과 피해자들, 누군가를 위험에 노출시키고 그 대가로 많은 돈을 벌면서 정작 사고가 발생하면 최소한의 돈만 지급하려는 사람들 때문에 피해를 입은 유가족과 피해자들은 한국의 법과 사회적인 합의가 허락하는 한도 내에서 최대한 많은 돈을 받아야 한다. 그들이 1원이라도 더 많은 돈을 받는 것은 책임을 져야 할 사람이 1원만큼이라도 더 많은 책임을 지는 것이며, 실로 사회 정의에 부합하는 일이다.

또한 그들은 받아야 할 돈을 받는 것인 이상 그 돈을 "더 어려운 사람에게 기부해야 한다", "뜻깊은 곳에 써야 한다", "사회에 환원해야 한다"라고 압박하는 도덕의 탈을 쓴 기괴한 2차 가해도 이제는 사라져야 한다. 당연히 받아야 할 돈을 받는 것이다. 어떻게 쓸지는 받은 사람이 결정할 일이다. 만약 배상을 받은 사람이 선의로 배상금 가운데 일부를 사회를 위해 쓴다면 그것은 칭송받을 만한 일이지만, 그 선택을 하지 않았다고 해서 누군가의 지탄을 받아서는 안 된다. 피해자가 받아야 할 돈을 받지 않았다면 그 돈은 가해자의 재산으로 여전히 남아 있었을 것이고 약자에게 일방적으로 도덕을 강요하는 것을 좋아하는 대다수의 무책임한 방관자들은 정작 가해자에게 기부나 사회 환원을 종용하는 용기는 내지 못했을 것이다. 피해자가 돈을 받자마자 마치 사회가 당연히 받아가야 할 돈이라도 되는 듯 기부니 환원이니를 주워섬기는 것은 지극히 염치없는 행동이다.

범죄 피해자와 유가족, 각종 참사의 유가족과 피해자는 그들의 피해에 책임이 있는 개인과 단체에게서 단 1원이라도 더 많은 돈을 받아내야 하고, 당연히 되찾은 자신의 권리를 당당하게 행사해야 한다. 그들이 배상금으로 평소에 가지 못할 비싼 곳에서 좋은 음식을 먹고 좋은 옷을 입으며 당당하게 잘사는 사회가, 그들이 진정성을 지키며 길에 텐트를 치고 농성하고 단식 투쟁을 해야 하고 그사이 돈을 벌던 사람은 계속해서 돈을 버는 사회보다 훨씬 정의로운 사회다.

유가족과 피해자는 돈을 받아야 한다. 그것이 사후처리의 첫걸음이다. 일본 사회는 옴진리교 사건이 발생한 이후 수십 년의 시간을 투자해 겨우 이 첫걸음을 마무리하는 단계에 접어들었다. 이제는 한국이 이 첫걸음을 당당하게 내디딜 차례다.

연표

1984년	2월 14일	'옴 신선회' 설립
1987년	7월	'옴 신선회'를 '옴진리교'로 명칭 변경
	11월	미국 뉴욕에 지부 설립
1988년	9월	신자 사망 사건
1989년	2월	남성 신자 살해 사건
	6월	옴진리교 피해 대책 변호단 창설
	7월	후지산 부근에 옴진리교 시설군 건설 개시
	8월 29일	종교법인 옴진리교 설립 등기 완료
	10월~11월	〈선데이 마이니치〉의 특종 연재
	10월	TBS 비디오 문제
	11월 4일	사카모토 쓰쓰미 변호사 일가 살해 사건
1990년	2월 18일	제39회 중의원 총선거 출마, 낙선
	4월~5월	보툴리누스균 살포 미수 사건
	10월	국토이용계획법 위반 사건
1992년	9월	러시아 모스크바에 지부 설립
1993년	6월~8월	탄저균 분무 미수 사건
	6월	사린 제조 착수
	9월	핵무장 계획 실패
	11월~12월	창가학회 명예회장 사린 습격 미수 사건
1994년	1월 30일	약제사 린치 살인 사건
	5월 9일	다키모토 다로 변호사 사린 습격 사건
	6월 27일	마쓰모토 사린 사건
	7월 10일	현역 신자 고문 살해 사건
	9월 20일	저널리스트 포스겐 습격 사건
	12월 2일	주차장 경영자 VX 습격 사건
	12월 12일	회사원 VX 살해 사건
1995년	1월 1일	〈요미우리 신문〉의 특종 보도
	1월 4일	옴진리교 피해자 모임 회장 VX 습격 사건
	2월 28일~3월 1일	공증사무소 사무장 감금 치사 사건
	3월 15일	보툴리누스균 살포 미수
	3월 18일	리무진 모의
	3월 19일	종교학자 자택 폭탄 공격 도쿄 총본부 도장 화염병 투척

	3월 20일	지하철 사린 사건
	3월 22일	경시청, 옴진리교 교단 시설에 대한 강제수사 강행
	4월 18일	러시아 법원, 옴진리교 러시아 지부 해산 결정
	4월 23일	옴진리교 간부 살해 사건
	4월 30일~5월 5일	신주쿠 청산가스 사건
	5월 16일	도쿄 도청 소포 폭탄 사건
	5월 16일	마쓰모토 치즈오 체포
	9월	사카모토 쓰쓰미 변호사 일가 유골 발견
	12월	뉴욕 지부 폐쇄
	12월 21일	종교법인 옴진리교 해산 등기 완료
1996년	1월 30일	종교법인 옴진리교 해산 확정
	3월 28일	옴진리교 파산 선고
	4월 2일	후지산 부근 시설에 대한 파산 절차 개시 고지 및 봉인
	4월 24일	마쓰모토 치즈오 첫 공판 개최
	7월 11일	공안조사청 장관, 공안심사위원회에 파괴활동방지법에 입각한 옴진리교 해산 지정 처분 청구
	9월 8일	제1회 옴진리교 비품 매각 바자회 개최
	12월 3일	지하철 사린 사건 마지막 실행범 체포
	12월 19일	일본 정부, 옴진리교 시설 해체 비용 등을 보정예산으로 처리하기로 각의결정
1997년	1월 7일	후지산 총본부 해체 공사 착공
	1월 31일	공안심사위원회, 옴진리교 해산 지정 처분 청구 기각
	2월 8일	제2회 옴진리교 비품 매각 바자회 개최
1998년	4월 24일	옴진리교에 관한 파산 절차상의 국가의 채권에 관한 특례에 관한 법률 시행
	7월 10일	사린 사건 등 공조기금 창설
	7월 15일	옴진리교 파산 절차상의 제1차 중간배당 개시
	9월 16일	사린 플랜트 내부 언론 공개
	11월 9일	사린 플랜트 해체 작업 개시
	12월 12일	OPCW, 옴진리교 사린 플랜트에 대한 사찰 완료
1999년	12월 7일	무차별대량살인행위를 행한 단체의 규제에 관한 법률 공포 특정파산법인의 파산재단에 속해야 하는 재산의 회복에 관한 특별조치법 공포
	12월 27일	공안조사청 장관, 공안심사위원회에 무차별대량살인행위를 행한 단체의 규제에 관한 법률에 입각한 옴진리교 감찰처분 청구

2000년	1월 28일	공안심사위원회, 옴진리교 감찰처분 결정
	2월 4일	옴진리교, '종교단체 알레프'로 명칭 변경
	7월 1일	러시아 연방보안국, 마쓰모토 치즈오 탈환 작전을 계획하던 러시아인 신자 체포
2003년	1월 23일	공안심사위원회, 옴진리교 감찰처분 갱신 결정(첫 갱신)
	6월 10일	옴진리교 파산 절차상의 제2차 중간배당 보고
2004년	2월 27일	도쿄 지방재판소, 마쓰모토 치즈오에게 사형 언도
2006년	1월 23일	공안심사위원회, 옴진리교 감찰처분 갱신 결정(2번째 갱신)
	9월 15일	마쓰모토 치즈오 사형 확정
	12월 8일	옴진리교 파산 절차상의 제3차 중간배당 보고
2007년	5월 7일	옴진리교 후계단체 '빛의 고리' 설립
2008년	6월 18일	옴진리교 범죄 피해자 등을 구제하기 위한 급부금 지급에 관한 법률 공포(12월 18일 시행)
	11월 26일	옴진리교 파산 절차상의 마지막 채권자집회인 제17차 채권자집회 개최
2009년	1월 23일	공안심사위원회, 옴진리교 감찰 처분 갱신 결정(3번째 갱신)
	3월 18일	옴진리교 파산관재인, 옴진리교 범죄 피해자 지원기구에 잔여 채권 양도
2010년	12월 20일	경시청, 옴진리교 8개 사건 피해자 수를 사망자 25명을 포함한 총 6,583명으로 집계
2012년	1월 1일	경시청, 히라타 마코토 체포
	1월 23일	공안심사위원회, 옴진리교 감찰 처분 갱신 결정(4번째 갱신)
	6월 3일	경시청, 기쿠치 나오코 체포
	6월 15일	경시청, 다카하시 가쓰야 체포
2015년	1월 23일	공안심사위원회, 옴진리교 감찰 처분 갱신 결정(5번째 갱신)
2017년	11월 20일	공안조사청, 공안심사위원회에 3년간의 옴진리교 감찰처분 갱신 청구
2018년	1월(예정)	공안심사위원회, 옴진리교 감찰처분 갱신 여부 결정 예정